创客之路

通往创业成功的27种商业模式

魏振胜◎编著

中国言实出版社

图书在版编目(CIP)数据

创客之路:通往创业成功的27种商业模式 / 魏振胜编著. -- 北京:中国言实出版社, 2021.1
ISBN 978-7-5171-3319-3

Ⅰ.①创… Ⅱ.①魏… Ⅲ.①创业—商业模式 Ⅳ.①F241.4

中国版本图书馆CIP数据核字(2021)第013828号

责任编辑 史会美
责任校对 王建玲

出版发行 中国言实出版社

地　址:北京市朝阳区北苑路180号加利大厦5号楼105室
邮　编:100101
编辑部:北京市海淀区花园路6号院B座6层
邮　编:100088
电　话:64924853(总编室)　64924716(发行部)
网　址:www.zgyscbs.cn
E-mail:zgyscbs@263.net

经　销 新华书店
印　刷 北京温林源印刷有限公司
版　次 2021年6月第1版　2021年6月第1次印刷
规　格 710毫米×1000毫米　1/16　15.5 印张
字　数 262千字
定　价 49.80元　ISBN 978-7-5171-3319-3

这些年，我们走过的创业之路

2015 年十二届全国人大第三次会议的《政府工作报告》中提出了推动“大众创业万众创新”，并首次在政府文件中出现了“创客”这个概念。随后，国务院办公厅印发《关于发展众创空间推进大众创新创业的指导意见》，部署推进大众创业万众创新工作，在公共服务、财政资金、投融资机制等方面予以全面支持，这样既可以扩大就业、增加居民收入，又有利于促进社会资源的纵向流动和公平正义。

这些年，随着移动互联网和各类 IT 科技的创新发展，创客圈及创客文化逐渐兴起活跃，并形成了以北京、上海、深圳为中心的三大创客文化圈。数据显示，2015 年中国新注册企业同比增长近 21.6%，平均每天新增 1 万家企业。围绕着互联网、现代物流、新技术、新业态的劳动力队伍越来越庞大。目前我国互联网创业的总人数已经超过了千万级别。

创客在最近几年时间内迅猛发展的主要原因在于：

（1）知识共享——互联网让信息和知识更加容易获取。线上线下兴起的各类创业学院、创客论坛、知识分享社区，让创客个体能在短时间内汲取大量的新知识，从而获得更强大的自我改造能力。创客圈子里兴起“知识共享、人才交流、资源集聚”的全新生态，是其他传统领域无法比拟和模仿的。

（2）网络协作——互联网时代的沟通和协作更加顺畅。通过线上创客平台、线下众创空间，创客们可以获得更多的支持和帮助，甚至找到志同道合的合作伙伴。云协作、众包模式、Wiki 精神等都是互联网时代盛行的协作模式，让人感受到创业不仅仅是一个人在奋斗，而是集聚了千千万万的大小力量。

（3）去中心化——每个个体都有充分表达需求的权利。不像传统商业、B2C电商遵循的自上而下、环环相扣的运作体系，新型电商和互联网平台越来越强调“去中心化”，每个个体既能成为商品（无论有形商品或无形服务）的消费者，又能成为商品的传播者甚至生产者，在充分表达个人需求的同时还可能创造新的需求。

（4）长尾效应——数字技术的进步使得创客们更容易寻找“长尾”小众的需求，进入个性化的“蓝海”，从而使得小规模定制也可以取得原来只有靠大规模生产才能达到的低成本效益。互联网的无边界访问可以满足更多长尾需求，而大数据分析更可以精确定位不同人群的特殊需求。

（5）社会互助——众创空间在创客兴起的过程中发挥了不可忽视的作用。它们为创客们提供了交流、分享、合作以及交易的实体场所和广阔资源平台，让创客的创新成果实现了商业价值，获得了媒体和社会的广泛认可，并成为他们继续创新创造的不竭动力和有力保障。

在这样一个大众创业万众创新的时代背景下，作为一名创客，如何将一个优秀的“点子”转换为实实在在的“金子”呢？这其中就离不开“商业模式”的强大推动作用。

新商业的变革绝不局限于伟大的技术发明，还需要把前沿的技术和独特的商业模式恰到好处地结合起来。著名管理学大师、美国哈佛大学商学院教授彼得·德鲁克曾经说过：“当今企业之间的竞争，不是产品之间的竞争，而是商业模式之间的竞争。”因此，一个独特创新的商业模式有时比产品和服务创新更为重要，商业模式创新可以改变整个行业格局，让价值数十亿美元的市场重新洗牌。因此，商业模式创新为创业之本、制胜关键。

在创新创业或企业经营过程中，为企业系统地设计和配置一个独特的商业模式绝非易事。因为商业模式在理论研究和商业实践中还缺乏统一的概念，商业模式分析尚缺乏有效的模型分析和量化评价方法。同时，商业模式所呈现的动态特性也是难以预测的，往往还伴随着复杂的反馈特征。为了更准确客观地对形形色色的商业模式进行分析，我们离不开一些有效的分析工具。在本书中，我们在综合了过往学者对商业模式概念和要素分析的基础上，提出了一个包含“价值战略+市场策略+赢利模式”三要素的商业模式分析模型。

价值战略（Value Strategy）：企业通过其产品和服务能向消费者提供什么价值？企业如何通过对商业环境的战略分析，制定战略目标，将其产品或服务价值化、商业化，并制定系统的策略和计划？企业向消费者提供怎样的产品和服务，这是商业模式的关键。产品或服务的价值最大化体现了企业对消费者需求的回归。

市场策略（Market Tactic）：企业如何通过对消费者的分析，定位产品或服务的目标市场和消费者群体？企业如何制定市场策略，开拓新生市场和建立销售渠道？它涉及企业的市场和营销策略，还包括如何整合和配置有限的资源开展业务。

赢利模式（Profit Model）：企业如何通过各种价值创造活动来实现收入和利润？这其中还涉及企业的成本控制和资本运作能力。成本控制即企业如何使用财务工具和分析方法来细分成本，核算并控制企业经营的总成本；资本运作即企业如何通过股权和债权融资获取运作资金，通过兼并收购等财务杠杆来扩大业务，或通过 IPO 上市获得可观投资回报，实现企业所有者价值最大化。

本书重点关注的 27 种创新商业模式都将采用如上三要素模型进行深入分析和解读，据此揭示其创客活动的基本规律以及商业逻辑。而书中精心挑选的近百个商业案例都是源自近几年国内创业圈耳熟能详、新颖独特的创业故事，其中有相当一部分案例被选入最佳商业模式百强榜，成为行业翘楚、创业经典。每个案例都将介绍从零起步的发展历史、主要的创新特点和详细的融资经历等，特别强调创始人或合伙人的创客精神对初创企业的灵魂引领作用，让读者仿佛置身于创业公司之中，真切体会每个创业故事的点滴历程。

这些年，一本被誉为“创业圣经”的《从 0 到 1》广为流传，满怀梦想与激情的创业者们正在努力地去实现“从无到有”的跨越。这些年，同样出名的《创业维艰》也被极度推崇，相比于梦想与激情，创业的辛酸似乎更能引发共鸣。

这些年的创客浪潮中，创业者们有忧有喜，有人华丽转身，也有人黯然离场，商业环境瞬息万变，我们见证过投资热潮，也目睹了资本寒冬。本书选取的近百个创业案例中，有些初创企业不可避免地被时代洪流所淹没，或因资金链断裂而被迫关门歇业，或因社会风向变化而跨行转型。将它们选入经典创业案例并不是为了让读者的目光聚焦在它们的伤口或短板上，而是希望读者能从它们起起落落的经历中挖掘出创新的亮点，吸取宝贵的教训。

正所谓“不以成败论英雄，不以荣辱定是非”，在“创业”这个江湖中，荆棘丛生、困难重重，勇敢前行的创客们经历了起伏兴衰，品味了酸甜苦辣，坚持到底必定收获满满，半路离场亦将不枉此行。谨以此书，献给一直行走在创业路上的千千万万创客们！

目录 CONTENTS

上篇

电子商务重新定义国人消费习惯

第1站

电子零售商模式

当下，对习惯网上购物的中国网民而言，几乎每天都生活在各种“节”中：小米“4·6”米粉节、京东“6·18”店庆日、唯品会“8·14”撒娇节、苏宁“8·18”发烧节、天猫“双十一”狂欢节、淘宝“双十二”促销日……有节借势，无节造节，这俨然成为各大B2C电商平台市场营销的必杀技。那么，这些频繁造节的B2C电商平台究竟有哪些独到的商业模式，又有怎样的创业故事呢？本书开篇的几个章节就让我们来深入探究这种主流的互联网创业模式。

B2C是Business to Customer的缩写，指的是商家借助互联网渠道，直接面对消费者销售产品或提供服务的经营模式，一般有如下模式：

表1—1 B2C模式

B2C模式	概念简介
电子零售商	即将传统零售业务转移至线上，为用户提供在线购物体验的零售商，如当当网、沃尔玛在线。
社区提供商	即创建数字化在线社区，方便具有相似兴趣、经历以及需求的用户在社区中交流、交易并共享信息，如天涯社区、杭州十九楼。
内容提供商	即通过信息中介向最终消费者提供信息内容、数字化产品等的信息生产商，或直接给信息需求者提供定制化信息产品，如网易新闻、酷狗音乐。
服务提供商	即提供网络交易及电商活动的相关性服务，如支付宝、顺丰物流。
交易中介商	即利用自身的能力以及广泛的社交网络，联系独有的供销渠道，为交易双方穿针引线，撮合促成交易。如去哪儿网、安居客。
市场平台商	即为买卖双方建立一个数字化交易环境，卖方展示产品，买方搜索产品，双方共同商议价格的交易平台，如ebay。
门户网站	即在一个网站上为用户提供强大的搜索工具，将各类信息集成为一体的内容与服务提供商，如新浪网、腾讯网。
企业直销网站	即企业借助联机网络、计算机通信和数字交互式媒体，将网络技术的特点和直销的优势巧妙地结合起来进行商品销售，如惠普、小米直销。
在线旅行社	即依托互联网提供旅游产品和服务的平台，如携程、同程旅游。
跨境电商	即分属不同关境的交易主体，通过电商平台达成交易意向，完成买卖的国际商业活动，如洋码头、小红书。

而作为最早出现同时也是影响最广的B2C商业模式，电子零售商在市场上一直扮演着重要角色。

电子零售商，是指企业通过互联网、数字电视、移动电台等电子化方式，实现商品在线零售的商业模式。它具有行销成本低、经营规模不受场地限制、浏览支付等手段高度电子化、便于收集和管理客户信息等特点。按产品种类划分，电子零售商可分为综合 B2C（如当当网）和垂直 B2C（如聚美优品）；按是否有实体店，电子零售商又可分为双线零售商（如苏宁易购）和纯网络零售商（如京东商城）。

电子零售商一般由三个基本部分组成：（1）为顾客提供在线购物体验的网上商城；（2）负责顾客身份认证及货款结算支付的结算系统；（3）为客户所购商品进行配送的物流配送系统。其普遍盈利模式如下图所示：

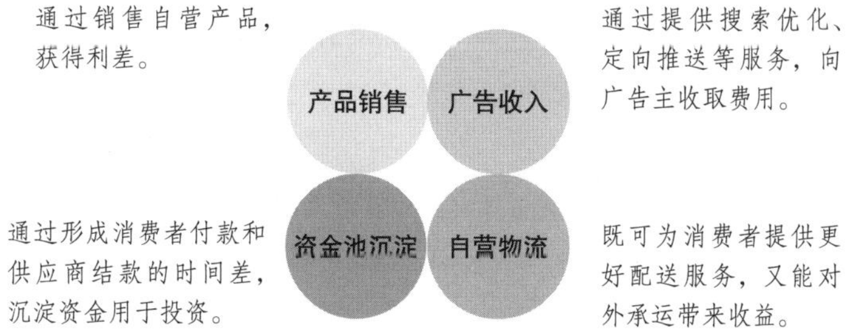

图 1–1　电子零售商盈利模式

电子零售商模式的适用范围非常广，涵盖从食品服饰等生活必需品到古玩钻石等非必需品。创客们可以选取某一细分市场，建立网上商城，开始自己的创业之旅。下面就将从“梦芭莎”和“1 药网”的例子，分析内衣和医药这两个垂直领域的 B2C 电子零售商模式。

◆◆◆ 创 业 故 事 ◆◆◆

梦芭莎：让每一位东方女性更加美丽自信

1997 年，还是广州美术学院大三学生的李曙东就创立了自己的公司，代理贝塔斯曼传媒集团在华南区的市场推广，借此认识了毕业于耶鲁大学 MBA、时任贝塔斯曼总经理的佘晓成（亦有人称“佘欣承”）。2006 年，两人凭借敏锐的电商嗅觉和对珠三角内衣供应链的熟悉，从“女性内衣”切入当时尚属蓝海的电子商务市场。创立之初，他们口袋里只有 30 万的启动金，第一个办公室是广州美院教师楼里的一个出租屋，几个人就在这里一点点搭建起梦芭莎网站的雏形。如今，在位于广州荔湾区的新办公室里，并没有想象中满屋子的塑料模特和设计师，而是有近百个电话座席和超大显示屏，以及几十名客服及IT人员，墙上贴着各季度销售数据、退换货率的统计图标——务实之风，可见一斑。

梦芭莎官网于2006年12月上线，选择女性内衣作为主打产品和切入点，将电子商务、目录邮购和直营体验店有机结合，致力于为女性提供健康舒适、时尚美体的高性价比内衣商品和服务，努力实现“让每一位东方女性更加美丽自信”的梦想。如今产品线已延伸至女装、鞋帽包、童装、男装、家纺、饰品、美妆等多个时尚领域、20多个时尚品牌，其中“若缇诗”高端流行女装等多个品牌进入了国际主流零售市场。

梦芭莎主要采用电商直销的销售模式，为顾客提供长期个性化服饰产品和咨询服务；同时借鉴美国维多利亚式的目录营销方式，传播内衣穿戴知识，满足中国时尚女性的个性内衣需求。

据梦芭莎当下控股公司衣路集团联合创始人之一拜伦（Byron）介绍，梦芭莎将打造“自主品牌＋供应链＋全渠道”三位一体的生态系统，过去近十年的历练也为这一目标的实现打下了坚实的基础。

品牌方面，与京东、亚马逊那样纯粹销售平台不同，梦芭莎创立以来坚持销售自创品牌的女性内衣（海淘及美妆方面则引入其他品牌），梦芭莎平台上现在销售的30多个品牌中，自有品牌占到八成多，而第三方品牌只占不到二成。因此，产品设计被梦芭莎团队认为是最重要的工作，而采购、生产等环节则被交给同梦芭莎合作最为紧密的数十家内衣代工厂商——它们把梦芭莎提出的概念从板型、配色、花边到工艺等全方位转化为一条条高效的生产线，再将成品卖断给梦芭莎。这样一来，梦芭莎抓住了微笑曲线的“设计研发”和“市场销售”两端，而把生产环节处理成轻资产。这也使得梦芭莎比传统品牌有更多精力推出更多的款式以适应市场需求。

供应链方面，随着公司销售量级的不断扩大，营销、物流、信息流和现金流等几个要素会成为制约公司发展的瓶颈，供应链管理成了梦芭莎无法规避的挑战。梦芭莎通常提前一年做好新品规划，并在接下来的时间不断地改进产品的产销。它首先通过一个8~24小时测试来考察订单的反应，再结合历史数据所得出的经验判断不同颜色、不同型号产品的比例，并以此指挥后端库存的调配和代工生产。从设计到销售，国内服装业一般为6~9个月，国际名牌一般可到120天，而梦芭莎最短可控制在30天左右（ZARA可达7天）。其斥巨资开发供应链管理信息系统已经根据消费者反馈经历了不下5次升级，日处理能力已经达到一万单以上。

渠道方面，为了让顾客能享受到最佳的性价比产品和服务，梦芭莎特有的全渠道模式抛弃了传统服装领域的中间冗余环节，直接面向顾客进行服务，从而减少了交易和流通成本。梦芭莎不仅在各大综合性的电商平台都开设了旗舰店，同时在各大城市线下开设了直营体验店。此外，梦芭莎通过自建仓储和配送外包来尽力缩短产品递送时间，让顾客当天甚至几个小时就可以收到订购的商品，大大降低了顾客不能亲身体验产品的缺憾。在梦芭莎，不谈O2O，要谈全渠道。

由于独特的商业模式，梦芭莎在上线后不久便获得了崇德资金等投资方A轮200万美元的投资，其后再获得了总金额超过1亿美元的三轮融资。

梦芭莎在2012年销售额突破10亿美元大关，并在2013年3月首次实现了赢利。原本计划赴美IPO的梦芭莎，在2014年被全球时尚供应链管理机构——美国衣路集团以数千万美元收购，正式走向了更广阔、更开放的国际化市场。

梦芭莎的投资人之一、金沙江创投合伙人朱啸虎表示，梦芭莎作为一个自有品牌，创立十多年来，基本没走过太大的弯路。无论是创立之初坚持的“轻资产+快时尚+精细化营销”战略，还是被收购后“品牌+供应链+全渠道”的最新战略，梦芭莎在垂直细分领域的各种大胆尝试，都值得各行各业的创业者借鉴和效仿。

1药网：一网打尽医药健康生态体系

1药网是一家一站式综合性网上药店，掌上平台还包括1药网App、1诊App和双微入口。其先后与辉瑞、杜蕾斯、惠氏、强生、养生堂、同仁堂、云南白药等国内外数百家知名医药健康产品厂商合作，涵盖中西药品、营养保健、医疗器械、成人用品、中药贵细、个人护理等上万种价廉质优的医药健康产品。凭借源头采药的独特资源和网上电商的平台优势，1药网出售的药品价格比线下实体药店最多便宜近四成。

1药网拥有一支由数百位执业药师及医师组成的专业团队，为顾客提供7×12小时的专业在线用药咨询服务。此外，1药网为顾客提供专业的义诊、健康百科、专题导购、营养搭配建议等特色服务，以及药品点评、全程订单跟踪、货到付款、移动POS刷卡等多种便捷服务。

1药网，通过数字“1”将1药网各个业务模块联系起来：1药网、1诊、B2B业务“方快1”——“三驾马车”构筑起整个“1”系列的“互联网+医药健康”生态体系。1药网的三原色胶囊人LOGO形象不仅代表了1药网的医药行业属性，一家三口欢笑的场景，更传达出1药网关爱中国家庭健康的品牌愿景。

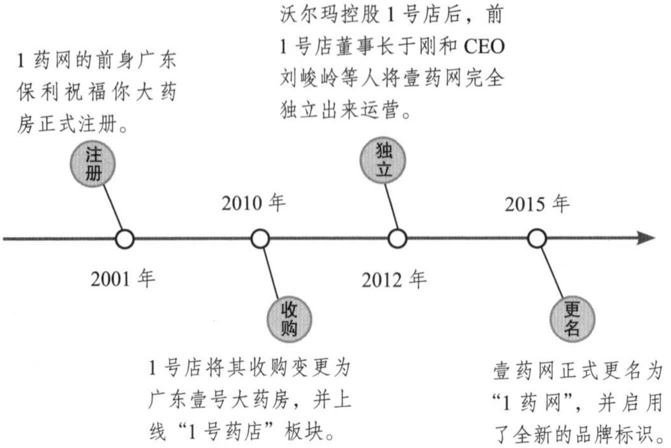

图1–2　1药网发展路径

1药网在发展过程中有非常清晰的发展战略，创始团队既凭借自身行业资源积极引入各方战略投资，又保持较高的运作独立性。1药网如何借力资本快速扩张和处理投资人关系值得创客们学习借鉴。

从1号店独立出来后，1药网独立完成数轮融资，并在2015年底更是融到破纪录的10亿人民币！借助资本的力量，1药网也展开了一系列投资和收购，范围包括医院、月子中心、体检中心、可穿戴设备、养老院等，在医疗健康方面进行全方位的布局。1药网创始人于刚的设想是：1药网成为一个独立集成的互联网医疗健康平台，不仅医生可通过1药网进行视频问诊、开药，还能直接通过1药网将药送到患者家里，或安排患者到合作医疗机构做检测。

在于刚等人经营1号店时，由于沃尔玛的强势介入，导致创始团队过早失去了控股权——1号店股权结构中，沃尔玛占有51%的最大股份，平安集团持有约30%的股份，于刚和刘峻岭等人仅持有约10%的股份。沃尔玛强调业绩体现，而1号店却为了扩张市场仍在不断烧钱，双方经营理念相悖，导致1号店在发展过程中始终面临决策流程烦琐、管理层无话语权的局面。为此，于刚等人做1药网时吸取了教训，虽然需要引入巨额资金且不可避免地会稀释股权，但核心创始人对1药网拥有超级投票权，可以说是永久控股，投资者也都全力支持这一做法。所以才会出现1药网先后多轮大额融资都未公布具体投资人。

从独立的B2C医药平台到以科技驱动打造线上线下一体化的医药健康平台，1药网正在从单纯的医药互联网企业，向以科技赋能医药健康产业生态圈的高新技术企业转型。同时，随着国家大力推动“互联网＋医药健康”行业的发展，1 药网已发展成为国内互联网医药健康行业的领头羊。2018 年 9 月，1 药网母公司 111 集团成功登陆纳斯达克，成为国内互联网医药健康赴美上市第一股。目前，如何运用科技给药企、医药流通商、药店、医院、医生、保险等医药健康产业生态圈的参与者赋能是 1 药网发展的核心，同时线上线下的有机融合也是其发展的重要方面。

◆◆◆ 创业启示 ◆◆◆

根据“商业模式三要素模型”，梦芭莎和 1 药网的商业模式可归纳如下：

表 1–2　梦芭莎、1 药网商业模式分析

商业模式三要素	梦芭莎	1 药网
价值战略	梦芭莎以女性内衣作为切入点，拥有 20 多个自主时尚品牌，为中国消费者提供男女童装、家纺饰品等国际化产品，满足消费者日益增长的时尚审美需求。	1 药网与数百家知名药企合作，提供物美价廉的医药健康产品；同时自建执业药师及医师团队，提供专业的健康用药咨询服务。
市场策略	梦芭莎前期主打“女性内衣”快时尚的精细化营销，并通过完善的供应链管理和线上线下全渠道布局，使消费者享受到最佳性价比的产品和服务。	1 药网依托药企合作资源和电商管理经验，较早地切入移动医疗健康领域，在互联网营销、产品采购、仓储配送、客户关系管理等各方面构筑起核心竞争力。
赢利模式	梦芭莎的销售额虽逐年攀升并突破十亿大关，但创业多年未见盈利，通过多轮融资来支撑产品研发和渠道建设的成本。实现正常盈利后被美国企业收购。	1 药网凭借源头采药的独特资源和网上电商的平台优越性获得成本优势，从而将更多资源转移到互联网营销上。在多轮快速巨额融资中保持决策独立性。

B2C 电子零售商模式打破了传统零售业务固有的时空隔阂，哪怕只选择一个很小的细分市场，也可以累积得到一个可观的客户总数，创造巨大的财富神话。

但在综合电商领域，淘宝、京东、当当等电子商务巨头几乎垄断了市场和渠道，作为初创企业毫无竞争优势，因此不建议创客朋友们做综合类电子商务。即使是选择垂直细分领域，也要避免踏入同质化竞争严重的红海。电商最早是从做图书、3C 数码等标准化品类开始，进而有服装、母婴、家居等丰富品类，而这些细分市场经过多年争抢瓜分，竞争对手颇多，生存空间很小，创客在进入时必须仔细思量。创客们可以像梦芭莎、1 药网那样，寻找一些巨头尚未涉足、可迅速建立壁垒的蓝海市场。

而对于传统零售商，则可以结合已有的线下渠道和客户积累优势，发展在线商务，如苏宁电器在线下商城的基础上发展苏宁易购网上平台。传统零售商在转型做电商时，需要特别注意线上线下渠道的定位，是差异化路线还是同价格轨道，切勿让电商平台成为线下零售店的代购点，这将会浪费很多企业资源，得不偿失。

在当下的互联网创业圈，“用户体验”被提高到越来越重要的战略地位，电子零售商领域也不例外。创客们要利用好 B2C 等电子商务模式的交互性、大数据，尽可能做好与用户的沟通服务工作，及时分析客户的新需求并做出调整。通过购买评价、经验分享、社区交流等丰富功能，增加用户对平台的黏性，也为企业带来更多的客源和现金流。

我们创业者沉下心来，不要把命运寄托在一次炒作上，也不要把命运寄托在一个点子上。今天的企业拼的是一点一滴市场上的努力。

——360创始人周鸿祎

第2站

市场平台商模式

市场平台商通过为买卖双方建立一个数字化环境，卖方展示产品，买方搜索产品，让双方相互议价以达成交易。在互联网诞生之前，市场平台商依赖于实体交易场所，典型的就是由最初中介市场发展起来的纽约证券交易所，至今它还依赖曼哈顿广场上的中心大楼用于商业交易。在这类平台上，既可以由买方设定愿意为产品或服务支付的价格，也可以由卖方通过拍卖形式确定最终价格，双方协定是否成交，而平台自身并不参与到交易当中。

与 C2C 平台不同，B2C 下的市场平台商，是为商家创造一个面向个体消费者的平台。由于商家比个人规模更大，管理更讲究，因此 B2C 平台上商家的总体质量会比 C2C 平台高，商品服务质量的监管会更加容易，平台的口碑也会相对更好。

市场平台商一般可以分为平台型和垂直型。平台型主打一站式购物，就像一个综合性商场，各个商家就像是商场里面的一家家专卖店，典型例子如天猫、京东等。而垂直型平台一般只销售某个领域的产品，且产品往往具有交易量大、便于标准化的特点，如书籍、汽车甚至珠宝，典型例子如亚马逊、当当等。垂直型平台强调专业和深度，这就更需要对市场和客户的精准定位。

市场平台商正如实体经济中的大型商场，商家进驻就要向商场缴纳租金，商家想卖广告就要交广告费。故市场平台商主要从交易中收取交易费用或商家入驻费，当平台知名度打响后还可以拓展广告业务和其他业务模块。

丰富的行业资源和快速的市场反应往往成为市场平台商成功的关键，下面就将通过优信二手车和有赞微商城的创业故事让大家对这类 B2C 模式有个更深入的了解。

创业故事

优信：优质可信的二手车交易平台

“80 后” CEO 戴琨十年来的创业只围绕二手车这一件事。他毕业于英国卡迪夫大学 MBA，曾供职于知名营销咨询集团——美国科特勒咨询公司。2005 年归国后即仿照英国 Auto Trader，创办二手车信息刊登杂志《汽车简历》及网站。2007 年，汽车简历网并入易车网，戴琨本人亦加入易车网并担任易车二手车事业部“优卡网”总经理，后被任命为易车公司副总裁。2011 年，戴琨离职并创建国内首家二手车网络拍卖交易服务平台——优信。三年后，他入选《财富》杂志中国 40 岁以下商界精英榜单。

2015 年，优信二手车网站及 App 正式上线，其模式可概括为 C2B2B2C：优信向各汽车生产厂商的品牌经销商、二手车经营机构、大型用车企业提供实时汽车拍卖服务（B2B），也为个人车主提供收车（C2B）和零售（B2C）服务。从检测、上线、拍卖、支付、过户、物流，优信的各环节都经过层层把控，保证交易诚信透明，让车源信息广泛传播及拍卖过程充分竞价。专业的影棚摄影、全面的“查客”检修、完善的承诺保障、贴心的“付一半”服务，让优信在二手车市场鱼龙混杂的环境下独树一帜。

二手车是个低频率高成本的消费市场，过去都给人们留下了“脏乱差”的负面印象，在这样一个乱象丛生、诚信缺失的行业体系里，树立一个强大的品牌是最好的解决之道。优信 CEO 戴琨曾经在多个场合传递“诚信”的经营理念，“用诚信为行业背书，用品牌为诚信背书”。他认为，快速建立一个靠谱、值得信赖的品牌，甚至比直接赠送现金券还有效。于是，优信开始加大广告投入。

从所产生的效果来看，在各种品牌林立的二手车电商市场，优信脱颖而出。

而优信之所以能这么持续不地加大广告投入，背后则是资本的强力助推。据不完全统计，从 2011 年成立至今，优信至少已经历 10 轮融资，公开披露的融资金额累计超过 18 亿美元。而其中尤为值得注意的是，2018 年 6 月，优信集团成功登陆美国纳斯达克交易所上市交易，成为中国二手车电商第一股。

2011 年起，中国新车市场增速开始放缓，当年销量仅增长 2.45%，创近 13 年来新低。而相比于低迷的新车市场，二手车市场近两年可谓如火如荼，2014 年达到 605.29 万辆，同比增长 16.33%，2015 年更是接近千万辆大关！预计在未来数年内，二手车市场交易量将保持 15% ～ 30% 年增长率，在 2020 年后达到 4000 万辆。据专家估算，中国二手车与新车比值为 0.38 ：1。相比于美国 3.85 ：1、德国 2.37 ：1 和日本 1.45 ：1，中国的二手车市场还有很大的发展空间。巨大的市场潜力也引来了大量参与者入场，已经出现近 20 家二手车电商，有超过 18 家在 2015 年获得融资。

不容置疑，二手车市场也迎来了一场史无前例的资本竞逐。从车易拍获得 1.1 亿美元 D 轮融资到优信获得 1.7 亿美元 C 轮融资，再从人人车获得 8500 万美元的 C 轮融资到车猫网宣布完成 12 亿元人民币 B 轮融资，2015 年，资本成就二手车电商大爆发。经过这些年的发展，我国的二手车电商行业从早期探索到激烈竞争，经过淘汰、兼并和重组后，行业集中度显著提升。经过早期的广告大战和流量之争，逐步由迅速扩张向治理转变。

有赞微商城：打造去中心化的微商新生态

乌鸦羡慕白鸽的安逸，白鸽羡慕乌鸦的自由。于是他俩换了下身份，乌鸦改叫乌鸽，白鸽改叫白鸦。后来，乌鸽适应不了那种安逸的日子越长越肥，死在了餐盘上；白鸦没学会自己找吃的，饿死了……这是一个人名的故事，他的人生格言是：宁愿饿死，也要自由！他就是有赞创始人白鸦。

白鸦，真名朱宁，河南信阳人。美术学专业出身，读过中专和电大，摆过地摊做过泥瓦工。2000 年开始接触互联网，一见钟情，深恋其中，成了一位颇具争议的互联网产品设计专家，并立下志向：终身爱恋互联网，终身爱恋设计，终身 Blogging ……2006 年后，白鸦先后加入百度和支付宝，参与用户体验设计。2011 年底，他离职创立 Guang.com——一个基于社会化场景的导购平台。2013 年初，他创立服务于电商客户的微信工具和社区管理工具“口袋通”，并于 2014 年底升级为“有赞”品牌。

有赞旗下的“有赞微商城”是一个基于 SAAS 模式的社会化 CRM（客户关系管理）平台，也是一个提供免费微商城和完整微店解决方案的市场平台商。商家注册有赞，就可以免费拥有属于自己的微商城。海量的模板、丰富的自定义界面方便商家快速生成心仪的店铺。成熟的会员系统、高效的客服体系、全面的数据统计、完善的支付流程、及时的物流跟踪，让入驻的商家得以轻易接手微商运营。在 C 端，有赞提供好玩的第三方营销插件，如单人代付、多人众筹、抢礼送礼、降价拍、二维码营销、分组群发……这些引领行业的创新玩法，一次次引爆微电商。在 B 端，有赞还提供有赞拍档、全员开店、有赞分销平台等服务，联合百万商家、业界资深专家、优秀开发者，共建微商生态圈。

有赞一直强调“去中心化”的商业运作模式。而据有关数据显示，一般淘宝店铺近四成的订单来自于搜索，而一些有皇冠级的店家，85% 的流量是靠买的，自然流量仅 15% 左右——PC 时代电商平台“中心化”的强势地位，使得电商平台成了挡在消费者和商家中间的一堵墙，没钱砸流量做搜索的中小商家生存空间越来越小。而且在传统电商的客户管理上，旺旺不及时在线、邮件打开率低、QQ 群维护成本高、群发短信转化率低、社区软文黑贴两周旋等顽疾难以根治。白鸦将“中心化”的电商平台比喻为商业地产，所有的大中小商家都在一个电商平台上开设店铺入口，就犹如所有店铺都开在一个购物中心。随着人流的集聚，购物中心的地皮将愈来愈贵，店铺租金也水涨船高，这样一来，商家不得不把本该用于开发产品和提升服务的费用投入到店铺租金上。“商家和顾客的利益都受损，钱全让入口平台赚走了……”白鸦如是说。那么，对传统电商的这些痛点顽疾，白鸦是怎么解决的呢?

白鸦相信，随着移动互联时代的到来，人们的行为正在社区化、群体化，消费流量的入口将从平台搜索逐渐切换到口碑推荐。因此，白鸦强调“去中心化”，放弃平台入口，聚焦经营粉丝——从经营商品，到经营“人”。入驻有赞微商城的商家可以方便地在社交圈子与客户建立互动关系，不仅推荐自己的产品，更让客户口碑传播，在社交中经营人，在服务中营销自己。

如此大胆的设想离不开灵活产品功能和强大技术功底的支撑。有赞微商城是一套基于html5技术的强大系统，为商家提供了包括商品管理、订单控制、交易流程、会员体系、营销系统等在内的完整微电商解决方案。而且与京东、天猫需要高薪聘请专业技术人员装修网店不同，有赞可以让技术小白在前端即可自由摆弄店铺，达到自己满意的效果。有赞微商城的店铺页面管理系统全面开放，商家有极高的自由度去个性化定制商城，几乎每一个页面都可以自定义。阿里巴巴技术专家、有赞联合创始人兼CTO崔玉松带着强大的技术团队，一直在为移动零售的基础设施搭建尽心竭力，包括从SCRM工具到有赞微商城，从有赞微小店到全员开店系统……

2018年4月，有赞完成在港上市。2019年4月，有赞获腾讯领投10亿港元融资。2019年8月，有赞获百度3000万美元战略投资。

有赞微商城此前对代理商和商户都采取免费策略，以吸引不少小微商户，但“免费”终究不是长远之策。2016年5月，有赞发布“曼哈顿计划”，宣布商家版系统开始收费，由此引来了部分代理商和商户的叫苦抱怨。如何挖掘市场认可的盈利方式，是白鸦等人在解决市场痛点的同时需要思考清楚的。

◆◆◆创业启示◆◆◆

根据“商业模式三要素模型”，优信和有赞微商城的商业模式可归纳如下：

表2 优信、有赞微商城商业模式分析

商业模式三要素	优信	有赞微商城
价值战略	优信打造“诚信为本”的二手车交易平台，为二手车供应商提供实时汽车拍卖服务（B2B），也为个人车主提供收车（C2B）和零售（B2C）服务。	有赞为二百万大小商家提供免费微商城和完整微店解决方案，打造“去中心化”的微商新生态圈。
市场策略	优信在资本的支持下，不惜重金砸广告、做品牌，进行渗透洗脑式的营销，使公司品牌在短时间内被大众接受。	有赞通过强大的技术、人性化的产品、免费的服务和创新的玩法，吸引大量微商户入驻平台，一次次引爆微电商。
赢利模式	优信通过收取交易佣金、过户服务费及其他增值服务（物流、金融等）费用实现盈利。在未实现全年盈利时主要依靠快速融资支持高额运营成本。	有赞前期对代理商和商户免费，主要依靠流量和广告盈利。后期开始对商家版系统收费，需避免引起商家的抵触和抱怨。

市场平台商可以理解为将实体线下交易市场搬到虚拟的线上空间，平台要做的就是“出售铺位、获得租金”，处理好与商家之间的关系并提供增值服务，从而与商家实现共赢。但同时我们必须认识到，线上商城和实体商城还是有区别的，不能说线下做什么，线上直接复制一套就可以了。实体商铺尚有地段区位的保护，而网络平台却打破了这重保护，不论你是来自大城市还是小乡村，只要你能上网，都可以到同一个平台买东西。因此，在当下竞争激烈、用户挑剔的年代，必须通过差异化来吸引用户眼球和访问流量。

创客们如果做市场平台商，往往会从垂直型平台起步。如果要做垂直型的平台，对专业度和用户体验的要求就更高了。很多人认为垂直B2C在国内做得并不好，早年的凡客、麦包包等都走向衰落，但这是不是就意味着垂直B2C这条路是死胡同呢？未必！既然垂直B2C的特点就是“专”和“深”，那就一定要把这两样东西做到极致。

问题来了，平台商的专业和深度体现在什么地方呢？笔者认为，这和平台商自身的定位有关系。平台商的“专业”不应该只局限于专门卖某类产品，而应该把自己视作解决消费者某类问题的专家和行家。这样就要求平台商经常去思考：

我搭建的平台能够为消费者足够好地解决问题了吗？消费者能够在这里得到他们在综合性商城得不到的东西吗？我的网站还需不需要去成为一个讨论交流的平台、成为一个提供整体方案和服务的平台？

将线下产品移到线上，不仅是一个渠道问题，更是一个综合解决方案的问题。重点是要让消费者相信，他们可以从你那获得专业的产品和服务，而你就是他们可信赖的专家！

其实人的快乐来自于消除痛苦。无论是创业也好，竞争也好，其实都在创造一个一个的难题和情绪上的低点。如果你能够着力解决它、消除它，你便可以享受到这个过程中的愉悦感。

——优信集团创始人兼CEO戴琨

第3站

网络直销模式

无论你是否用过安利的日用品，吃过李锦记的蚝油，涂过完美的芦荟胶，但你应该对他们的销售方式不会感到陌生，那就是——直销。夸大的功效、疯狂的广告、伪装的热度，这或许是消费者对直销模式的固有印象。然而，正是因为直销去除中间销售环节而产生了巨大利润，才引得那么多直销人员疯狂投入到这种销售模式中。直销模式已经悄无声息地融入我们生活，“网络直销”更是被很多大型公司所采用。

传统意义上的直销是以“生产商直接面对最终消费者”为基本特征的营销模式。直销企业通过雇用直销员、建立人际网络关系，形成高效的销售体系，将产品从生产商通过直销员直接出售给最终消费者，而无须经过代理商、批发商、零售商等中间环节的流通，大大节省成本，并能够直接、快速地获取市场反馈与需求动态。网络直销是指企业借助联机网络、计算机通信和数字交互式媒体，将网络技术的特点和直销的优势巧妙地结合起来进行商品销售，直接实现营销目标的一系列市场行为。

网络直销一般适用于大型商品及生产资料的交易，覆盖订货、支付和配送三个环节，可帮助公司获得完整的信息流、资金流、物流数据，具有服务便捷、渠道高效、节约成本和运作规范的特点。

网络直销一方面可以扩大企业的销售范围，为企业带来可观的销售额；另一方面可以有效降低营销费用、库存费用及日常运作费用等成本。同时，网络直销也增加了企业网站的开发及维护成本，企业往往会投入重金使用条形码技术、数据库技术、电子订货系统、全球定位系统等信息技术手段来推进企业内部信息共享和提高供应链绩效。

开展网络直销主要有三种方式：直销企业建立网站、直接网络派送和电子直邮营销。现在各大销售产品的互联网企业除了在天猫、京东等B2C平台上建立自己的旗舰店以发挥平台的流量优势之外，建立自己的直销网站也几乎成了标配。企业自建直销网站的优点是可以创建形式多样、信息丰富的网页，最大限度地让消费者直接浏览产品信息，同时方便展示企业文化，建立消费者的品牌认同和信赖。

网络直销模式在各行各业得到了充分的利用，如珠宝行业的Blue Nile、计算机行业的戴尔、家电行业的海尔、服装行业的PPG、汽车行业的奇瑞等。当一家企业高调宣称进入直销模式的时候，往往会受到市场和媒体的广泛关注，在社会上形成一股讨论的热潮，这在客观上提高了企业的知名度。

下面所谈及的小米和凡客诚品也是网络直销领域的经典案例。

◆◆◆ 创 业 故 事 ◆◆◆

小米科技：专注 + 极致 + 口碑 + 快

雷军40岁生日的那天夜里，他和几位朋友到北京中关村的一家酒廊喝酒。酒过三巡，雷军感慨地说："人是不克不及推着石头往山上走的，这样会很累，而且会被山上随时滚落的石头给打下去。要做的是，先爬到山顶，随便踢块石头下去。"四个月后，他正式创立小米科技。这一段感悟，后来也演化成一句更为著名的"雷军语录"：站在台风口，猪也能飞起来。

雷军1969年出生于湖北仙桃，18岁考入武汉大学计算机系，大四那年就和同学王全国、李儒雄等人创办三色公司，售卖仿制的汉卡。1992年，雷军作为第六位员工参与创办金山软件，六年后出任金山软件CEO。1999年，雷军牵头内部创业项目——卓越网，并于四年后以7500万美元卖给了亚马逊，这也为其以后的天使投资奠定了雄厚的资本基础。2007年，金山软件香港上市后，雷军卸任金山软件总裁兼CEO职务，成为著名的天使投资人，在移动互联网、电商、社交等多个领域连续投出多个业界知名的案子：拉卡拉、UC浏览器、凡客诚品、YY、YOU+国际青年公寓等。2010年4月6日，雷军选择重新创业，组建著名的"小米七剑客"成立了小米科技公司。就这样，雷军一直活跃在互联网创业的风口浪尖上。

小米科技是一家专注于高端智能手机及周边产品自主研发设计的移动互联网公司，首创了"互联网渠道开发手机操作系统、发烧友用户参与开发改进"的产品模式。米聊、MIUI系统、小米手机是小米科技的三大核心业务，同时依托"小米"品牌发展了电视、盒子、手环甚至箱包等周边产品。

如果把小米模式比作一座完整的冰山，我们看到和感受到的疯狂的粉丝营销、爆款产品、极致口碑等，只是浮出水面的那一小部分。而小米核心的经营能力、整合能力则隐藏在冰面之下，不被一般用户所感知。

小米的手机和其他电子产品主要采用网络直销的方式，大部分依靠旗下B2C网站"小米商城"。网络直销规避了与实体店和分销商的利润分割，避免了假冒伪劣和网络诈骗。同时这种直接网购的时尚感吸引了年轻顾客的兴趣，可强化小米品牌影响力，方便开展各种营销活动并控制产品供应链。当然，除了企业网站直销，小米还积极发展京东、天猫等线上旗舰店，以及运营商、国美、苏宁等线下卖场。但小米没有一家线下实体直营店，深圳华强北、东莞厚街、广州中华广场等地随处可见的小米专卖店，其实卖的都是山寨货。雷军在微博上也证实，“小米没有任何线下店，假店都是卖假货。”

在推出“令人尖叫”的小米手机后不久，小米公司开始限制出售手机，利用消费者“得不到的才是最好的”心理因素，有意降低产量，以期制造供不应求的“饥饿假象”，维持商品较高的售价和利润率，同时也达到维护品牌形象、提高产品附加值的目的。在市场最热的时候，用户需要经过“注册—预约—抢购—下单—支付”等环节，甚至得等待数周才能激动人心地抢购到心仪的小米手机。短短3小时内10万台手机被抢购一空的火热场面也时有发生，盛况空前。

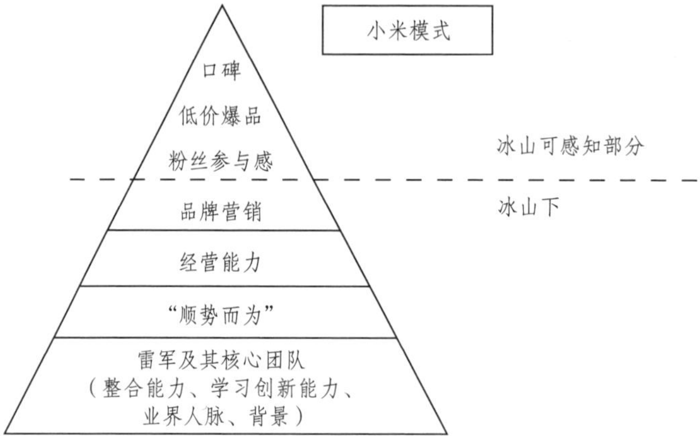

图3　小米的冰山理论

盈利模式方面，尽管雷军一直宣称“不靠卖手机赚钱”，而且每款新手机前几十万台都是亏本的。但通过集约化、规模化的采购可以有效控制成本，达到10%左右的利润率。而“高配置、低价位”的销售策略也让依靠硬件获取利润的传统手机厂商几乎丧失了生存空间，国产手机纷纷进入“高配低价”大战。通过自主研发的MIUI系统和米聊软件，以及凭借迅速爆发的品牌影响力，小米公司把论坛社交、游戏音乐、搜索排名、流量广告、电商购物等移动互联网常见的盈利方法都嫁接过来，可以比传统手机厂商更自然地实现商业模式的纵横拓展。

小米科技2015年的数据分外惹眼：全年销售超7000万台手机，营业额近千亿元，米聊日活跃用户数800万人。在短短5年时间内，小米科技已经获得前后五轮的融资，估值达到450亿美元，增长了160倍，几乎成了互联网创业的神话和标杆。2018年7月，小米成功在香港主板上市，成为港交所首个同股不同权上市公司，创造了香港史上最大规模科技股IPO，以及当时历史上全球第三大科技股IPO。2019年，小米手机出货量1.25亿台，全球排名第四，电视在中国售出1021万台，排名第一。入围2020全球百强创新名单，AI等专利位于全球前列。2020年《财富》世界500强排行榜位列422位。

通过独特的“生态链模式”，小米投资带动了更多志同道合的创业者，建成了连接超过1.3亿台智能设备的IoT平台。手机、智能硬件、IoT平台是这家互联网公司的核心。

在“互联网+”浪潮中狂飙突进的小米，也面临着海外扩张受阻、技术和专利缺失、供应链控制能力差、过度夸大营销等诟病，希望这样一家深受年轻人关注和喜爱的科技公司，能在互联网风口上不断思考、学习、创新和整合，再创辉煌。

凡客诚品：互联网快时尚品牌的兴衰之路

爱网络，爱自由，
爱晚起，爱夜间大排档，爱赛车；
也爱29块的T-shirt，我不是什么旗手，
不是谁的代言，我是韩寒，
我只代表我自己。
我和你一样，我是凡客。

这段经典“凡客体”曾经被恶搞千百遍，传遍大江南北，而一切只不过源于青年作家韩寒为凡客诚品所做的一次形象代言。

陈年，凡客诚品创始人，1969年4月出生于山西闻喜。1994年来京，开始在北京新闻文化界扎根，并于1998年创办《书评周刊》。2000年，陈年跟随雷军一同创立卓越网，四年后以7500万美元出售给亚马逊，为股东创造了高达30倍的投资回报。2007年，陈年携卓越网前骨干成员东山再起创办凡客诚品。因着对互联网用户文化消费的深刻理解，陈年曾被誉为“能够挤出用户购买欲”的人。

凡客诚品主营自有品牌的服装直销业务，主要销售渠道是B2C网站直销和目录邮购，其中网络直销占到总销售额的80%以上。产品由最初的男女服饰，扩展到男装、女装、童装、鞋、家居、配饰、化妆品等各大类。凡客诚品采用“渠道链式”的商业模式：网络平台—渠道推广—网络品牌建设—渠道品牌形成与延伸—渠道品牌运营商，为中国服装市场多渠道品牌建设写下了浓重的一笔。“让市场确定生产、让消费决定价格”的模式也颠覆了传统服装市场“进、销、存”

的流程管理，给传统服装市场和老牌服装企业上了重要一课："服装是可以不通过百货商场卖出去的，品牌是可以只通过网络打造的！"

直销网站往往依赖强大的市场营销能力，而凡客诚品历来被奉为市场营销的经典案例，而其 CPS 广告模式和"凡客体"事件营销更是成了网络营销界的谈资。

过去经常逛各种网站论坛的朋友估计没少见到过凡客的插页广告，在网页的醒目位置常滑动着凡客 T 恤衫的精彩图片，让人忍不住点进凡客官网，又一次"剁手败家"……如果按照传统所采用 CPT（按展现时间付费）或 CPM（按展现次数付费）计价模式，权威机构估计凡客诚品 2010 年的广告费用达到 10~13 亿元——这个数字是任何一家互联网初创公司都不敢想象的，但据陈年透露当年广告投入只有 2 亿多！这个巨大的落差背后就是所谓的 CPS（Cost Per Sale）广告模式，即以实际销售产品数量来换算广告费用。凡客诚品在媒体选择上不仅注重带来的流量，更是注重广告与销售的投入产出比。因此凡客诚品以 ROI（投资报酬率）为考核标准，在多家门户、社区、联盟网站上投放 CPS 广告，根据销售额给予 16%~18% 的提成，并对网络广告联盟实行严格的优胜劣汰，从而量身定制出一套完全符合凡客自身需求的整体营销策略，较好地控制了广告成本并达到"高点击、高佣金、高转化"的营销效果，保证了凡客诚品平稳快速的业绩增长。

2010 年 7 月凡客诚品邀请了著名青年作家韩寒和青年偶像王珞丹出任形象代言人，令人眼前一亮地推出了案例开篇的"凡客体"广告，其意在戏谑主流文化，彰显凡客的自我路线和个性形象。其另类的手法也招致不少网友围观和恶搞，短短一个月时间内已经有 2000 多张"凡客体"图片在微博、开心网、QQ 群以及各大论坛上疯狂转载，郭德纲、黄晓明等千余位名人明星或被追捧或被恶搞，"凡客体"一炮而红，而且并没有明显人为炒作的痕迹，其事件营销成功的原因或许在于主体网站深入人心，意见领袖初期引导，社交网站推波助澜，并抓住了全民"傻瓜式参与恶搞"的心理。

在"凡客体"风靡的 2010 年，凡客营收突破 20 亿元，同比增长 300%，不仅荣登垂直电商老大地位，更在全电商行业排名第四。2007—2010 短短的三年间，凡客诚品先后获得了来自 IDG、联创策源、软银赛富、老虎基金等知名风险投资公司的五轮注资，融资总金额接近 2 亿美元。

然而，2011 年后，凡客诚品因为准备上市而"大跃进"式地追赶百亿级销售目标，开始逐渐爆出越来越多的负面新闻，服装质量不合格、拖欠供应商账款、多位高管离职、大规模裁员、库存高企……众多网友诧异道："凡客怎么了？”2013 年，凡客官网进行了改版，改版后的凡客与天猫的相似度极高，引入了第三方品牌，表明凡客由服装直销逐渐转型为综合 B2C 商城。

归根结底，凡客倒在了“虚荣”二字上。虽然名为“凡客”，但骨子里却是“自命不凡”！因为自命不凡，产品由起初的至简转向了后来的至繁——一款普通的白衬衫，竟有八种深浅不同的色彩。因为自命不凡，凡客曾在商品外包装上苦心孤诣、不舍财力。因为自命不凡，凡客斥资数千万元，签下诸多一线明星代言。因为自命不凡，凡客意欲东山再起，在拖欠货款的情况下，砸重金赞助中国好声音。因为自命不凡，凡客在做平台还是品牌两条路上左右摇摆，一无所成……

《左转》有云：其兴也勃焉，其亡也忽焉。如今的凡客也许再难回到当年的巅峰时期，但对于陈年来说，这趟经历过兴衰起落的创业过程足以成为日后东山再起的资本。只是这一仗还要打多久，我们不得而知。

◆◆◆创业启示◆◆◆

根据“商业模式三要素模型”，小米科技和凡客诚品的商业模式可归纳如下：

表 3　小米科技、凡客诚品商业模式分析

商业模式三要素	小米科技	凡客诚品
价值战略	小米首创“互联网渠道开发手机操作系统、发烧友用户参与开发改进”的产品模式，推出米聊、MIUI 系统、小米手机三大核心业务，并依托“小米”品牌积极开发周边产品。	凡客的产品由最初自有品牌的男女服饰扩展到多品类、综合性电商，为年轻用户提供时尚感强、高性价比的“凡客诚品”。
市场策略	小米的主要销售渠道为直销官网、各大电商旗舰店，不设线下实体直营店。直销过程中辅以粉丝经济、饥渴营销等策略。	凡客的 CPS 广告模式降低了网络广告的成本，“凡客体”事件营销极大地增加了品牌知名度，通过明星代言、节目冠名等方式保持在年轻用户群中的曝光度。
赢利模式	小米实行“高配低价”的定价策略，通过集约化、规模化控制生产成本，并通过“小米”品牌的衍生服务、周边产品和资本运作实现多元盈利。	凡客主要以服饰销售为盈利点，2011 年前销售额平稳快速增长，进入电商行业第一阵营。但过高的销售费用侵蚀了利润，必须依赖不断融资以维持现金流。

直销行业进入门槛较低，可以说是“大众创业”的摇篮，特别是结合云计算、大数据、物联网等互联网技术的“高科技直销”显得与时俱进。目前我国的一些优秀的直销企业在互联网转型方面已经走在前列，并且引领着网络直销的潮流和趋势。那么对互联网直销企业有哪些对策和建议呢？

建议之一：注重产品创新和多元化。

对传统直销企业而言，产品同质化、单一化，拳头产品多年不变，用户体验不丰富等已饱受诟病。互联网时代背景下，直销企业对于新产品的开发已经迫在眉睫。在产品开发过程中，应保证产品科技附加值高、多样化选择、创新迭代迅速，并注重新品上市时间的控制，使客户对产品充满期待。同时提高企业的研发能力和科技实力，及时掌握销售数据，对产品的生命周期进行客观的市场化分析，并根据产品所处的导入期、成长期、成熟期、衰退期四个阶段进行有效应对。直销企业也可以在世界范围内寻求智力支持，寻找适合本公司的科研创新团队，资助科研院所和高等学校的相关项目或课题，并转化为高端产品。

建议之二：充分利用线下资源。

直销企业的网络直销模式可以较好地解决传统电商因为客户无法体验产品而推迟甚至放弃下单购买的问题。客户对于没把握下单的产品，可以线上预约直销员上门，体验后再决定购买，这种线上线下的联动既提高了客户的体验质量，又充分发挥直销员的优势。因此，直销企业可以在公司层面设立“产品体验中心”，如苹果、三星常在大型商圈设立“体验店”，用于发布概念产品、全方位展示新产品、详细介绍已有产品。公司工作人员和直销员协同工作，为客户提供良好的产品体验和沟通服务。同时，直销企业也可帮助直销员建立家庭式的产品体验中心，涵盖产品展示、产品使用示范以及售后服务等，扩展线下的体验服务的范围。

建议之三：建立全媒体销售服务中心。

直销企业应帮助直销员建立全媒体销售服务中心，与企业总部信息库相连，涵盖客户基本资料，客户购买产品记录，公司产品资讯、宣传，培训，工资奖金，制度积分等信息，还需要能够关联QQ、微信、微博等即时通信工具，确保随时随地覆盖客户。直销员还可以根据客户购买记录和客户基本资料，输出电子资料，分析客户购买喜好，提升服务品质。客户也可以通过全媒体销售服务中心自助购买产品，每款产品都配有丰富的多媒体资料，售后能够在网上晒单、晒感受，与直销员和新客户一起互动。

建议之四：解决好渠道冲突。

企业通过网络直接进行产品销售，必然会和传统分销商、批发商、零售商等中间环节争夺客户，分割他们的销售市场，威胁他们的经济利益而造成不可避免的冲突。因此，最好的解决方式就是相互合作，通过赋予中间商新的角色，与中间商合伙创建全新的中介方式，实现各方利益最大化。

> **创业者，中国社会最有才华的一群人，带着自己的梦想来做一件事，凝聚一帮人做一件事。他会获得物质财富，获得金钱的自由，但是这个远远不够，最核心的他将获得什么？人格的自由、精神的自由、思想的自由，他在自己的世界里追求自己的梦想，带着一帮人实现远方目标，最终获得自由。**
>
> ——360创始人周鸿祎

第4站

在线旅行社模式

美国著名畅销书作家安迪·安德鲁斯曾说过：人生至少要有两次冲动，一为奋不顾身的爱情，一为说走就走的旅行。但在移动互联网时代，“说走就走”未免太过鲁莽了些。出发前不妨到“马蜂窝”上找找攻略，用“穷游”规划一下行程，在“去哪儿旅行”上对比一下机票，上“携程旅行”预定好落脚的酒店……丰富的旅行 App 让我们的出游更加便捷高效。本章就让我们来看看这些与旅游紧密相关的“在线旅行社 OTA”商业模式。

在线旅行社（Online Travel Agent，OTA），是指依托互联网，以满足旅游消费者信息查询、产品预订及服务评价为核心目的，囊括了包括航空公司、酒店、景区、租车公司、海内外旅游局等旅游服务供应商，提供搜索引擎、消费预定、旅游资讯和社区论坛等综合服务的在线旅游平台。

早期 OTA 专注于酒店预订、旅行搜索、服务点评等细分环节，后来经历并购与整合，逐渐发展为一站式 OTA。目前国内携程和去哪儿正在向“一站式旅行服务”OTA 和垂直搜索引擎服务商迈进，其余在线旅游企业则多是专注某一细分市场或者某一具体环节，打造核心竞争力。

按旅游网站建设主体，可将 OTA 网站划分为两大类：一类是供应链上游企业建设的在线旅游直销网站，如酒店、航空公司、景点景区等发起建设的旅游网站，其功能是发布企业自身信息和推介旅游产品，如春秋航空、铂涛集团等；另一类是为撮合旅游市场的供给端与消费者需求端的在线旅游中介网站，如携程、艺龙、同程等。在线旅游中介网站是目前 OTA 网站中最主要和最活跃的力量，这类网站还可细分为旅游频道、旅游综合网站、旅游垂直网站、旅游推荐网站和旅游点评网站等，如下图所示。

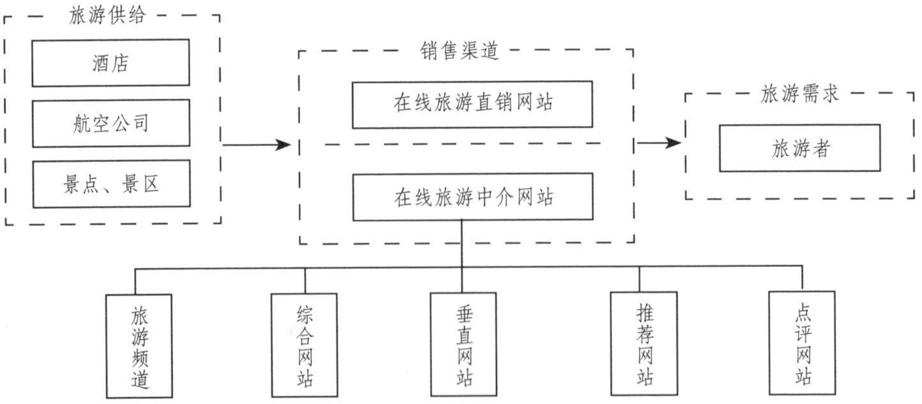

图 4　旅游产业网站分类

OTA盈利主要来自代理佣金和服务增值。在我国，OTA主要有两种不同类型的盈利模式，一是以去哪儿旅行为代表的点击付费模式，另外一个是以携程旅行为代表的服务佣金模式。

在全球最大的证券交易市场——美国纳斯达克市场上，有一批起步较早的OTA企业，如美国的Priceline、Expedia和Orbitz，中国的Ctrip（携程网）、eLong（艺龙），印度的MakeMyTrip等。下面将从同程旅游和要出发两个案例来聊聊OTA市场综合领域和细分领域的创业故事。

◆◆◆ 创业故事 ◆◆◆

同程旅游：打通旅游产业价值链的绝佳样本

如果你经常关注旅行促销信息，那应该经历过2014年初各大在线旅行社开展的惊心动魄的景区门票价格大战吧。就拿经典的“哈尔滨冰雪大世界”门票为例，市场价为300元：同程网上优惠价288元，返现250元；携程优惠价288元，返现288元；驴妈妈网上优惠价288元，返现300元，还倒贴12元！而谈及这场火药味十足的价格战，同程旅游CEO吴志祥只能用“紧张、焦虑、如履薄冰”等词来形容。

吴志祥1998年毕业于苏州大学旅游系，毕业后教过书，担任过旅游公司副总经理。2001年加入阿里巴巴，从一名普通销售员做起，成为阿里第176号员工。2004年，吴志祥辞职创业，与老师、同学等四位合伙人在苏州大学一间10来平方米的教工宿舍里创办同程网。在吴志祥的带领下，同程网在在线旅游市场经过数年的摸爬滚打，已拥有企业会员13万余家，注册游客会员400余万。

同程旅游是做旅游B2B起家的，希望成为旅游产业的阿里巴巴，全国连锁式的旅游服务是同程网旅游服务的特色。“同程的目标是，对于任何一个城市的游客，看到‘同程旅行全国连锁’的标志就知道这里可以提供酒店机票预订、租车、门票预订、线路预订等服务……”吴志祥这样描述自己的愿景。这是一种运作模式的建设过程，也是一种新的信任关系的酝酿过程。“同程旅行全国连锁模式”并不改变旅行社原有经营模式，从表面看，旅行社只是多挂了一块牌子，有点像一个旅行社联合体。但和传统企业联合体不同的是，几千家旅行社不仅在同程旅游网拥有自己的“网店”，而且都可以接入同一个分销平台，进行散客服务的分销。

B2B模式为同程网聚集了大量旅游企业资源，为它打造B2C旅游平台奠定了不错的基础，有数万家的旅游供应商资源，普通游客可以直接与旅行社、旅游景点、酒店等这些供应商沟通，得到来自供应商及时、准确的信息反馈，降低旅游成本。2008年，同程网开始尝试转型，同时运营B2B+B2C双平台，其扮演的角色类似“旅游超市”，在上游聚集了上万家酒店、数千家景区，以及机票、租车、酒店、演出等产品，供下游消费者自由选择。

传统旅游业和在线旅游业各具优势，在目前的市场上，除了相互竞争，更多的是相互补充。而同程旅行连锁计划达成的效果就是将传统分销和在线分销结合起来，最大限度地满足普通消费者的需求。消费者无论是上网还是打电话预定旅游产品，同程旅行连锁店都给出了相应的解决方案：每一家旅行社就是一个电话中心，随时提供服务；而各个旅行社也在同程旅游网上拥有自己的网上门市——旅游网店，满足各地消费者多样化的需求。消费者进入一家旅行社就如同进入了一个巨大的旅游超市，可以从任何一家旅行社中购买到全国任意地区的旅游产品。

同程旅游的高速成长和创新的商业模式赢得了资本市场的青睐和业界的大力支持，先后获得了元禾控股、腾讯科技、中信资本、万达集团等机构的数十轮投资。2018年11月，同程艺龙（同程与艺龙合并）成功在香港联交所挂牌上市。

随着艺龙网和去哪儿旅行先后被携程旅行并购，途牛旅行网获得海航和京东注资，锦江投资驴妈妈，同程旅游获得万达集团的高额投资，目前国内OTA行业已经从此前的局部混战，逐步步入为依托资本构筑产业链闭环的新阶段。上市后的同程艺龙在2020年启用了新的品牌标识和口号——“再出发，再同程”，如何持续运用创新科技为用户创造简单、快捷、智能的出行服务仍是其发展的核心。

要出发：提高国人的周末生活品质

2015年10月的某个清晨，专注于互联网早期投资的创新工场董事长兼CEO李开复老师惊现广州。因为开复老师此前与病魔抗争，极少参加外界活动，是什么吸引他不远千里从北京飞抵广州，而且极其罕见地发表关于“互联网+旅游”的演说，甚至让他的形象出现在穿梭于街头巷尾的公交车上呢？原来，一切源于李开复老师四年前与一匹广州创业黑马的结缘，这匹黑马就是“要出发周边游”，驾驭这匹黑马的则是一脸书生气的博士丁根芳。

丁根芳出生于浙江上虞的一个小农村，1997年考上了当年有“小清华”之称的合肥工业大学给排水专业。大四那年，已经获得“硕博连读”资格的丁根芳在闲暇之余开发了“给排水在线”行业交流网站，并结识了同是站长出身的陆威学长，两人志同道合决定把网站做成领域第一。2003年，丁根芳和陆威在校园招聘中巧遇网易丁磊，于是他们带着“给排水在线”网站加盟网易，成为网易最年轻的总监。四年之后，两人辞职创业，先后尝试成立建材B2B交易平台“无忧工程网”和在淘宝倒卖汽车导航仪，均以失败告终。终于在2010年底，一次偶然的外出游玩让他们萌生了做“互联网＋旅游”的想法，并在李开复老师的启发支持下推出了“要出发周边游”网站。

要出发是一个以城市周边折扣酒店预订为核心业务，搭配销售周边旅游产品（如景点门票等）的在线旅游平台。区别于网络上常见的穷游、背包游服务，要出发以“提高国人的周末生活品质”为目标，主打高品质、低价格的周末出游产品，它提供的折扣酒店全部位于北上广深等一线城市周边，都是可以在周末自驾私家车两三个小时即到的地方，并且不需要提前做详细的规划。要出发创始人丁根芳说，他瞄准的正是“冲动型”预订——不需研究攻略、详细规划、周密预订各种票务，就是周末闲着没事就决定开车出去玩玩。这无疑契合了像李开复老师这样的高端商务人士的休闲娱乐需求。

要做到可以让用户冲动消费，价格低无疑是最重要的筹码，如何从酒店旅馆中拿到优惠的房价则考验着丁根芳和他的创业团队。他们发挥此前做互联网的经验优势，通过数据挖掘和用户分析，发现近期用户搜索旅游景点的热词，并和团购大站合作互导流量，从而在淡季为酒店输送大量客流，在旺季得到优惠的房源。丁根芳表示要出发网站上有55%都是非周末的客源，这批客源无疑正合景区酒店的需求。

区别于传统的综合OTA服务，要出发专注于周边游市场，注重在按需定制和内容创意等方面发力。目前要出发有800多人的创意团队，进行特色活动策划，并进行线上线下全方位推广，帮助景区和酒店方获得更高的收益。要出发成功推出了海鲜捕鱼之旅、采茶之旅、儿童自然探索之旅等活动，受到旅行家庭和景区的极大欢迎。此外，要出发也一直在深度探索个性旅游定制方向，此前要出发曾为在线社区“妈妈网”定制亲子旅游路线，为北京You+国际青年社区定制古北水镇摄影之旅。

截至2016年，要出发的旅游资源产品达到7万余个，拥有近千万用户，整合近6000个供应商，覆盖26个省份、160个城市，提供“吃、住、游、娱、购”

多个领域的服务，涉及亲子、情侣、美食等不同主题，连续5年保持年均500%业绩增长。

2012年前后，要出发曾获得创新工场的天使轮和A轮共160万美元投资，随后在创新工场的撮合下陆续进行了多轮融资，其中2016年的D轮5.5亿人民币是当时国内周边游领域最大单笔投资。

未来几年，要出发将继续扩大在资源端的布局。一方面，要出发要继续联合旅游行业巨头，横向拓展海外市场；另一方面，要出发要继续深入与知名酒店、景区的战略合作，开发打造更多有特色的周边游产品套餐。同时，要出发还将拓展服务边界，从“旅游”全面升级到“旅游+生活”服务，致力于为中国人的周末带来更多欢乐。

从专业的行业B2B平台，到贩卖汽车导航仪的B2C贸易，再到如今成熟的B2C旅游服务平台，骄傲的工程师们逐渐蜕变成了走在互联网前端的创业人。丁根芳、陆威与其他很多创业者一样，用一个个朴实的小故事复盘了他们一唱三叹的创业经历。用他自己的话总结来说，互补互信的合伙人、绝处逢生的坚定信念或许是他们走向成功最关键的两个因素。

◆◆◆ 创业启示 ◆◆◆

根据“商业模式三要素模型”，同程旅游和要出发的商业模式可归纳如下：

表4　同程旅游、要出发商业模式分析

商业模式三要素	同程旅游	要出发
价值战略	同程旅游在以B2B模式聚集大量上游旅游资源的基础上，成功转型B2C散客市场，专注于休闲旅游领域，打造物美价廉的在线旅游超市。	要出发主打低价格、超预期的周末出游产品，满足游客短期“冲动型”消费需求，提高国人的周末生活品质。
市场策略	同程旅游主推“1元玩景点、10元度周末、百元游世界”等特惠产品，通过大量投放线上线下广告，辅以事件营销，形成概念植入和口碑效应，成功拿下多个细分市场第一份额。	要出发建立强大创意团队进行特色活动策划，针对情侣/亲子等不同人群和采茶/摄影等不同主题，推出丰富多样的周边游产品套餐。
赢利模式	同程旅游通过技术支持、资源共享、战略合作等方式从旅游产品供应商获得优势资源和利润分成。依靠优秀的融资能力支撑高额的市场营销成本。	要出发依托“创新工场”的背书顺利实现多轮融资，进行横向拓展海外市场，纵向深挖个性旅游定制。

旅游业是信息密集型行业，在真实旅游行为发生之外的所有交易，本质上都是信息的采集、加工和呈现，各种服务商的核心业务是处理丰富多样的旅游服务信息，因此这一行业与互联网存在天然的高匹配度，其网络化进程甚至比购物类电商发展还要迅速。而移动互联网也已经渗透到旅行计划、产品搜索、服务预订、途中体验分享和点评社交等诸多环节，每个环节几乎都有功能强大的手机应用。

高速的行业发展往往伴随着激烈的市场竞争和频繁的企业合作，回顾以往的竞合态势，在线旅行社的发展应关注以下基本策略：

策略之一：提供全面丰富的信息。

全面丰富的旅游信息是吸引更多游客的基础，精准的信息分类、强大的搜索引擎则能降低用户的使用门槛，能够有效提高游客的黏性和忠诚度。OTA 网站应充分重视信息展示的视觉效果，以文字、图片、音视频资料，立体展示景点、食宿、交通和消费点评的详尽信息。

策略之二：实现低成本的中介盈利。

网上的信息传递是免费的，信息交换次数与数量均无限制，信息传播也无时间地域限制。因此，OTA 网站可以充分利用网络信息传播的特点，将各种旅游资源结合在一起，利用无实体店铺经营的低成本优势，在旅游供给与旅游需求之间开展中介撮合服务，使旅游资源的供应者和消费者都得到益处，从而确立中介的存在价值并实现盈利。

策略之二：满足游客的个性化需求。

相比于线下旅行社，OTA 网站因为难以和游客面对面交流而很少能提供个性化的服务，这是行业固有的短板，也是企业培养竞争优势的切入点。OTA 企业要充分发挥互联网的优势，广泛搜集旅游产品素材，加工成方便逐项筛选的子产品，以供游客按需设计个性化旅游线路。如果你的网站能更低成本地满足游客“驾车时间要在 3 小时以内，目的地气温要在 25℃左右，要有美丽的海滩和潜水活动……”的需求，他还有什么理由去线下旅行社抱团呢？

策略之四：树立企业品牌，巩固竞争优势。

经过多年发展，OTA 网站的经营模式已很容易被复制而产生同质化竞争，但优质服务锻造的品牌优势难以逾越。发展旅游电子商务必须十分注重自身的品牌建设，提供标准化、精细化和系统化的服务，提高品牌的美誉度、顾客的忠诚度和回头率，有效地巩固原有市场和竞争优势，并通过口碑效应进一步扩大市场。

策略之五：创新商业模式，拓展市场业务。

随着OTA市场竞争者的不断涌入，业务同质化导致了激烈的价格战，压缩了OTA企业的利润。在这样的背景下，OTA企业除了要巩固酒店和机票传统业务外，还要积极开拓商旅、度假和餐饮等新业务，实现多元化发展。

展望未来，在线旅行社行业虽然一直竞争激烈，但并不意味着没有创业机会，只要找到一个较好的切入点，如出境游、周边游、自助游、旅行社交等，然后建立全面的信息网链并积极满足用户个性化需求，仍可大有作为！

沙漠中沙粒无数，最幸运的沙子，也只是偶尔能够浮到表面上来，享受一次阳光、享受一次春风而已。当然，还有很多沙子，可能一辈子没有见过任何阳光，一直埋没在下面。

——刘强东

第5站

跨境电商模式

与打车、外卖、旅游OTA等行业一样，跨境电商也曾出现过数轮以巨额资本投入为支撑的价格补贴战。2015年3月和6月，包括天猫国际、京东全球购、亚马逊直邮、聚美海外购、蜜淘、网易考拉海购等在内的几乎所有跨境电商，都曾密集推出过以母婴产品（尤其是纸尿裤）为主的全网促销优惠活动，让“跨境电商”这个新兴模式迅速进入大众视野，成为消费者和创业者关注的热点。

何谓跨境电商？跨境电子商务是指分属不同关境的交易主体，通过电子商务平台达成交易意向，进行支付结算，并通过跨境物流送达商品、完成买卖的一种国际商业活动。

传统跨境贸易中，商品需要从境外品牌商或经销商发出，在海关收取综合税率高达30%的进口关税、增值税和消费税后，还需经过国内代理品牌商—经销商—零售商的层层环节才能最终到达消费者手中，最终零售价一般为出厂价的5倍甚至更高。而跨境电商是从境外供应商采购商品后直接向终端消费者销售，减少了大量中间环节，且只需要缴纳10%左右的行邮税，最终商品售价可控制在出厂价的2倍以内，具有极大的价格优势。

对企业来说，跨境电子商务构建的开放、多维、立体的多边经贸合作模式，极大地拓宽了进入国际市场的路径，大大促进了多边资源的优化配置与企业间的互利共赢。对于消费者来说，跨境电子商务使他们非常容易地获取其他国家的信息并买到物美价廉的商品。

跨境电子商务，从进出口方向分为出口跨境电商和进口跨境电商。与消费者和创业者息息相关的进口跨境电商又分为直邮进口模式和保税进口模式。

直邮进口模式指符合条件的电商平台与海关联网，境内消费者跨境网购后，电子订单、支付凭证、电子运单等由电商企业实时传输给海关，按个人邮递物品征税。该模式由个人海外代购或海淘发展而来，而且符合国家海关监管政策，清关操作更阳光，信息更透明。

保税进口模式指电商企业提前批量采购商品，并运送至保税区内进行免税备货，客户订单发出后，商品直接从保税仓库发出，在海关等部门监管下通关。该模式借助保税区的政策优势，可针对特定热销的日常消费品，开展“整批商品入区、消费者下单后分批以个人物品出区，征缴行邮税”的进口业务。

一般来说，直邮进口模式适合品种丰富的平台类电商和海外电商，如天猫国际、苏宁海外购等，通过这些平台可以直接从海外发货，满足消费者个性化需求，其盈利模式主要在于平台入驻费和交易佣金。保税进口模式适合自营类电商，如蜜芽、考拉海购等，该模式在价格和时效上具有明显优势，其盈利主要源于商品的买卖价差。

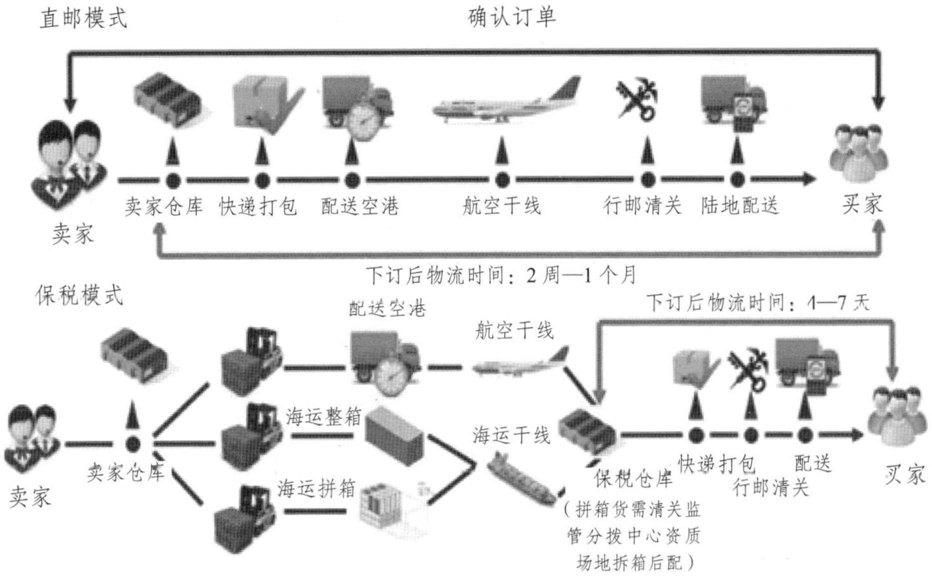

图 5　直邮模式和保税模式的运作过程

2014 年被称为跨境电商元年，市场上涌现了一大批受大众欢迎和资本青睐的优秀初创企业。下面将从平台类的“洋码头”和社区类的“小红书”来进一步了解跨境电商的商业模式。

◆◆◆ 创 业 故 事 ◆◆◆

洋码头：聚合 2 万海外卖家的跨境电商平台

从顽皮的江西农村坏小子，到上海交大少年班的高才生，再到美国 MBA 留学生，曾碧波的早年经历充满传奇。2009 年，曾碧波从美国回到上海创立了洋码头（彼时还叫“萝卜开门 xlobo.com”），一开始就确立了“跨境电商 + 国际物流”双平台的发展策略。曾碧波经历了 2012 年前后的创业融资低谷，2013 年决定不再依赖所谓的资本风口而开始自我造血，在当年就实现了扭亏为盈。在 2016 年初举行的“艾奇奖·全球年度电商创新人物与机构”颁奖盛典上，曾碧波被评为“2016 中国年度电商创新领袖人物”。

以往的海外代购，品类多集中在母婴、美妆、保健三大传统品类，而洋码头覆盖了包括母婴用品、食品保健、生活家居、服饰箱包、美容护肤等2万多个海外知名品牌。无论是在品牌认知度，还是在消费者尝试购买比例方面，洋码头都大大领先于其他跨境电商平台。

洋码头的业务模式包含以下两方面：一是面向商家的M2C模式，即海外商家通过严格认证后入驻洋码头平台，为消费者提供多种标准化商品选择；二是面向个人买手的C2C模式，即平台上聚集了来自世界各地的2万多名买手，分布在全球40多个国家，每天可以给国内消费者带来数以万计的商品，包括海外最新款、限量款或各种新奇特产品，更好地满足消费者个性化、多元化需求。

洋货团和扫货直播是洋码头两大运作创新模式，正好与前述两种业务形态相呼应。洋货团针对比较集中的消费者需求，以标准化商品为主，海外买手做集中性的采购，让消费者以更加低的价格去购买。而扫货直播则是海外买手将现场的购物氛围通过直播的方式呈现给消费者，让中国消费者通过场景式购物的模式去选择真正喜欢的商品。

为了保证海外商品能安全、快速地运送到中国消费者手上，洋码头自建立以来就着手打造跨境物流体系——贝海国际。目前洋码头全球化布局已经基本完成，在海外建成10大国际物流仓储中心（纽约、旧金山、洛杉矶、芝加哥、墨尔本、法兰克福、东京、伦敦、悉尼、巴黎），并且与多家国际航空公司合作实施国际航班包机运输，每周全球有40多个洋码头国际物流航班入境，让全世界的商品漂洋过海进入中国只需要5天，大大缩短了国内用户收到国际包裹的时间。最近亦传出洋码头将向所有商家开放贝海国际物流，提供一站式跨境电商物流解决方案，解决商家备货仓储、运输、通关、保税仓储等方面的难题。

目前，洋码头M2C和C2C两个业务板块的销售额基本持平，总用户量在千万级别，日均订单量过万，2014年的销售额已达到6.6亿元人民币，比2013年增长了2倍多。2015年底，洋码头更是斥资数亿元打造了国内跨境电商史上规模最大的年度活动——2015全球黑五狂欢节，开幕仅十分钟销售额就突破千万元。这一年销售额也增长3倍以上达到20~30亿元的规模。

2009年9月，曾碧波创立洋码头时，只怀揣着朋友筹集的80万元。随后两三年里，洋码头多次融资受阻，曾被晨兴资本、阿里巴巴等拒之门外。2015年1月，洋码头终于获得赛领资本领投的1亿美金B轮投资。2017年11月，洋码头获得招商局资本领投的1亿美元C轮投资。2020年7月，洋码头获个人投资1

亿人民币。2021年3月，洋码头完成数亿人民币D+轮融资，投资方为盛世投资。

完美解决国际物流配送这个瓶颈难题，提供高效安全的海外购物体验，洋码头的经验给众多跨境电商企业提供了颇具价值的参考。2015年，洋码头先后荣获创业邦“2015中国年度创新成长企业100强”、福布斯“中国最快成长科技公司”、清科“中国最具投资价值50强”等多项殊荣。2020年8月，洋码头以70亿人民币位列“苏州高新区·2020胡润全球独角兽榜”第351位。

小红书：最懂用户的社区电商

“国外什么牌子最划算？”

“在哪买洋货款式齐全又便宜？”

“有啥国内没有的？咱们带点回去……”

这是斯坦福商学院高才生毛文超在海外迎接国内亲朋好友时被问到最频繁的话题。他意识到，虽然App Store上旅游类和购物类应用应接不暇，但都没有专注地解决一大痛点：境外购物。网络上关于出境游购物的资讯也是非常稀少且零散。于是在2013年6月，毛文超和相识多年、对购物信息有天然敏感性的女性创业家瞿芳在上海创办了“小红书”。

小红书成立之初是一个主打UGC模式的海外购物分享社区，其定位是：一个提供出境购物信息、分享购物需求和心得的平台。通过搜集各地达人心得，为出境购物爱好者提供详细的购买攻略，其中涵盖了不同国家的退税打折信息、品牌特色商品推荐、购物场所、地图索引等大量实用信息。目前小红书已经成为国内最大的海外购物分享社区，拥有1500万用户，其中50%是“90后”，90%是女性用户，每天可以产生超过3万条新笔记。

在社区初成规模后，小红书开始商业化探索。2014年12月，小红书正式上线跨境电商模式的“福利社”，旨在基于社区海量用户的分享内容及行为数据，分析出最受推崇的商品，以“海外直采+自营保税区”模式，将海外商品保质保量地送到中国市场。对即将出国的人来说，可以借助小红书制定自己的购物清单；而暂时没有出国打算的人，可以通过逛社区来增长经验，或者去福利社完成一次“海淘”。从社区升级电商，小红书完成商业闭环，也为社区类创业者树立了典范。

和其他电商平台不同，小红书是从社区起家。海外购物分享社区已经成为小红书的优势壁垒，也是其他平台难以复制的地方。在毛文超看来，新一代的社区电商，将会是移动电商的终极形态。小红书的社区电商模式有以下几个独特优势：

优势一：口碑营销。没有任何方法比真实用户口碑更能提高转化率，就如用户在淘宝上买东西前一定会去看用户评论，小红书也有一个真实用户口碑分享的社区，整个社区就是一个巨大的用户口碑库。

优势二：结构化数据下的选品。小红书的社区中积累了大量的商品口碑和用户行为，就好像全世界有几十万的用户在帮小红书主动使用和发现新出来的好东西，然后有几百万用户用自己的购买行为来投票，这些数据可以保证“福利社”的采购商品能较受市场推崇。这也是为什么小红书只卖过几千个SKU，却能产生上亿销售额。

优势三：个性化推荐。个性化推荐要做到最好，其实不只是你的技术和算法有多牛，更要求用户花费足够多的时间在你的App里，通过无意识的点赞、收藏、关注、分享等行为透露出足够多关于Ta的信息，而这点是社区性电商的天然优势。每位小红书用户平均每月打开App超过50次，使用130分钟以上，这是纯电商无法获取的极高价值的底层数据。

小红书的营销也做得非常出色。首先必谈的是引起轰动的“小鲜肉送快递”风暴。在2015年6月6日的周年庆活动中，小红书在上海派了10位半裸上身的外籍帅气男模充当快递员，为女性用户送货上门，这个活动瞬间引爆朋友圈，引来全网用户的尖叫和围观。“我们不觉得抓眼球是营销的目的，重点是传递我们的价值和价值观……之后用户记住的可能不是小鲜肉们特别帅气的脸，而是小红书带来的惊喜体验。”小红书联合创始人瞿芳这样评价该营销事件。而在2015年11月27日，小红书又推出全年大促“红色星期五”，“我不要全世界，我只要全世界的好东西”的标语铺满了街头巷尾。与大洋彼岸的“黑色星期五”遥相呼应。

零广告投入下电商半年销售超2亿，App Store付费下载模式下依旧排名总榜第四，低调完成千万级B轮融资——这是2015年，成立不到两年的小红书交出的成绩单。2016年3月，小红书获得腾讯投资、天图投资、元生资本投资的1亿美元C轮融资。2018年6月，小红书完成阿里领投的超3亿美元的D轮融资。

“今天的成就，三分靠创新，七分靠打拼。”小红书从服务社区再到运营电商，看似水到渠成，但在这转型过程中，供应链、售后服务等环节更需要小红书靠实力去打拼。

◆◆◆ 创业启示 ◆◆◆

根据“商业模式三要素模型”，洋码头和小红书的商业模式可归纳如下：

表 5　洋码头、小红书商业模式分析

商业模式三要素	洋码头	小红书
价值战略	洋码头通过商家 M2C 模式和个人买家 C2C 模式，每天为国内消费者呈现数以万计的海外优质商品；并通过自建跨境物流体系，让海外购物变得轻松又放心。	小红书从 UGC 模式的海外购物分享社区起步，发展成为以“海外直采 + 自营保税区”模式的跨境电商，提供深受用户推崇的海外优质商品。
市场策略	洋货团促进标准商品的大批量采购；扫货直播提供场景化购物体验，用户具有较高的转化率和回头率。并打造国内“黑五狂欢节”，引领跨境电商新玩法。	小红书通过口碑营销、个性化推荐等方式经营社区用户，构建独特的商业壁垒；辅以事件营销、造节营销等方式实现社区商业化。
赢利模式	洋码头的物流仓储业务已实现盈利；电商业务销售额按 2~3 倍逐年增长，但尚未盈利，主要盈利点在于交易提成和广告费用。	小红书的电商业务年销售超 5 亿，App Store 付费模式下依旧排名行业下载榜第四，顺利完成多轮融资。

跨境电商因涉及国际贸易和国家利益，政策性风险较大，需要创业者对政策走向具有敏锐的洞察力。自 2016 年 4 月 8 日起，跨境电子商务零售进口税收新政落地，规定跨境电商将无法再享受利用行邮税降低税收成本的红利，转而征收进口环节增值税和消费税，且取消免征税额，暂按法定应纳税额的 70% 征收。消息一出，立即给热火朝天的跨境电商市场泼了一盆冷水。

在此之前，跨境电商行业因为快速发展扩张，法律法规配套不到位，尚存在一些难以解决的问题。

问题之一：通关。通关仍是跨境电商面临的最大壁垒。因为跨境电商是一种新型的国际贸易方式，在通关监管、检验检疫、外汇管理、税收管理、专项统计等环节，尚未建立配套的通关模式和标准规范。而且由于跨境电商货物批量小、批次多、种类繁杂、申报数据量大、审批工作烦锁，目前的管理系统尚不适用于跨境电商的申报与审批。

问题之二：物流。跨境电商物流一直存在种种弊端，包括配送时间长、包裹无法全程追踪、难以退换货、清关障碍和包裹破损甚至丢失等。在跨境物流的邮政系统中，从揽件到最终货物送达客户，往往需要经过四五道甚至更多次的转运，存在很大的不确定性。这些问题不仅导致客户购物体验糟糕，也使得卖家不得不承担运费、货品以及客户流失等风险。另外，一般以私人包裹方式出境，不便于海关统计，也无法享受正常的出口退税，大大降低了价格优势。

问题之三：信用。电子商务是基于网络虚拟性及开放性的商务模式，由此产生的参与者信用风险一直是行业发展中的桎梏，在跨境电商中表现尤甚。目前我国跨境外汇电子支付管理制度尚不健全，一些不法分子利用这些漏洞进行欺诈、洗钱、贿赂等非法交易，对跨境电子支付安全带来严重的危害。另外，某些企业打着“跨境电商”的旗号进行虚假宣传、销售假冒伪劣商品、侵犯知识产权等行为时有发生，海内外消费者投诉众多，影响了我国跨境电商行业的整体形象。

以上是跨境电商创业者需要重点关注和思考的问题，如果创业公司能在海外拥有强大的供应商谈判和货源整合能力，在国内有较好的流量获取和转化能力，擅长电商运作及海外供应链管理，能够游刃有余地处理地方政府关系和投资人关系，则可以在群雄角逐的跨境电商市场上分得一杯羹。

每个项目投资之前，我要叮嘱创始人两点：一、我不要投票权，100%支持你，只要不做假账不违法、公司不翻船；二、我会给你很多建议，但这仅仅是建议，你要有自己独立的观点，假如按我说的做，对了，是你的功劳，错了，也是你的责任。

——小米创始人雷军

第6站

电子分销商模式

说完了 B2C 十大商业模式，我们接下来转向 B2B。B2B 是 Business-to-Business 的缩写，是指企业与企业之间通过专用网络或 Internet，进行数据信息的交换，开展交易活动的商业模式。企业间传统的线下交易方式往往要耗费大量的资源和时间，在采购、分销和销售上占用大量成本，压缩企业的利润空间。通过 B2B 在线交易方式，买卖双方能够在网上完成整个业务流程，从建立最初印象，到货比三家，再到讨价还价和签单交货，还配套售后服务。B2B 使企业间交易减少了许多事务性的工作流程和管理费用，降低了企业经营成本，增加了市场机会。

分销商是相对于“批发商”而言的，意即“分着来销”，指那些专门从事将商品从生产者转移到消费者的商业活动的机构和个人。电子分销商，是指企业基于网络开展的分销行为，通过网络来完成铺货、渠道建设、分销商管理等流程。电子分销商大多不需要自己备货，而是主要负责网上推广和分销商管理工作。当然，也有部分厂商要求分销商自行进货并在网上建站销售。

传统贸易分销模式所需经过的环节一般包括：制造商→总代理→区域总代理→地方代理→零售商，最终才流向消费者。代理分销环节越多，人员配置、管理缺陷等问题越突出，销售成本也越高。

表 6–1 传统贸易模式的流通环节

传统贸易模式	货源	中间环节	终端
直销模式	生产者 / 厂家	直销员	最终消费者
总代理模式		总代理→下级代理	
区域代理模式		区域代理→零售商	
特许经营模式		特许经销商	
专卖店模式		品牌自营店 / 加盟店	

互联网的发展和商业应用，使得传统分销渠道中的分销商凭借地缘因素获取的优势被互联网的全球性与虚拟性所取代。同时，互联网信息交换的高效率，改变了传统分销渠道的诸多环节，将错综复杂的关系简化为单一关系。故电子商务对传统分销商是一场革命——凡是适宜进行大批量采购的商品，都可以通过电子分销商建立网上虚拟批发市场，实现零售商网上采购与在线结算；通过完善物流体系，实现全国范围内的快速配送。电子商务的兴起给分销商提供了一种崭新的思路和模式，可以有效地延伸交易半径，扩大交易商圈，加速交易过程，降低交易成本。

2015年以来，我国经济进入了一个新阶段（结构性分化正趋于明显），中央政府适时提出了“供给侧结构性改革”，意欲从供给侧方面着力，减少传统行业沉积已久的产能过剩问题，调整部分产业不合理的结构，助推传统行业转型升级，进而促进经济健康持续发展。而电子分销商借助“互联网＋产业”思维，对于降低传统产业供应链成本和帮助大宗商品去产能，有着得天独厚的优势。下面就将从找钢网和一亩田的例子来看在钢铁、农产品等传统大宗商品市场上还能怎样掘金。

创 业 故 事

找钢网：覆盖全产业链的电商“钢铁侠”

找钢网创始人兼CEO王东，出生于1976年，四川大学本科、华中科技大学软件工程硕士，曾任大学教师，后进入钢铁行业。他曾先后担任北京中钢网信息股份有限公司（中国钢材网）、上海山钢电子商务有限公司（钢钢网）总裁，2012年离职创立找钢网。

找钢网服务的客户是钢厂、贸易商、终端消费者，以及关联服务的提供商，例如物流配送企业、仓储管理企业和金融服务机构。其商业模式既有天猫做大平台的特点，也有京东做大电商的特性，两者并行，但“京东模式”占比更大，因此可将其归入为B2B电子分销商细分模式。

找钢网的商业模式经过了多年不断摸索和快速演进，大致可以分为如下四个阶段。

第一阶段，交易撮合模式。找钢网诞生的第一年，以资源报价和免费撮合交易业务为主，目的是积累大量客户数量和商业数据。这是其商业模式的第一步，也是试错的第一步。

第二阶段，撮合＋自营模式。积累大量客户数据后，找钢网开始学习京东做起自营业务，吸引二三线品牌的钢厂直接在找钢网平台进行分销，同时找钢网为钢厂提供生产指导、定价销售、尾货处理等服务。逐渐地，找钢网的自营业务收入占总体业务收入的90%以上，成为钢铁行业内知名的“大代理商”。这是找钢网商业模式的最重要一环，也将是找钢网重点打造的模式。

第三阶段，导入“仓储加工＋物流＋金融”业务。找钢网在实现钢厂“大代理商”角色定位的同时，开始向行业周边服务拓展，如自己租赁仓库，设计符合钢铁行业的管理软件，提供拉直、开平、剪切等加工服务。同时利用移动互联网技术和物流信息云平台，推出“胖猫物流”服务，以信息化手段实现对订单流、运输流、账单流和第三方物流车辆的集中管理。为了解决钢铁行业融资难的问题，找钢网还与中瑞财富合作推出“先提货，后付款”的信用赊购服务——胖猫白条。这种“仓储加工＋物流＋金融”的商业模式是找钢网提升市场竞争力、开创行业崭新经营模式所做的重要举措。

第四阶段，启动投资孵化平台业务。找钢网在2015年成立胖猫工场——一个专业面向B2B电商的投资基金和孵化器。找钢网借此可以给B2B创业团队提供强大的资金支持，同时可将多年积累的实战经验传授给创业团队，为创业企业在运营过程中提供战略、技术、大数据、金融平台、资本、融资等方面的支持。2015年，找钢网第一次以500万元投资B2B石油产品智能交易平台——找油网，后者曾单月撮合6000万石油交易。

找钢网的交易撮合服务对于买方是免费的，但基于庞大的客户数和资源量，找钢网提供各种交易增值服务，获得多元化的收入来源，包括自营业务的贸易价差、钢厂返利、卖家撮合费、物流运费价差、钢材加工费、融资服务费、技术输出、网站广告费等。

找钢网从成立之初就奔着上市之路迈进，采用标准创投模式进行融资。找钢网以钢铁B2B的庞大市场容量和先进商业规模作为卖点，先后获得了IDG资本、红杉资本、经纬中国、险峰长青、华兴资本等知名基金公司六轮的风险投资，累计融资金额超过20亿人民币。

2015年，找钢网的单月交易量就已达到100万吨，而全国每年交易量超过100万吨的钢铁零售贸易商还不到20家。在市场热潮从消费互联网进入产业互联网的今天，找钢网确实是一个不错的创业案例。

一亩田：“农村包围城市”的互联网新玩法

一亩田农业网成立于2011年8月，其创始人兼CEO邓锦宏是个“80后”。技术出身的他大学毕业后尝试了两次创业，后加入百度产品和市场部。2009年邓锦宏接手了百度的一个乡村信息化项目，用一年时间，跑了七个省份100多个农村，深入了解农村社会现状，为今后围绕“三农”创业作铺垫。2011年，邓锦宏等3人正式推出一亩田农业网，他们尝试了六个方向，包括帮农民团购饲料、鼓励农民上传共享养殖档案、搭建农村社区等。前五个尝试都因为农民积极性不高而很快夭折了，只有第六个才成功盈利，这就是今天我们看到的农产品交易撮合平台。

一亩田借鉴“去哪儿网”的比价模式，以“为人们找到每一亩田地上的农产品”为使命，打造专业的农产品信息商务平台，线上为农产品的生产者、批发商和采购商提供供求信息查询匹配服务，线下提供交易撮合和资金担保服务。简单地说一亩田做的就是三件事：一是用大数据来建立一个信用体系，二是用互联网来解决信息不对称的问题，三是用规模来制定行业规则。一亩田不仅较好地解决了农产品交易信息不对称的问题，还避免了交易双方互不信任的难题。

一亩田平台上主要有两类人：一类是供应方，包括散户、大户、合作社、经纪人、龙头企业；另一类是采购方，包括各种类型和层次的批发商、饭店、超市、深加工企业和出口型企业。为了消除农产品流通中的不诚信行为，一亩田推出了农业经纪人点评系统，在诚信度、服务态度、服务质量和服务能力等方面对经纪人做出全方位评价。在筛选出诚信、优质经纪人的同时，一亩田也将不诚信的从业者在全网曝光。

一亩田的另一项重要创新举措是建立了国内首个农产品流通领域的天机大数据系统。具体可提供的主要数据分析包括：农产品供需关系变化走势、采购渠道区域分布、采购渠道身份构成、农产品主要区域分布、农产品产区竞争力排名、农产品产区竞争力变化。截至 2020 年 12 月，一亩田平台已经覆盖全国 2800 个县的 1.2 万种农产品品类，用户数量达到 3000 万。

建立起完善的商业模式后，一亩田开始产生积极的社会效益。截至 2015 年 7 月，一亩田在全国范围内解决农产品滞销事件近 70 起，累计为农民挽回直接损失数千万元，其中包括陕西乾县的大葱、海南东方市的玉米、湖北宜昌的柑橘、福建闽清县的雪柑、陕西大荔滞销的数千吨红杏……为此，一亩田多次被中央电视台、《人民日报》《农民日报》等权威媒体报道，收获了不错的社会效益。

虽然为农民解决了大问题，但一亩田并未对收入不高的农民收取服务费和赚取差价，其收入主要来自广告、金融、大数据和物流。其中，“广告业务”是在海量用户基础上，吸引大农企投放各类宣传广告；“金融业务”是跟地方银行合作，给信誉好的批发商做贷款，开展供应链金融业务；“大数据业务”是跟地方政府做合作积累农业数据，为稳定农产品市场提供参考；“物流业务”是基于交易大数据提供农产品运输业务匹配服务。未来一亩田还将在农产品分级和行业标准制定上做更多尝试。

一亩田的员工数最多时突破3000人，月交易额从50万增至上“百亿”元，估值也轮番上涨。公开数据显示，一亩田在2013至2014年获得红杉资本领投的两轮融资，2015年7月又获得千万美元C轮融资。

但在2015年下半年，一亩田陆续传出了生硬补贴、默许刷单、数据造假甚至大规模裁员、资金链断裂等负面新闻。此后，一亩田紧跟国家政策，上线电商扶贫专区，全力推动脱贫攻坚，同时以互联网科技全面参与乡村振兴建设。

最传统的农业＋最时髦的互联网，会产生什么化学反应？农产品具有标准度低、资源集中度差等天然特点，互联网公司和资本想要试图改造现状，必须解决产品标准化和物流体系等问题。

◆◆◆ 创业启示 ◆◆◆

根据“商业模式三要素模型”，找钢网和一亩田的商业模式可归纳如下：

表6–2　找钢网、一亩田商业模式分析

商业模式三要素	找钢网	一亩田
价值战略	找钢网打造钢铁分销平台，为钢厂提供自营/联营业务和交易信息撮合服务，并由此衍生出仓储加工、物流、供应链金融和投融资等业务。	一亩田借鉴“去哪儿网”的比价模式，打造专业的农产品信息交易撮合平台，解决传统农产品市场信息不对称、规则不健全、诚信缺失等问题。
市场策略	用互联网思维卖钢铁，通过互联网平台降低买卖双方信息不对称性，提高中小买家的议价能力和用户黏性。	一亩田建立庞大的地推团队前往田间地头协助农民实现电子化，同时因为积极的社会效益而获得权威媒体的广泛报道。
赢利模式	找钢网提供免费的交易撮合服务；但基于庞大的客户数和资源量，找钢网提供各种增值服务，获得多元化的收入来源。	一亩田不对农民收取服务费和赚取差价，其收入主要来自广告、金融、大数据和物流，平台交易额和公司估值持续走高。

传统分销渠道不畅通主要源于两大固有缺陷：信息沟通不畅和利益分配不均。而电子商务的介入能较好地解决这两大问题：一是通过集成一体的分销信息流，降低上下游环节信息沟通的成本；二是通过互联网虚拟渠道的介入，缩短分销环节，优化利益分配。因此，电子分销商拥有如下特点：

一是渠道技术化。电子分销商是随着互联网和通信技术的产生而产生的，应用了大量的网络信息技术，如现代物流业的条码技术、数据库技术、电子定货系统、电子数据交换、企业资源计划（ERP）、货物自动跟踪系统等新兴技术，这些技术较好地保证了分销渠道的灵活高效。

二是结构扁平化。电子分销商的出现大大减少了传统渠道分销商的数量，也方便企业建立直销渠道。企业利用自己或分销商的商务网站，一方面可发布企业和产品等相关方面的信息，另一方面可接受顾客的咨询和订购，拉近了企业与顾客之间的距离，使市场结构更加扁平。

三是时空无界化。由于互联网具有全球性、全天候的特点，因此电子分销商一方面打破了地域的限制，拓展了分销渠道的范围，使得企业整合全球市场成为可能；另一方面，电子分销商可以全天候 24 小时在线提供服务，大大延长了企业的服务生命。

四是销售对象数字化。互联网的发展使得网络销售对象日趋数字化，除了传统的钢材建材、农副食品等实体商品，软件应用、数据报告等产品也被列入了电子分销的行列。这些数字化产品的销售商拥有了一个广阔快速的分销渠道，使之能在全球任何地方分销自己的产品，筛选、订购、支付、配送等整个流程都可以在线完成。

董事长该干啥？我琢磨了一下，主要有三点：一是，什么时间点做什么样的事情，这决定了公司的方向和战略；二是，用什么样的人来干这件事情，寻找德才兼备的人不容易；三是，怎么让人有动力愿意打仗，怎么样能够把事情做成。做好这个位置，最重要的是看人看事的眼光、经验、阅历和胸怀。

——小米创始人雷军

第7站

电子采购商模式

消费者个人从商家那里获取产品或服务的行为被称为“购买”，而企业或政府从供应市场获取资源的行为则有一个更专业的词汇——采购。“采购”是个系统活，需要制订详细的计划，遵循正规的流程，进行严谨的账务处理。据统计，传统制造企业每年用在采购上的资金可以占到全年销售额的80%左右，而“电子采购”可为企业平均节省17%的支出。下面就让我们来探究企业如何通过“电子采购商”来降低成本、提高效益。

电子采购商，是一个集“全方位的资讯服务＋多效的采购交易平台＋管家式服务”于一体的企业采购协同工作平台。通过这个平台，采购企业可以发布采购信息，了解市场行情，分析采购策略，评估供方绩效，进行价格谈判，跟踪订单发货等。同时，供应商也可以从中进一步降低供应成本，获得更多商机，提高企业运营效益。

B2B模式的电子采购平台在线上创建了专业的“供应商—采购商”网络，实现了采购信息的公开化，避免了人为因素的屏蔽和干扰，扩大了采购市场范围，缩短了供需距离，简化了采购流程，节约了管理成本，减少了材料库存，使交易双方易于形成战略伙伴关系。

B2B电子采购商有买方模式、卖方模式、市场模式等三种模式。

买方模式，是指采购方在互联网上搭建网站并发布采购信息，供应商在此网站上提供自己产品信息和报价，由采购方评估筛选以达成交易。需求采购方仅有一家企业，而供应方可以是任意多个。买方模式适合采购需求巨大且稳定的大型企业，如万科集团联合20多家开发商建立的联动电子商务网，进行建筑材料的集中竞价采购。

卖方模式，是供应商对接内网及客户关系管理（CRM）系统，搭建产品展示与销售网站，促进公司产品的网络推广和销售。对采购商来说，该模式优点是接触面广、访问容易、选择多样化，缺点则是采购商难以跟踪和控制采购开支。例如，世界范围内的购买者都可以登录思科网站在线采购网络硬件，该网站每天交易额超过4000万美元，每年至少为思科公司节约8亿美元的营销成本。

市场模式，是指采购方和供应方通过第三方中介网站发布自己的商品需求或供应信息，第三方网站则负责商品信息的归纳整理及买卖撮合。这种模式早期只是类似黄页的查询功能，在打通社交、支付等功能后，则可以实现纯线上交流和交易，比如阿里巴巴、慧聪网等。相对而言，市场模式更具有市场活力和前景。

B2B电子商务的发展让大量电子采购平台如雨后春笋般冒了出来，既有千里马、环球市场等覆盖面广泛的综合电子采购商，又有亚商在线（办公用品）、大厨网（农产品）等深耕某一细分领域的垂直采购电商。鉴于细分市场更适合创客朋友入手创业，下面就将从亿采网和云汉芯城的例子来探讨垂直领域电子采购商的商业模式。

◆◆◆创业故事◆◆◆

亿采网：打造 IT 设备全产业链电商平台

公司老板：云服务已经无法满足咱家业务了，需要再采购一批服务器、连接器、网卡……

行政人员：我只晓得怎么上京东买台式机，不懂专业技术怎么办？！

别笑，我不只是在讲段子。在专业 IT 设备采购方面，中小互联网公司确实有不少困惑：什么规格的设备适合我们？量小价高如何破？水有多深？而有一个叫亿采网的初创公司，可以帮中小 IT 企业解决采购难题。

亿采网的创始人兼 CEO 沈鹏飞是一位具有丰富的创业经验和敏锐的商业头脑的连续创业者，曾就职于戴尔厂商，后续参与创立了七家公司，涉及系统集成、App 开发、云安全等，直到 B2B 电商平台——亿采网。如果说之前的创业方向都各自独立、联系不大，那么亿采网就是把这些年的创业经验及资源有效融合为一体，挖掘其中蕴藏的大量商业价值。

亿采网 B2B 平台于 2014 年 8 月正式上线，最初 1.0 版为类似京东的自营电商模式。随着“互联网 +”概念的提出和盛行，产业升级的加速，亿采网 2.0 版迭代为 IT 产品的代采、撮合交易平台，经营各类企业级 IT 核心产品，包括服务器、存储、网络设备、云和安全软件等五大品类，并积极引入集体采购、团购、竞价等新型电商模式，致力于为中小企业打造专业的 IT 采购工具和信息平台，并提供 IT 咨询、技术交流等网上社区服务。

亿采网充分发挥了“互联网 + 产业”的优势，采用综合竞价模式，帮助采购商以合适的价格快速找到更好的货源和最佳的供货商。采购商可以一键上传需求文档，亿采网会根据供货商的价格、口碑、服务水平等记录，利用后台机器学习及大数据分析算法，自动进行需求整理、整合（集采）、信息匹配、综合竞价、优选推荐等工作，把最终结果一目了然地推送给采购商。除看到报价之外，采购商还可清楚地看到每个供应商的口碑、资质、账期等多维度信息。而对于供货商，亿采网则可以帮助他们将积压的库存进行反向促销，加速其业务周转率，使其现金流得到良性循环。

正如案例开篇所说，很多中小企业需要采购IT产品时，往往出现“只知道要达成怎样的效果，却不知道要具体采购什么产品”的难题，因此亿采网引入了“Two For One”客户服务模式，即由一名售前工程师和一名专属客服为客户提供专业导购和咨询服务。亿采网3.0版本进一步丰富了采购和服务场景，包括人工代采、人工代售、团购集采、尾货二手、品检安装、限时促销、物流服务、担保账期、分期付款、数据服务、云增值服务、积分商城等细分场景的上线将进一步优化采购商的体验，简化从售前到售后的每个环节，让不熟悉采购业务的中小IT企业真正放心、省心、安心地买到合适的IT产品。

公司不仅在2015年中旬获得了数千万美元的A轮融资，得到资本市场的青睐与认可，而且还与包括华为、HP、IBM、DELL在内的多家厂商形成战略联盟，并与近千家供货商、物流商、服务商、信贷提供方签订合作协议，目标瞄向了IT设备全产业链电商平台。

创新工场合伙人王肇辉表示，创新工场每年投资上百个互联网项目，很多项目最初迫于成本压力基本不考虑在IT硬件设备上的大投入，亿采网这种互联网思维，不仅解决了中小企业甚至一些大企业多年存在的“顽疾”，对大量资金经验缺乏、讲究性价比的初创企业来说更是一大福音！

云汉芯城：工程师社区文化助力产业升级

如果你是一位电子技术爱好者，过去一定经常出没于散落在街头巷尾的电子元器件集市吧。琳琅满目的灯泡电路板，密密麻麻的电阻电容，器件规格多得让人眼花缭乱，电线烧焦味熏得人喘不过气来……而如今，这些电子元器件都可以通过一个叫“云汉芯城”的网站一键购得。

云汉芯城的前身是2002年成立于深圳的“云汉电子”，主营电子元器件代理分销业务。经过近十年的行业酝酿和市场摸索，云汉电子战略定位做出重大调整，开始全面聚焦电子行业的垂直电商服务领域。云汉芯城网站于2011年3月1日正式上线运营，采用“电商＋社区＋增值服务”的互联网思维，提供电子元器件的一站式在线采购服务，业务板块主要涵盖电子元器件采购平台、PCB（印制电路板）服务、开发工具商城、电子工程师社区等领域。

其中，“电子元器件采购”是通过与贸泽、罗彻斯特、安富利等超过100家海内外供应商合作，提供近万种电子元器件一站式采购服务。“PCB服务”是通过整合行业加工资源，为用户提供1—40层印刷电路板的专业设计和在线定制服务。“开发工具商城”可提供10万多种电子开发工具的在线购买，品类包括仪器仪表、开发板、五金工具、焊接工具等。“电子工程师社区”是国内专业的电子工程师技术经验交流论坛，为行业用户提供在线技术培训、IC样片申请、技术论坛交流、硬件开发支持等社区互动服务。

另外，云汉芯城还开展了一项同行中少有人问津的业务，即库存寄售，或者说尾单回收。一般来说，客户购买电子元器件并使用之后，常常会有一些剩余的尾单未被利用。因为这些尾单不好处理，往往只能摆在仓库里折旧或废弃。而云汉芯城组建了专门的团队向客户回收尾单并进行销售，帮助客户盘活资产。这项增值服务得到客户的广泛好评，也是云汉芯城的一大盈利来源。

其实元器件电商市场玩家众多，深圳就有科通芯城、深美科技、华强旗舰等电子元器件采购平台，而能够让云汉芯城与其他平台鲜明地区别开来的，是其独具特色的电子工程师社区。电子工程师社区的会员已经超过10万名，活跃的技术经验交流，丰富的线上线下活动，为云汉芯城带来了可观的流量和销售额。

近年来，智能硬件的不断迭代创新使整个电子行业都热闹了起来，云汉芯城也是十分重视这一点的，从2015年初的英特尔Edison设计大赛到后来的智能硬件寻找爆品大赛，云汉芯城均作为合作伙伴全程参与支持。作为拥有30多家原厂资源的免费样片申请中心以及国内资源丰富的智能硬件元器件配套服务平台，云汉芯城电子工程师社区拥有超过30000名创客高手，在英特尔Edison设计大赛中有6位社区会员进入了大赛全国30强。

2011年上线以来，云汉芯城上演了“连续5年销售额翻上三倍”的神话：2011年，刚上线的云汉芯城销售收入只有500万元；2012年，销售收入就达到了1500万元；2013年突破5000万元；2014年达到1.7亿元；2015年接近5亿元，云汉芯城不断刷新销售纪录。

2015年10月，云汉芯城成功完成股改并启动挂牌新三板。董事长曾烨表示，公司将以此为契机更好地优化网站系统功能，完善平台产品结构，加强资源合作力度，提升平台用户体验，不断提高核心竞争优势，争当“互联网+电子产业”的排头兵。

现在常说“互联网+”，一般人的习惯思维是“基于互联网的电子专业网”，但云汉芯城的理念似乎完全相反——做基于电子的互联网平台。云汉芯城以“为电子产业提供透明高效的互联网服务”为使命，为打造“电子产业第一平台”而奋斗。

◆◆◆创业启示◆◆◆

根据“商业模式三要素模型”，亿采网和云汉芯城的商业模式可归纳如下：

表7 亿采网、云汉芯城商业模式分析

商业模式三要素	亿采网	云汉芯城
价值战略	亿采网是企业级IT核心产品的“自营+撮合”交易平台，引入“Two For One”客户服务模式，为中小企业提供放心、省心、安心的IT产品采购服务。	云汉芯城打造电子元器件的一站式在线采购服务，涵盖元器件采购、PCB、开发工具商城、电子工程师社区、库存寄售等服务。
市场策略	亿采网定位于中小型IT企业，积极引入集体采购、众筹、团购、竞价等新型电商模式，辅以及时的线上IM+消息推送，降低IT采购的门槛。	云汉芯城依托活跃的电子工程师社区，大力支持创客运动，获得可观的流量、曝光度和销售额。
赢利模式	亿采网主要赢利点为采购商和供应商提供的一系列增值服务，包括人工代采、亿采物流、品检安装、尾货二手、数据金融等服务。	云汉芯城的盈利点主要源自“电商+社区+增值服务”，通过多元化服务取代价格战，销售额连续多年实现三倍增长。

电子采购商是一个协同的、集成的招标采购管理平台，使包括组织者、采购方、投标商、审批机构等在内的各类用户都能在统一的信息门户网站中协同工作，摆脱时间和地域的限制。它不仅协助企业方便地完成采购任务，而且可利用信息技术对采购过程的各个环节进行管理，有效地整合了企业的资源，帮助供求双方降低成本，强化企业的盈利能力和核心竞争力。电子采购商的优越性进一步体现在如下几方面：

一是降低采购成本，减少采购环节，提高采购效率。电子商务面对的是全国甚至全球市场，可以突破传统采购模式的地域限制，货比多家，在比质量、比价格的基础上找到满意的供应商，大幅度地降低采购成本；采购人员利用互联网网络平台进行供应商选择、产品询价、订货等活动，可以大大降低实地探访的采购费用。通过网站信息的共享，可以实现无纸化办公，大大提高采购效率。

二是采购信息准确、全面，方便领导人决策。利用互联网平台的电商采购模式，都必然要有全面的数据库作为支持。企业决策层可以便捷地了解每一种产品的价格、库存、订单执行、资金使用以及供应商目录等各类信息，针对采购过程中出现的问题做出快速准确的反应。计算机强大的统计分析能力也大大降低了采购人员的工作强度，提高了采购效率。

三是采购过程公开、公平、公正，提高采购的透明度。电子采购商通过将采购信息和采购流程在网络公开，由计算机根据设定的流程自动进行价格、交货期、服务等信息的确定，完成供应商筛选匹配工作——整个采购活动都公开于网络之上，方便管理层和市场的监督，避免因交易双方有关人员的私下接触而产生舞弊贿赂等问题，使采购更透明、更规范。

四是实现采购业务程序的标准化。电子采购是在企业对业务流程进行优化的基础上进行的，在实施之前，企业必然要对传统采购流程进行重组，最大化发挥基于电子采购过程中各个环节的优势作用。按照设定好的标准化流程进行电子采购，则可以规范采购行为，大大减少采购过程的随意性。

创业者的世界很独特。他们不会去感受那些缥缈的好和坏。他们的世界由两个东西构成：一个是有待解决的问题，一个是正在尝试的方法。

——罗辑思维创始人罗振宇

第8站

平台交换模式

萧伯纳说："你有一个苹果，我有一个苹果，彼此交换一下，我们仍然是各有一个苹果；但你有一种思想，我有一种思想，彼此交换，我们就都有了两种思想，甚至更多！"在互联网时代，信息的交换共享同样能催生更大的价值。

B2B交换平台是B2B商业模式发展成熟后细化衍生的一种模式，定位于垂直细分市场的中小企业，提供行业的商家动态、价格走势、供需行情等信息，旨在为买卖双方创造更多的交易机会。在交换平台中，买家能够迅速收集行业信息，查找和匹配合适的供应商，获得价格行情的实时更新，从而确定最终的购买策略。卖家则可以通过在交换平台上发布产品的相关信息，扩大自己的销售渠道和与买家的信息对接通道，获得更多的销售机会。卖家同时可以关注行业和竞争对手的相关动态资讯，更好地改进销售策略。

B2B交换平台大多数涉及直接投入生产和短期合同采购的交易，其主要运作模式就是联系买家和卖家，不断优化中间环节，增大平台容量和市场流动性，促成买卖双方的交易。在交换平台中，用户数量越多，行业信息越完善，商家就越能获得更低的销售成本和更多的销售机会。

传统行业往往通过线下生产、多级分销形成成熟的产业链和行业壁垒，这种封闭的模式在互联网时代已然落后。而传统行业的初创公司，相对于已经在行业中摸爬滚打多年的成熟企业，明显缺少客户资源和行业支持，销售渠道和成本上也无法与成熟大企业竞争。而B2B交换平台正是面向这些中小型初创公司打造的，为他们提供更多市场行情信息，降低销售成本，增加销售机会。

B2B交换平台通常专注于某一细分领域，比如钢铁、煤炭、铝等传统重工业，后来也诞生了在化学品、教育、演艺等行业的B2B交换平台。这些垂直行业的B2B交换平台，凭借对行业的专业认识和了解，可以将所在产业链的市场潜能充分挖掘出来，提高整个行业的运作效率。

下面就将从化学品和生鲜两个垂直领域来探索B2B交换平台的商业创新模式。

◆◆◆ 创业故事 ◆◆◆

摩贝化学：让化学品交易变得简单

摩贝网是由一批拥有20年以上行业经验的海归博士、10多年互联网经验的技术人员创建的化学品交易平台。创始人常东亮是瑞士联邦理工学院的博士。他本科就开始从事化学和计算机软件两个方向的研究，毕业后曾创立了中科化学、科瑞医药等生物医药企业。在科研和经商过程中，他经常苦于化学品行业信息化程度低、药品采购成本高昂等问题。2011年，在听到一些医药化学专家表达同样的科研烦恼后，常东亮开始了摩贝网原型的搭建。

摩贝网是全球首家化学品电商综合服务平台，原为中科院内部使用的数据平台——Molbase化合物数据库。作为一个化合物中间体数据交易搜索平台，摩贝网致力于为全球化工、医药、新材料等行业的供应商和采购商提供精准推广、交易撮合、投融资、进出口、物流等全方位服务。一方面，化学品供应商能够在平台上发布商品信息，优化搜索结果，让更多的买家能够搜寻到自己的商品；另一方面，化学品采购商能够通过摩贝搜索引擎准确定位到自己想要的商品和供应商，同时也让许多行业新进者通过该平台迅速了解到市场行情，降低初创团队的经营门槛。摩贝网则主要通过询单、交易佣金、出口代理和供应链金融服务来获取收入。

常东亮说，全球化合物中间体交易是一个1.5万亿美元的市场，它能为生物医药、特种香料、新材料等研究领域提供可加工的基础性材料。国内有约7500家生物医药有关的公司和17000多家成规模的中间体厂商，而在这个传统生意中，却隔着多级的贸易商、代理商、分销商，层级繁多而复杂，经常是谁也找不到谁，只能依赖小圈子关系和中间渠道，效率非常低，也占据了大量的利润。

摩贝网从信息平台开始做起，一直以做好化学品的搜索引擎为自己的使命。与阿里巴巴B2B平台上的化学品信息多为文本数据不同，摩贝网是一个纯结构化的数据平台，基于结构化SDF数据的神经元网络，重构化合物世界，为用户提供更专业全面的化学品搜索匹配服务。比如搜索“苯”，平台管理的不是“苯”这个名字，而是把苯环结构作为数据底层，与苯名称相关的产品匹配、结构匹配、衍生物匹配、相似物匹配、官能团匹配等结果都呈现给用户，并提供这些化合物的库存、价格、上下游关系等信息，让用户不错过任何他们可能需要的答案。

当做好信息搜索引擎，积累了大量的行业数据后，摩贝网开始不断向自营商城交易、供应链金融、物流系统管理等化学品电商全产业链方向迈进，扩大自己的核心竞争力。摩贝网现阶段拓展的核心业务包括：

（1）自营商城交易。摩贝网采用代运营模式，与供应商同步库存、价格等数据后开始协助他们销售化学商品。同时平台会承担质量认证、物流配送、代开发票等服务。

（2）供应链金融。摩贝网提供包括订单融资、保理、仓单质押等在内的供应链金融服务，可将平台上的资产打包出售给银行等机构，同时与中信、平安合作进行风险控制。

（3）物流。摩贝网还为供应商提供认证审核、出口报关、物流等服务。

2012 年 1 月，上线不久的摩贝网即获得来自德沃基金数百万人民币的天使轮投资，随后陆续获得五轮风险投资。

从交易平台升级到产业链服务，类似摩贝网模式的“找 × 网”们正在中国掀起一轮新工业革命，在化工 B2B 领域还有化塑汇、快塑网、找塑料网、找原料网、众贤网、毛博士等创业公司，以及慧聪旗下买化塑平台、上市公司联创孵化的化学品交易网、找塑料网内部孵化“找化工网”等。希望摩贝网能依靠团队多年积累的专业优势，搭建完善的后台系统和增值服务体系，进一步布局和深化全球市场，成为这轮产业革命潮流中的中流砥柱。

比菜价：把菜市场“搬”回家

十多年前，日本政府出台了一项农业信息化战略，对农产品订货、发货、结算以及批发市场的电子交易系统进行大规模改造。其中，最具生命力的就是专业农副产品网点，因为它能够直接连接交易双方，在保证产品的新鲜度的同时降低由冗长中间环节产生的额外费用，大大提高农产品的交易效率。十多年后的中国，有一批创业者希望用相似的方式，自线上到线下改造中国传统蔬菜农副产品市场，侯晓琴正是其中之一。

作为国内最早从事互联网电子商务的老兵，侯晓琴曾经先后就职于新浪、盛大、淘宝、齐家网等国内一流的互联网企业。作为淘宝早期员工之一，她从最初的淘宝网拍卖业务的运营，到上海市场部的管理，再到淘宝商城的招商运营和规划等，辗转了多条业务线，亲历了淘宝从起步走向辉煌的过程。正是基于超过 10 年的互联网电商运营管理经验，侯晓琴敏锐地感受到了 B2B 行业的风口已到，加上对蔬菜农副市场的周密调研，她敏锐地捕捉到了这个传统行业的诸多痛点，决心用互联网思维改造这个长久以来粗放发展、低效流通的产业链。她相信，一旦行业的供应链得到重塑，整个行业的效率会得到质的提升。2014 年，侯晓琴选择用类似淘宝的“轻模式”切入生鲜 B2B 市场，推出比菜价平台。

比菜价上线于 2014 年 12 月，是一家蔬菜生鲜业务交易撮合平台，目标人群为生鲜农副产品供应商和餐厅、街头小商贩等需求商。餐厅可以每天在平台上选择附近的蔬菜供应商，基于次日店内用料需求在微信商城里下单，拿到价格比自己采购便宜 5%~10% 的农副产品。比菜价连接了上千家大小批发商，让他们通过平台触达下游餐厅，提供食材批发及配送服务。这是典型的 B2B 交换平台，专注于垂直生鲜行业，重在撮合供应商和采购商以达成交易，减少买卖双方的中间环节，平台则根据供应商和客户的交易量收取一定佣金。

侯晓琴说，目前大多数创业公司都是用做 B2C 的思路来做 B2B 市场，但 B2B 和 B2C 的客户消费习惯并不一样，完全照搬 B2C 模式往往难以取得良好效果。B2C 是单边定价机制，卖家是通过市场营销手段跟买家沟通交易，买家并无议价权利。但 B2B 是双边定价机制，也就是说买家可以和卖家直接沟通、讨价还价。B2C 市场常常需要通过“团购”“促销日”等方式来刺激购买，但 B2B 的买卖双方彼此熟悉后则可达成长期的合作意向，卖家获得更稳定的市场需求，买家可以拿到更实惠的价格。

故相比于其他 B2C 电商平台，比菜价的商业模式有以下两大特点：

一是专注于生鲜行业的 B3 to R。

在传统蔬菜供应链上，蔬菜从农民手里要经过 B1（产地批发市场）、B2（销地批发市场）、B3（零售商贩）三道手，才能达到最终的 R（小餐馆）手中。比菜价的整个商业模式都围绕着 B3，也就是街头和菜场的小商贩来做。最先从他们的日常销售切入，形成 B3 to R 的撮合交易平台，再逐渐砍掉 B1 和 B2 环节。这是侯晓琴对生鲜行业进行深入调研后选择的商业路线，为的是更好切入生鲜市场，迅速获得大量商家和用户，不断简化中间环节。

二是打造“轻”B2B 商业模式。

不同于钢铁石化等标准大宗商品，生鲜农产品属于典型的非标品，品类丰富且各种品类的供应链都有所不同，需求方的采购周期也不尽相同，自营电商的模式会很重，无论是在平台可复制性和供应链管理上都比较难把控。比菜价采取类似淘宝的模式，由供应方和商家自行申请入驻平台，经客服人员致电审核后开启服务通道，为商家提供信息展示与交易撮合服务，而平台自身并不开展自营业务。

比菜价业务主要集中于上海地区，平台上聚集了数万家餐厅和几千名小商贩。比菜价平台的盈利模式也较为清晰，类似于大多数电商平台，比菜价提供商家免费入驻服务，但在排位推广、品牌背书方面会抽取一定的营销推广费用。未来平台也会在如供应链金融、仓储物流等环节拓展盈利模式。

比菜价上线不到一年，就分别获得了 120 万美元的天使轮、720 万美元的 A

轮融资，此后再也没有进行融资。据侯晓琴说，一是由于团队风格是低调行事，不愿靠“烧钱”来求速度；二是由于整体节奏的把控比较好，且对资金投入非常谨慎。在侯晓琴看来，当自己和团队重新架构了“互联网＋生鲜农产品”的认知体系，一切都顺畅了。而比莱价给自己定的使命是“建设中国最快的蔬菜生鲜流通网络，打通全球最复杂的供应链系统”。

创业启示

根据“商业模式三要素模型”，摩贝化学和比菜价的商业模式可归纳如下：

表 8 摩贝化学、比菜价商业模式分析

商业模式三要素	摩贝化学	比菜价
价值战略	从专业化合物数据库起步，打造强大的化学品搜索引擎，为全球化工企业提供精准推广、交易撮合、投融资、进出口、物流等全方位服务。	专注于蔬菜生鲜 B2B 领域，一端连接农副产品供应商，一端连接餐厅、街头小商贩等需求商，提供在线业务交易撮合服务。
市场策略	依靠纯结构化数据，为用户提供专业化的搜索匹配服务。联合信托、保险、物流等企业，提供多元化的增值服务。	从上海起步，先将商业模式打磨成熟，再考虑大规模地拓展其他城市。
赢利模式	通过自营商城交易、供应链金融、物流系统管理等方面盈利，年销售额持续高速增长。	提供商家免费入驻服务，平台收取交易佣金。同时在广告竞价、品牌背书、供应链金融、仓储物流等方面拓展盈利模式。

自阿里巴巴、慧聪网等大型综合电商逐渐进入成熟饱和阶段，B2B 综合平台的商业模式开始出现各种缺点，运作效率和市场发展都遇到瓶颈。许多阿里巴巴的供应商抱怨平台上竞争太激烈、利润不断下降，采购商也抱怨在线上难以迅速找到合适自己的好货，新进企业更是觉得行业壁垒高不可攀。

B2B 交换平台正尝试通过打造一个专注于垂直市场、轻量交易的 B2B 平台，解决大型综合 B2B 电商遇到的这些问题，这是 B2B 商业模式发展的聚焦和创新。该商业模式大多数应用于平台发展的早期，以此来积累行业数据和市场影响力；平台后期的业务往往向该行业的全产业链服务发展，通过更多渠道和方式实现多维度盈利。

更进一步，B2B 之交换平台有以下几点创新经验值得我们学习：

一是专注于垂直细分行业。当大企业在一种商业模式中做得十分成熟的时候，高高的准入门槛就让许多初创企业望而生畏。但与其望而却步，我们更应善于从大企业的商业模式中发现漏洞和商机，再从大平台无法兼顾的细分市场着手，做大平台无法顾及的小生意，将这个小生意做大做强，才有可能在市场上分一杯羹。

二是打好信息化基础。B2B 之交换平台的成功关键点在于做好信息化的数据平台，让用户能够迅速准确地找到想要的信息，因此将商业数据信息化十分重要，这一点摩贝网和比菜价都做得十分优秀。如果搜索基础没有打好，到后期发展就会出现信息分类混乱、检索不全等问题。如今许多传统 B2B 平台都出现这种问题，正是因为前期没有打下良好的信息化基础所致。

三是抓好核心业务。在上述两个案例中，摩贝网发展初期专注做化学品搜索引擎，中期专注做化学品交易平台，如今着手做化学品全产业链服务平台；比菜价初期专注撮合 B3 端与 R 端的轻量交易，后来做物流配送等业务。初创公司往往资金有限，要使有限资金的效益最大化，就必须抓好核心业务，再考虑从核心业务出发扩展至全产业链。

“永远年轻，永远热泪盈眶。”当你试图放弃一个你知道是正确的事情的时候，希望你能再看看这句话。

——锤子手机创始人罗永浩

第9站

团购模式

买东西不会挑选，总是留下遗憾？担心个体消费在售中售后得不到应有保障？不大会砍价，不喜欢砍价，也不屑于砍价？……无论你是勤俭持家的居家主妇，还是收入不高的工薪阶层，又抑或是经济拮据的在校学生，想用最实惠的价格，体验较好的产品或服务，那么各大团购网站就是你的理想之选。

团购，又被称为“集体购物”“联盟购物”等，是指买家借助互联网来聚集大量的消费需求，形成强大的议价谈判能力；卖家遵循薄利多销、量大价优的原则，给出低于市场价格的折扣或者单独购买无法享受的优惠。

团购在发展之初多由消费者申请（俗称“团长开团”），现在多由商家直接发起、各地买家响应。这种多方参与的新型消费合作方式对商家、消费者和团购平台都是有利的：一方面它可以降低买卖双方的信息不对称，帮助消费者改变自己的弱势地位，争取到更优惠的价格和更好的服务保障；另一方面它能有效降低商家的交易成本，获得规模效益。而对团购网站来说，则可以通过商品直销、交易回扣、商家展位、广告服务、会员增值、分站加盟等方式从中盈利。

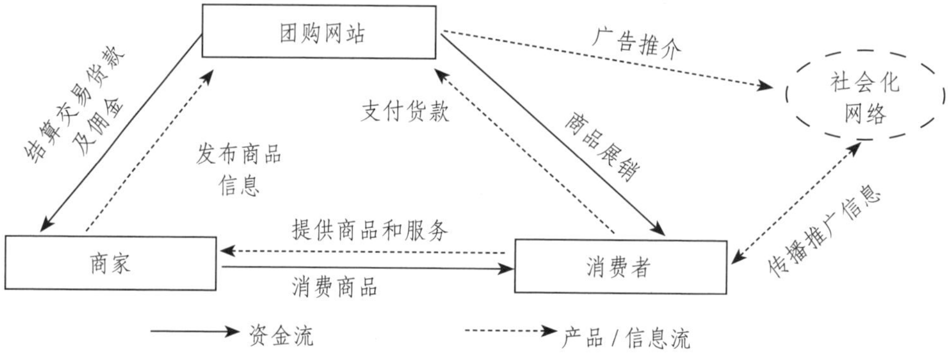

图 9　团购模式

第一家团购网站 Mobshop.com 于 1998 年在美国上线，随后在全世界范围内被疯狂复制，但 2001 年美国出现的电子商务泡沫破灭导致一批团购网站倒闭或转型。而我国电子商务的发展相对滞后，最早的团购网站也只能追溯到 2002 年。随着电子支付手段、物流配送渠道、网络信息安全技术的发展，以及相关法律法规的完善，我国团购行业也在 2010 年前后迎来了爆发，仅用 4 年左右的时间，全行业便经历了资本宠儿、千团大战、恶意竞争、IPO 折戟、资本断粮、裁员关站、移动春天等很多行业需要十年甚至更长时间才能经历的过山车式发展。秒杀、积分兑换、抽奖、签到送礼等各种创新模式的尝试也是从这时开始被消费者接受和熟悉。

历史数据显示，从2010年开始，团购网站关闭数量达5000多家，倒闭率近九成。在资本市场都担心团购网站进入寒冬时，BAT等互联网企业巨头却相继涉足团购行业，看好移动互联网时代的O2O消费价值——百度收购了人人网所持的全部糯米网股份，苏宁宣布全资收购国内团购网站满座网，腾讯合资成立高朋网并入股大众点评，阿里巴巴以3亿元成为美团网的B轮投资方……而在美团和大众点评联姻后，团购市场短暂形成了“一超多强”的局面：美团、大众点评一起占据国内团购市场80%的市场份额，百度糯米、拉手网、窝窝团、高朋网等基本瓜分了剩余市场。此后，团购基本上围绕着如何精细化运营、强化供应链、满足用户需求。

经历过千团大战的惨烈厮杀后，能存活下来的可谓是精英中的精英，而经历过此轮洗礼的窝窝团和团800又分别是怎样的命运呢?

◆◆◆创业故事◆◆◆

窝窝团：团购行业的弄潮儿

2010年初，正当首部3D巨著《阿凡达》上映如火如荼的时候，有个网站发起了55元团购电影票活动，获得了网友的热烈反响，也由此掀起了中国第一轮团购热潮。随后的“3·15”消费者权益保障日，该网站强势上线，成为全国第二家团购网站。它就是窝窝团，一看名字就令人倍感温馨的团购网站。

窝窝团的创始人兼CEO徐茂栋，1968年出生于山东日照，毕业于武汉理工大学，并获清华大学EMBA学位，算得上是创业路上的老兵。徐茂栋20岁出头便创立齐鲁超市，早早赚到人生第一桶金。其后他进入手机广告行业，所成立的凯威点告被分众传媒并购，赚到第二桶金。2008年，由他创立的百分通联卖给澳洲电讯后成功套现10亿元。2010年初，43岁的徐茂栋拎着三桶金，创立了窝窝团，杀入炙手可热的团购领域。自主创业的同时，他还是一位著名的天使投资人，先后投资过数十家创业型公司。

针对消费者，窝窝团提出“沃尔玛模式”的团购理念，率先推出一城多单、一单多日的团购模式，在主界面上最大限度地聚合了本地生活信息入口，包含美食、电影、娱乐、酒店、美容保健、生活服务、旅行、网购等大分类，基本覆盖了人们的日常生活所需，方便用户一键直达消费。

对合作商家，窝窝团推出了“网上专卖店”模式，以“分销＋促销”的方式，帮助商家在网上开设专卖店（网上商铺）。在窝窝团，商家可以长期售卖多款产品，充分展示商家品牌、服务及产品信息，形成商家的网上前台；也可以用团购码、卡券、会员卡等丰富的营销手段，刺激消费者的潜在需求。窝窝团的收入也主要来自与合作商家的收费，包括平台使用费、交易佣金、竞价排名等增值服务。

在2010年上线以来，窝窝团先后接触超过300家区域团购网站，并购了其中20多家，包括厦门闪团、广西好乐团、吉林美美团、廊坊我的团、晋江一丸团等地方性团购平台。经过旋风式的并购、挖角，窝窝团团队从80人迅速扩展到5500人，广泛覆盖全国130多个城市，在短时间内从数千家团购网站中脱颖而出，快速杀入团购行业前五名。2012年，经过千团大战的洗礼，窝窝团从团购的红海中撤出，改名为窝窝商城，开始转型做O2O“生活服务平台”，同时为合作商户提供包括品牌策划、定向传播、技术支持在内的顾问式服务，为数十万商家打造精准的营销平台。2011年窝窝团获得“中关村高新技术企业”称号，这也凸显出公司的技术创新实力。

而窝窝团的公司文化也向来被同行和投资人称赞。“窝窝”这个名字本身就充满了朴实、幸福的韵味，期盼让每一位客户都有一个属于自己的幸福小窝！窝窝团通过微博、热线等方式建成了双向无阻的客户沟通体系，其客户服务中心使用全球服务商AVAYA提供的交换机及软件服务，并和中国移动、中国联通建立了长期的战略合作关系，始终坚持“100%受理、100%处理、100%回复、100%满意”的服务准则，提高客服工作整体质量及用户满意度，致力于打造中国“最佳客服中心”。在公司管理上，窝窝团也有多项创新之举。窝窝团创办了业内第一个大学——“窝窝团购大学”，以“师徒制”“核心—储备干部制”等制度为行业培养多方面的专业人才。窝窝团是业内第一个实行全员持股（期权）、全民创业的团购网站，帮助无数青年人实现了创业梦想。窝窝团也多次推出了公益团购，首获“公益第一团”称号，并在公司内部形成了“分享感恩”的文化氛围。

但回顾窝窝团的发展历程，我们不难发现其一直热衷于资本运作，每一次登上新闻几乎都与资本运作有关。窝窝团曾被爆第二、三轮实际仅获风投5500万美元和自融1250万美元，但对外宣布都夸大了近4倍，且股价不升反降，像是给自己“打脸”。2015年4月8日，窝窝团赶在美团大众之前登录美国纳斯达克交易市场（股票代码WOWO），但其上市之路也非一帆风顺，曾经成立不满一周年即想IPO抢跑，上市后一路跌多涨少、后期交易萎靡，以至于让外界都在质疑窝窝团上市是去碰运气或是刷存在感。

2015年6月，窝窝团以现金换股的方式和众美联（香港）投资有限公司合并，成立“众美窝窝”新公司，转型餐饮酒店B2B平台（股票代码也改为JMU）。从千团大战到转战移动O2O，再到转型B2B，这个充满个性和饱受争议的弄潮儿一直在探索自己的发展方向。

团800：团购行业的卖水人

OTA的蓬勃发展催生了旅游产品导航网站“去哪儿网”，汽车款型的日益丰富催生了汽车分类导航网站“汽车之家”……每个行业的兴起都会催生行业信息分类导航的需求，团购行业亦不例外。你还在纠结美团网和拉手网哪家的折扣力度更大吗？你还在担心品质团和窝窝团哪家提供的产品质量更好吗？团800就是一家消除用户团购疑惑的综合导航网站。

“自己作为普通用户发现一个团购网站不够用，如果去翻很多的团购网站就很麻烦，因为要记住很多域名。另外消费者搜索团购网站的数量在急剧增长，这说明很多人希望了解什么是团购，想知道哪有好的东西，这就是机会……”团800联合创始人胡琛这样描述团购用户的痛点。他毕业于清华大学计算机系，从事IT行业市场传播工作多年，曾在网易内部创业推出自主研发的全新中文搜索引擎——“有道”系列产品。2010年6月，胡琛带着做搜索的经历，联合大学校友吴欣然等人推出团购导航网站——团800。

团800导航网自推出以来迅速得到团购网民的喜爱。目前，团800网已经收录了国内近千家团购网站的信息，提供各大网站的导航链接以及聚合式的内容列表，方便用户筛选出最喜欢的团购活动，节省了逐个访问团购网站的时间，成为用户团购时可靠的参考站和访问入口。同时，团800还增加了团购点评、团购到期提醒、团购地图、二手转让等多项辅助功能，进一步丰富了团购导航网站的产品功能。

团800的创业团队认为，团购之所以能火，一方面是因为能满足用户的刚性需求，每天都在帮消费者实实在在地省钱；另一方面则是让更多以往无法利用互联网充分营销的地面商户因此有机会加入到电子商务的线上链条中来，并能在收入和客源上获得双丰收。而为了做好团购的导航，团800在三个要素上狠下功夫：

第一是聚合，即收集的团购信息越多越好；第二是互动，即方便用户点评服务，分享团购经历；第三是个性化服务，即根据用户的浏览和购买记录进行个性化推荐，进一步省去用户在对比各大团购网站时的犹豫纠结心理。

传统的导航网站往往只提供一张类似超市宣传单的首页，用户点击后直接访问目标团购站。这种模式虽然节省了用户浏览网页的时间，但因为缺乏完善的消费引导而导致跳出率很高、流量转化率并不理想。为了改变这种低效的用户体验，团800多走了一步，让用户在首页点击团购产品的图片后，跳转到中间页面，该页面不仅包含团购产品的价格、销量、地理位置等关键信息，还会呈现诸如产品详情、用户评价等多维信息，辅助用户更全面地了解产品。虽然其他团购网站抱怨团800“中间页”的做法拦截了不少直接访问流量，但由此转化而来的用户具有更高的消费意愿。这也给其他搜索导航类的网站提了个醒，即导航网站不能只是停留在聚合大量信息上，更需要做好信息的整合和深加工。

为了多维度为客户推荐优惠的团购产品，实现商业模式的互补融合，团800陆续上线了其他核心业务。2011年8月，团800推出了致力于精选每日优质实惠淘品的折800网（原淘800网），聚合由淘宝商家提供的超值划算的网购优惠信息，其中的“九块九包邮”“值频道”等板块更是吸引电商创业者纷纷效仿。2012年8月，团800继续推出系列网站——惠800网，聚合各类本地生活消费优惠信息，为用户提供全面而精选的日常消费优惠指南，一站式涵盖吃饭、逛街、刷卡等日常生活需求。

在两年时间里，发展了团800（专业团购导航）、折800（独家折扣优惠平台）、惠800（本地生活优惠大全）三条业务线，开发了团800、团800电影票、团800优惠券、惠800、折800等5个App应用，团800团队希望把一门简单的团购生意做到极致。

团800的主要盈利渠道是页面广告和商家提成，其中广告主包括各团购网站、快消品企业等。在其他团购网站还在疯狂烧钱铺设地面团队、抢占市场份额的时候，团800作为一个“轻资产”的技术公司则很快实现了盈亏平衡。

团800的诞生恰好赶上团购最疯狂的头两年，几乎每天都有数十家团购网站新上线，顶峰时期达到5000家之多。正所谓“淘金的不赚钱，卖水的赚钱”，团购网站的急剧爆发和激烈竞争，捧红了团800导航这类行业“卖水人”，其流量也迅速超过大部分中小型团购网站。经历了千团大战的洗礼和整顿，团800正朝着业务多元化的方向不断迈进。

◆◆◆ 创业启示 ◆◆◆

根据“商业模式三要素模型”，窝窝团和团800的商业模式可归纳如下：

表9　窝窝团、团800商业模式分析

商业模式三要素	窝窝团	团800
价值战略	窝窝团打造“沃尔玛式”的团购网站，聚集大量本地生活的优惠信息，方便用户一键直达消费。	团800收录国内近千家团购网站的信息并进行深加工，打造团购综合信息搜索导航平台。
市场策略	窝窝团运用旋风式的并购和资本运作，在千团大战中脱颖而出。通过打造“最佳客服中心”和发展公益团购等举措，在社会上营造良好的公司形象。	团800在信息聚合、用户互动、个性化推荐上狠下功夫，成为消费者团购时常常光顾的参考站和访问入口。
赢利模式	窝窝团收入来源包括商家的平台使用费、交易佣金、竞价排名等增值服务。后期因热衷于资本运作而对公司形象产生负面影响。	团800盈利来源包括页面广告和流量提成，通过“中间页”为用户展示团购产品的综合信息，提高流量转化率。后期打造“平台+自营”的多条业务线，实现多维盈利。

团购作为一种新的消费模式和商业模式，可以实现消费者、团购网站、商家及社会的多方共赢，并可以在很大程度上拉动内需，促进宏观经济的发展。但在“烧钱赚吆喝”的千团大战中，很多团购网站并没有建立很好的盈利模式，往往出现钱烧光了、用户数起来了却依旧难以自我造血的窘境。

而事实上，团购网站因为坐拥大量的产品信息和可观的访问流量，其实可以挖掘很多盈利模式。具体说来主要有以下六种可供普遍采用的盈利模式。

盈利点之一：交易回扣。是指团购网站作为商家与消费者的交易中介，为双方提供交易平台，在团购活动结束后由商家向团购网站缴纳的销售分成，这是团购网站的主要利润来源。

盈利点之二：广告收入。是指团购网站通过向商家出让网站广告位或竞价排名而收取广告费用，收费标准依据广告位置、展示方式、展示时段等的不同而改变，这是网站较为稳定的现金流。

盈利点之三：会员服务。是指用户在满足网站一定条件或缴纳一定费用后获得该网站的会员身份，消费者可享受优惠推荐、会员打折等实惠服务，商家则可获得客源引流、平台分销等支持。

盈利点之四：分站加盟。是指团购网站在拓展市场时，授权其他有实力的外包团队建立区域或行业分站，以加盟的方式为外包团队提供品牌共享、网络平台、运营经验和技术支持等服务，并向其收取一定的加盟费。

盈利点之五：商品直销。是指团购网站以“团购”名义销售自营和合营的少量实物商品以获得利润。

盈利点之六：资金沉淀。是指团购网站利用收到消费者付款和向商家返款之间的时间差将资金用于再投资而获得收益，这种盈利模式随着网站留存资金的增加而显示出越来越强大的获利能力。

总之，团购网站需要根据自身特点、用户接纳程度和行业环境，选择适合自身情况的盈利模式，在一开始就要构思好自己的盈利体系，避免陷入一味烧钱补贴的泥潭中而不能自拔。

互联网是个变化很快的行业，竞争非常激烈。多年来，我最深刻的体会是，腾讯从来没有哪一天可以高枕无忧，我们每天都如履薄冰，始终担心某个疏漏随时会给我们致命一击，始终担心用户会抛弃我们。因此，我们一直奉行的信条是“一切以用户价值为依归”。我认为，这是腾讯能够一路走来、发展壮大的原因，也是互联网经济的核心要素之一。

——腾讯创始人马化腾

第10站

消费者对消费者交易模式

消费者对消费者交易模式（Consumer to Consumer，C2C），是指纯个人间的电子商务交易行为。C2C 网络运营商建立在线购物平台，为买卖双方搭建承担交易活动的载体：卖家通过购物平台开设店铺，发布商品，处理订单；买家通过搜索询价等方式，购买需要的商品；第三方支付工具和物流公司辅助交易的完成。

如果按 C2C 的原始定义，则其经典模式为“二手物品拍卖”，即卖家拍卖个人商品，买家价高者得。但在实际操作中会有更多的灵活性，如在一般的 C2C 平台（如淘宝、eBay）上，参与买卖的双方并不一定都是普通个体，也有可能是拥有货源优势的商家或拥有大量需求的消费者。而且实际中的 C2C 网站也不仅是拍卖模式，很多商品也是直接定价出售的。

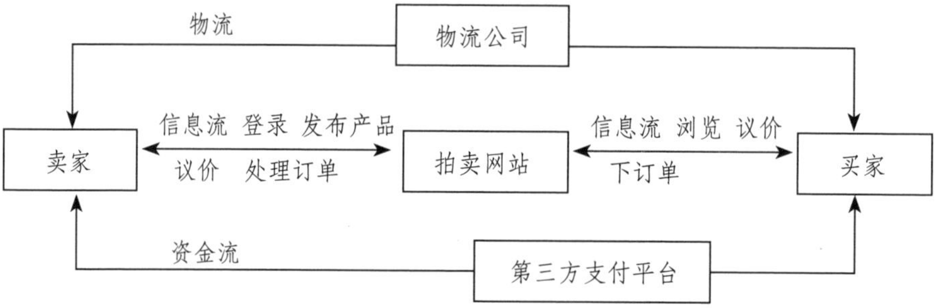

图 10—1 C2C 平台一般运营模式

C2C 模式具有信息交流迅速、商品品种丰富、交易成本低廉等特点，这种新模式的出现带动了整个网购市场的扩张和大众消费观念的转变，使电子商务逐渐融入普通网民的日常生活，成为节约生活成本、提高生活质量的重要选择。C2C 创业也曾一度被列入高新技术服务业的投资热点。

国际上最早的 C2C 平台是由耶尔·奥米迪亚在 1995 年开创的拍卖网站——eBay，该网站至今仍在全球电子商务中扮演着重要角色。在国内，我们曾经熟悉的 C2C 平台则包括淘宝、拍拍、易趣（获 eBay 注资）、百度有啊等，而先后有一拍、D 客商城、123 拍等初创企业也加入到 C2C 电商领域来分一杯羹。经过十多年的大浪淘沙，多数 C2C 平台已经沉沦，唯有淘宝网依旧活跃在市场舞台上，成为国内 C2C 电子商务的领军者，在信息交互、诚信安全、支付结算、物流配送等各方面创造性地推出了适合中国网民的运营模式。

但马云曾公开表示“淘宝从来不是 C2C”，而且天猫、京东、一号店、唯品会等电商平台也往往采用“第三方店铺（C2C）+ 自营商城（B2C）”的综合电商模式，这说明纯粹的 C2C 平台已经难以在市场上立足。鉴于此，本章的案例将不局限于“淘宝类”的 C2C 平台，而是择取在平台上那些家喻户晓的淘品牌案例，相信读者们对他们的创业故事也是兴致勃勃吧。

◆◆◆ 创业故事 ◆◆◆

三只松鼠：产品 100 分，体验 150 分

创业之初没有团队，没有办公地，孤身一人用 10 多页 PPT 拿到 IDG 150 万美元天使投资；偏居安徽三线城市，却只用一年做到月销售收入 2000 万元，三年销售额平均增长近 600%……电商人“老爹”的创业传奇是如何写就的？

这一切都围绕着一个名为章燎原（绰号“松鼠老爹”）的“电商人”。章燎原有近 10 年的传统坚果产品渠道经验，曾任职于国内坚果行业龙头企业——安徽詹氏，在詹氏从搬货员做起，直到区域经理、营销总监，最后做到董事总经理。他曾用一年时间打造了“壳壳果”这个网络坚果品牌，实现 8 个月 1000 万元的销售奇迹——这也让章燎原开始意识到，互联网更能迅速建立全国性品牌。于是在 2012 年，36 岁的章燎原辞去职业经理人身份创立了三只松鼠，并给自己定下了“要么第一，要么灭亡”的目标。

三只松鼠是一个著名的互联网森林食品品牌，主要销售坚果、干果、花茶等产品，定位于消费潜力巨大的“85 后”“90 后”。三只松鼠以互联网平台为依托，利用淘宝、天猫、京东等 C2C 和 B2C 平台进行多渠道的线上销售。凭借这种纯互联网销售模式，三只松鼠大大缩短了企业与客户的距离，确保让客户享受到新鲜优质的森林食品，开创了中国食品打造纯互联网品牌的先河。

在经营过程中，章燎原发现天猫 B 店的品牌效应越发明显，成交份额越来越高，而淘宝 C 店的份额则在不断下降，两者的份额比例从 2013 年的 5∶5，演变为 2014 年的 7∶3——B 店销售越来越主流，C 店市场越来越“长尾”，这将是不可逆转的大趋势。因此，章燎原在关键时刻对三只松鼠的核心战略作出周密调整。

表 10—1 三只松鼠核心战略

核心战略	内容		
一个核心	让品牌和消费者更近，始终围绕这个中心部署战略。		
四个要点	品牌	如何让品牌和消费者更好地沟通？	动漫化：消费者或许会拒绝帅哥美女，但很少会拒绝童真和卖萌； 话语方式：以松鼠口吻拟人化沟通。
	速度	如何让消费者更快收到货？	缩短供应链环节，提高坚果从树枝到消费者客厅的速度。追求速度就是在追求新鲜的产品品质和更好的用户体验。
	服务	如何做到更加个性化？	基于大数据的收集和分析，充分挖掘消费者的口味特征，提供更具个性化的推荐服务。
	品质	如何让坚果更好吃？	确保产品源头，注重仓储保鲜。
四化	品牌动漫化		通过动漫，逐渐走进孩子的心灵，进而影响父母的消费习惯。
	平台信息数据化		借助 IT 系统，打通不同平台的用户数据，挖掘海量数据背后蕴藏的市场信息。
	仓储物流智能化		提高仓储物流效能，加快商品的周转速度，保证用户吃到一个月内的坚果食品。
	食品信息可溯源化		用物联网技术实现农产品从采摘到客厅的全程溯源跟踪，强化食品安全和保障食品质量。

和很多电商品牌还依赖“九块九包邮”的低价策略不同，三只松鼠拿来吸引用户的首要卖点已经不是价格，而是商品质量和服务，这从三只松鼠的供应链管理和服务营销上就可见一斑。

对于消费者来说，线上食品一个很大的问题是产品质量和新鲜度。为了解决这两个问题，三只松鼠的做法是“尽量缩短供应链”，采取的是核心环节自主，非核心环节外包合作的策略。核心环节包括产品源头、仓储保鲜、市场营销等。三只松鼠在全国范围内寻找产品的原产地，统一采取“订单 + 预付款”方式，通过预付款保障原材料稳定供应。生产加工、物流运输等非核心环节则被委托给当地企业。与此同时，三只松鼠在安徽芜湖高新区建立了上万平方米的仓储基地，将预售成品或存于 0—5℃的冷库中，或保存在 20℃恒温的全封闭车间中，随时准备发往全国各地。相比于传统产品，三只松鼠既缩短了商品从生产加工到出售给消费者的时间（不超过一个月），又增强了产品质量的可控性，这对坚果类产品的质量和新鲜度起着至关重要的作用。而在营销上，扁平化的鼠小贱、鼠小酷、鼠小美组成的 LOGO 总给人一种萌萌哒的温馨感觉，客服人员还会化身成鼠小弟时不时地跟顾客卖个萌。

“海底捞你学不会”是一句在创业界耳熟能详的话，而这个“学不会”里最直观的表现就是“服务”——吃过海底捞的朋友一定对火锅店里提供的橡皮筋、眼镜布、婴儿车等贴心服务印象深刻。三只松鼠也在逐渐往这个方向靠拢。三只松鼠不仅将产品精细加工并双层包装，方便消费者剥壳和收集果屑，还在包裹里提供纸袋夹子（以便吃到一半再密封保存）、垃圾袋、纸巾、微杂志等小礼物，几乎所有吃坚果的工具都替消费者备齐，可谓“产品100分、体验150分”。

由于可靠的产品、贴心的服务和大力的宣传推广，三只松鼠在上线65天内便做到了天猫商城坚果类销量第一，随后几年也保持了3~5倍的销售增长速度。2019年，三只松鼠销售额突破了100亿元。

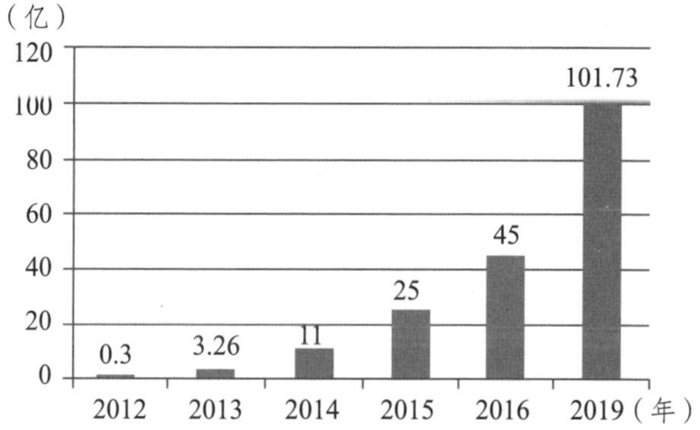

图10–2　三只松鼠历年销售额（单位：亿元人民币）

2015年9月，三只松鼠获得总金额高达3亿元人民币的D轮融资，估值达到40亿元。但与互联网行业动辄按销售额（市销率）估价十几倍、几十倍的方式相比，三只松鼠作为一家当时年销售额过25亿元的明星公司，其估值着实相对低廉。

在D轮融资成功后，章燎原拿出在该轮融资中出售部分股权套现所得的2000万元，用于提高1600多名员工的生活福利。三只松鼠员工的平均年龄只有24岁，为了鼓励年轻人，公司选用了多名“90后”主管，一些入职时间短但能力突出的年轻人迅速走上领导岗位，为这家年轻的公司持续灌输新鲜血液。“创业不难守业难，公司的扩张总有一天会遇到瓶颈，到那时只有靠科学的管理，才能让企业走得更远……”谈起未来，章燎原希望将三只松鼠打造成食品行业的电商龙头品牌。

初语：文艺范十足的女装淘品牌

近几年，“欧美热”“日韩风”此起彼伏，海外传来的服装品牌持续受到国内消费者的青睐；而国内电商的火爆也捧红了一批本土潮品牌，名列淘宝女装品牌前列的“初语”，就是顺应此轮电商大潮的新起之秀。

初语的前身是由“80后”独立设计师沈忆于2006年在厦门创立的木棉天堂设计工作室。“初”者，刀与衣也，意指“裁者衣之始”。“语”者，言也，乃吾声之内心表达。按沈忆的说法，初语不只是一个品牌和服饰，而是给消费者传递一种穿衣搭配和生活的独立精神。2011年，初语搬迁至广州，凭借原创精神和“艺术潮”的品牌风格迅速成为互联网知名女装淘品牌。

初语的目标消费群体主要集中在25~35岁之间的时尚女性，其服装风格以文艺清新、都市潮流为主题，迅速虏获了一批文艺女青年的芳心，一度被看作是艺术潮牌女装的典范。初语旗下拥有初语（艺术潮牌）、VING（高端女装）、PASS（潮牌女装）、初语女鞋、初语童装、初语箱包配饰等多个品牌，其线上旗舰店覆盖淘宝、天猫、京东、1号店、唯品会、当当等主流网络购物平台。2015年，初语成功跻身淘宝“双十一”女装品牌销售额TOP5，紧跟韩都衣舍、优衣库、茵曼、阿卡之后，成为知名的原创女装品牌之一。

在当下的电子商务和O2O领域，商品价格已不再是影响消费者决策的首要因素，线下体验和情感式的互动交流也被看作重中之重，这意味着像初语一类的纯互联网品牌应该考虑如何更“接地气”。因此，为了弥补消费者体验感不足、品牌理念难以有效传达等问题，初语在2015年开始设立线下体验店，通过引入3D试衣镜、线上线下实时扫码同价等方式增强消费者O2O体验感，并希望以“直营+加盟”的方式快速布局全国一二线城市的中心商圈。

2013年，初语并入汇美集团，与茵曼、生活在左等多个个性时尚品牌一起打造“最具影响力的时尚生态圈”。

依托淘宝平台起家，基本依托线上平台销售的品牌被业内称为淘品牌。2009年之前，在多数传统品牌尚未“触电”之际，韩都衣舍、裂帛、茵曼、初语、阿卡、绿盒子、七格格等众多淘品牌如雨后春笋般涌现，享受到了PC互联网时代的流量红利。但随着移动互联网时代的到来，淘宝扶持减少、流量红利用尽、获客成本变高、库存危机严峻等问题开始显现，淘品牌们纷纷出“淘”，或布局线下渠道，或加速并购洗牌，或扎堆冲击上市……各种尝试只为重新找到淘品牌时代的辉煌。

茵曼收购初语、韩都衣舍收购ANYMO（艾茉）、裂帛则收购天使之城、拉夏贝尔收购七格格……同时韩都衣舍、茵曼（汇美）、裂帛纷纷向证监会递交了招股书——并购和上市热潮的背后是争夺“淘品牌第一股”的野心。值得一提的是，作为站在这些企业背后的阿里巴巴也默默放下了昔日“淘品牌，为原创喝彩”的口号，转而支持淘品牌的转型升级。阿里巴巴为了巩固自己的商业疆域，缔造淘品牌成功案例，专门成立了“协助商家上市办公室”，搭建商家与券商、交易所沟通的桥梁，减小淘品牌们的上市阻力。据悉，加入上市大潮的还有阿芙精油、三只松鼠、十月妈咪、小狗电器等40多家成功依靠淘宝天猫平台崛起的淘品牌。

◆◆◆创业启示◆◆◆

根据“商业模式三要素模型”，三只松鼠和初语的商业模式可归纳如下：

表10–2　三只松鼠、初语商业模式分析

商业模式三要素	三只松鼠	初语
价值战略	三只松鼠依托天猫等平台在线销售坚果、干果、花茶等森林食品，为消费者提供高品质的零食和贴心周到的购买服务。	初语从服装设计室起家，以文艺清新、都市潮流为主题，主营时尚个性的艺术潮牌女装，成长为知名的女装淘品牌之一。
市场策略	三只松鼠纯靠互联网渠道销售，运用打造爆款、口碑传播、用户体验至上、极致服务等互联网运营思维，在短时间内迅速走红，成为坚果零食类电商领头羊。	初语定位于25~35岁之间的时尚文艺女性，在多个电商平台布局并保持持续曝光度，辅以明星代言和线下体验式营销，培养一批忠实粉丝。
赢利模式	三只松鼠销售额持续多年实现3~5倍的高速增长，但由于营销投入较大，净利润并不理想。未来可能通过开拓大健康、大娱乐产业实现多源盈利。	初语的品牌知名度和销售额常年位居女装淘品牌前列。2013年通过换股方式并入汇美集团，开始冲击中高端女装品牌。

我国C2C行业经过十多年的高速发展，其消费理念和模式已经受到广大消费者的热烈欢迎，但各C2C平台仍不得不面对一些难以解决的问题。宏观方面，在线交易环境有待改善，社会公众对电子商务的认知度和认可度有待提高，C2C电子商务模式中存在的税务缴纳、金融风险以及相关法律法规问题还有待解决。微观方面，制约C2C电子商务模式发展的盈利模式、支付安全、物流配送、售

后服务等问题都需要创业者去不断思考。

问题之一：如何实现收费盈利？

网络卖家在对 C2C 网络购物平台进行选择时，首先考虑的是经营成本的高低，因此网络平台是否收费就成为关键。淘宝网和易趣网（eBay）在这方面采取了不同的策略。淘宝一开始就推行面向商家的“基础服务免费”策略，只在店铺优化、竞价排名等增值服务上收费；易趣则始终坚持源自美国的收费策略，向商家收取月租费、商品登录费和交易服务费等诸多费用。淘宝的免费策略虽然成功地将易趣淘汰出 C2C 市场，但也不得不持续投入巨额资金和人力成本。时至今日，如何在保障市场份额及用户体验的情况下实现盈利，依旧成为淘宝乃至大多数 C2C 购物网站面临的首要问题。

问题之二：如何促进诚信交易？

免费开店、自由交易的优惠条件，为电子商务带来了越来越旺的人气，但是诚信安全问题一直没有得到很好解决，如卖家的假冒伪劣、虚假宣传、作弊刷评等不诚信问题，买家的拖延付款、职业差评等不规范问题。虽然淘宝、易趣都有自己的征信系统，也在交易起到了关键作用，但是在细节执行上仍会不可避免地遇到诸多问题。

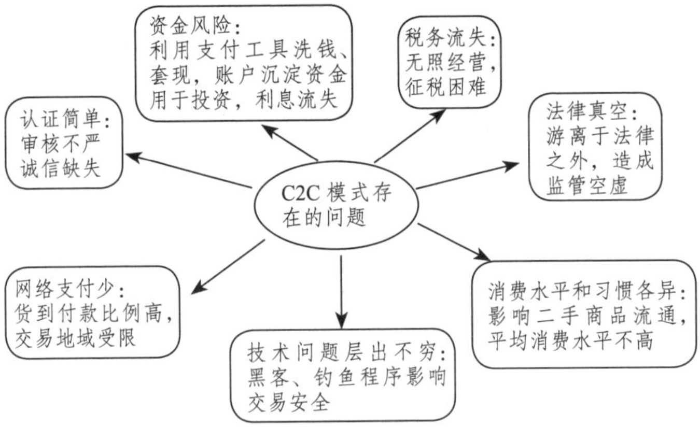

图 10—3　C2C 模式存在的主要问题

问题之三：如何保障支付安全？

安全便捷地实现“货款两讫”是网上交易的最终目的。但买家可能担心付款后能否得到描述相符的商品，卖家则担心商品发出后能否按时收到货款。为解决这个问题，阿里巴巴提供支付宝交易服务，并覆盖到旗下的整个 B2C、B2B 和

C2C 业务。支付宝交易的成功应用有效地缓解了网络支付安全问题，为网络购物的发展提供了有益的借鉴。

问题之四：如何完成物流配送？

当消费者在线下单购买商品后，电子商务就进入了物流流程。只有当商品安全送至顾客手中后，整个购物流程才算结束。淘宝网等 C2C 购物网站的市场定位均为第三方网络平台运营商，不直接参与物流活动。由于成本控制、服务质量、监督机制等的不完善，当下的物流服务并不能完全令人满意，经常出现商品损坏、丢失等投诉问题。如何解决物流这个棘手问题，建立完善的物流配送系统，已成为 C2C 乃至整个电子商务领域发展的关键问题。

我认为腾讯的成功，首先就是技术产品和用户感这个要非常强。第二，团队稳健股东架构稳健很重要。

——360创始人周鸿祎

中篇

技术创新重新回归消费市场需求

第11站

社区提供商模式

1978年，在芝加哥地区的计算机交流会上，克里森（Krison）和罗斯（Russ Lane）一见如故，会后两人经常聚在一起讨论解决各种技术难题。但遥远的距离、寒冷的暴风雨挡住了两位科学家的交流。因此，他们就借助于当时刚上市的调制解调器（Modem）和一根电话线，将两台电脑连接起来开始自由地聊天——世界上的第一个网络社区就此诞生！不过，这只是两个男人间的故事……

在社会学研究中，“社区”作为一种实际存在的组织方式，具有如下基本特征：一定的空间地域、一定的人群、相应的组织或公众的参与，以及某些共同的意识与文化。而所谓网络社区，是一群拥有相似兴趣喜好、经历经验的人，通过电子邮件、新闻群组、聊天室或论坛等各种网络方式组成一个在线社区，让参与该社区的会员彼此之间能进行沟通、交流、分享信息。

网络社区的基本功能包括发布信息、情感交流、商业交易、提供幻想空间、建立社交网络等。故学术界将网络社区一般分为以下四类：交易社区、兴趣社区、关系社区、幻想社区。这些社区不一定需要线下的聚会时间及实体的聚会地点，而是建构在线上虚拟的网络环境下，一般具有空间的跨地域性、人际交互的匿名性、社区团体的自组织性、内容资源的开放性和成员流动的频繁性等特征。

网络社区提供商虽然不是一个新鲜事物，但互联网特别是WEB 2.0的出现还是加速了这种平台的发展，让各种在线社区和社交网络如雨后春笋般蓬勃发展。1999—2000年和2006—2007年是互联网网站及社区数量极速爆发的两个时间段，也是中国互联网发展最快的两个时期。

社区提供商可创建BBS/论坛、贴吧、公告栏、群组讨论、在线聊天、交友空间等丰富的表现形式。它既可以是综合全面的信息共享平台，如天涯、猫扑、西祠胡同、各大校园BBS等，也可以是垂直领域的兴趣交流社区，如IT宅男的CSDN社区、富有文化气息的豆瓣知乎、军事迷们的铁血网、户外爱好者的磨房网等。它们一般依托混合的收入模式，包括广告收入、会员服务费、信息订阅费、交易中介费和附属产品销售等。

本章将从主要面向知识青年的“知乎社区”和主要面向育龄女性的辣妈帮的例子来具体了解社区提供商的商业模式。

◆◆◆创业故事◆◆◆

知乎社区：Wiki精神铸就高质量社区内容

1999年，周源刚入读成都理工大学计算机系时，他在图书馆看了一本比尔·盖茨的《未来之路》，这是他的创业冲动之源。2003年，拿到东南大学软件工程硕士学位后，周源走上了程序员和IT记者之路。2008年，他第一次创业，开发了帮助企业投放搜索引擎广告的管理软件“Meta搜索”，尝试近两年后宣告失败。2010年，受美国问答类社区Quora的启发开始了二次创业，周源与李申申、黄继新等人创建了中文知识问答社区——知乎。

“知乎”在古汉语中意为“知道吗”，知乎社区正用其意，它是一个不同于传统问答论坛的在线知识问答社区。在知乎社区，各行各业的精英用户分享着彼此的专业知识、丰富经验和独到见解，创造友好理性的社区氛围，为中文互联网源源不断地提供高质量的信息。在知乎网站首页，70%版面呈现的是用户所关注话题的“最新动态”，用户在这里除了查看最新问题及回答之外，也可以通过“关注问题”“添加评论”“分享”“感谢”和“收藏”等功能参与到自己感兴趣的话题中。知乎经常严肃，偶尔诙谐，既不乏专家学者的精彩解读，也不乏活跃知友的无理搞怪。

作为一个从万千论坛里杀出重围、独树一帜的在线社区，内容和用户是知乎保持枝叶长青的关键，那么知乎是如何保证高质量的网站内容和高黏度的用户参与呢？

知乎走的是精英和专家的高端路线，上线初期就执行严格又精准的用户邀请制度，争取让用户提出高质量、未重复的问题，然后通过平台推送和用户主动邀请的方式吸引专业人士来解答，辅以严苛的用户举报制度，从而保持了网站问答内容的质量。知乎社区的第一批用户包括李开复、徐小平、雷军等业内知名人士，为网站营造了一个高质量的问答氛围。在社会认同心理的影响下，知乎用户非常珍惜这一片难得的互联网净土，会严格要求自己及他人不要在知乎社区发广告、灌水吐槽等。

知乎社区几乎没有任何用户激励机制，没有积分和相应的等级提升体系，更没有任何形式的物质奖励，但用户的参与度之高却让同行非常诧异。其实，维基百科的例子已经给出了答案，这就是所谓的“Wiki精神”。在知乎社区、维基百科这类人人可参与的知识问答型社区里，知道者可以分享知识、建立个人威望，求知者获取知识以提高自身素质。也就是说，它们满足了“马斯洛需求模型”中最高层次的两个需求：尊重（社会承认）和自我实现。再加上无干扰、高质量的社区氛围，表面上的数字加V或者积分等级制度等只不过是锦上添花。

知乎的外部传播以微博和搜索引擎为主，辅以自媒体订阅和邮件推送“知乎每日/每周精选”内容。知乎以其本身高质量问答赢得良好的口碑效应，同时“邀请问答”等环节也能产生病毒式传播效应。

一提到知乎的盈利模式，周源往往会如此表态：知乎要做互联网基础设施，产品做好盈利自然而然，现在先不着急考虑盈利……知乎确实没有采用传统在线社区的广告费用和会员增值服务费用等盈利模式，其推出的内容出版物、线下活动、礼物周边等也只能带来杯水车薪的收入。这也给其他在线社区创业者提了个醒，与其费尽心思地把广告等渗入产品中或拼命从用户身上抽油水，不妨建立一套自己的内容生产—消费机制，创造独有内容的积累，满足用户和社会发展的需求，这样自然会有人来为内容买单，也会有更多的商业化盈利路径。

2019年8月，知乎获得了快手领投、百度跟投，腾讯和今日资本原有投资方继续跟投的F轮投资，总额4.34亿美元。

“上千万的日活跃用户，使得互联网的主要商业化方法，例如广告、用户打赏、订阅等都存在机会，只不过是时间问题。”启明创投主管合伙人甘剑平表示，但同时考虑到知乎特有的文化氛围且处于创业阶段，商业变现需要以更加巧妙的方式呈现，进行一步步的尝试。如何在不破坏社区氛围的同时植入广告，平衡社区理性文化和商业步伐，是知乎团队需要慎重考虑的问题。

“始终为用户创造价值”和“保持开放”是知乎的核心理念。“为用户创造价值”是知乎生存之根本，“保持开放”是知乎发展之动力。无论知乎的产品内容如何拓展、完善（包括付费知识服务的体系化、入局直播等），用户为本、内容为王始终是不能变的。

辣妈帮：千万辣妈筑起的一片天空

如果你是一位女性读者，无论你是年方十八的青春少女、怀孕待产的准妈妈，还是刚喜获宝宝却还有点手足无措的新手妈妈，抑或是事业生活两不误的职场辣妈……你是否发现，结识与自己趣味相投的姐妹可以让生活变得更丰富？尤其是当宝宝来临时，与同龄的妈妈们一起交流育儿心得，分享宝宝趣事，是多么幸福的事情。女性，需要一个专属于这个群体的社交平台。

“女性是社会消费的主体，而育儿是针对这个群体最有黏性的切入点！”辣妈帮创始人金赞这样阐释自己的创业方向。金赞从西安交通大学硕士毕业后，先后加入中兴通信和德州仪器从事软件开发。刚刚当上父亲的时候，他发现女性在生孩子前后的心态、情感和生活方式会发生很大的变化，她们朋友圈和微博的内容开始从浪漫的婚纱蜜月逐渐转向实用的育儿健康等话题，但身边人往往并未察觉这些细微变化且互动关怀少。他隐约觉得，妈妈们需要有一个分享交流的工具和出口——辣妈帮应运而生。

辣妈帮，如同它的名字，抓住的是“85后”年轻女性用户群体，用户90%以上集中在25~30岁，正是女性备产和孩子0~3岁的阶段。用户可通过手机、iPad、Web等端口，随时随地以图片、文字、语音多种方式分享经验，交流知识，内容涉及育儿、瘦身、美妆、情感、美食等丰富话题。用户在辣妈帮社区可以结交来自全国各地的志同道合的姐妹，同城帮、备孕帮、宝宝健康帮等应有尽有，并辅以丰富的同城线下活动。

辣妈帮于2012年5月12日正式上线，并随后推出了备孕工具“孕期伴侣”、宝宝成长日记“爱宝宝365”、女性生活圈“辣妈微生活”等产品。2015年初，辣妈帮已有注册用户5400万，日活420万，月留存达60%。

在中国的互联网创业圈，主打女性、母婴的在线社区同质化问题其实蛮严重的，妈妈帮、妈妈圈、宝宝树、美柚等平台无论在目标用户还是功能设计上，和辣妈帮都有高度重叠。在大功能几乎一致的情况下，“辣妈帮”究竟靠什么脱颖而出呢？另外，当社区用户突破一定数量的时候，如何寻找合适的盈利模式而将用户变现常常困扰着互联网社区的创客们，辣妈帮又如何挖掘庞大用户群的商业价值？

第一个问题的答案是：超强运营功力！辣妈帮不仅将用户更加细化，而且内容也更加丰富，用户更活跃。据金赞介绍，“辣妈帮”中最活跃的小组是“情感天空辣妈帮”，有“1000万+”的用户。这是类似“天涯社区”式的主题社区抓住了女性用户娱乐八卦的需求，激发了她们的同情心和自我保护意识，也体现了辣妈帮在UGC（用户产生内容）方面的强大运营功力。

第二个问题的答案是：C2B2C众荐式电商。辣妈帮于2014年9月上线官方跨境母婴电商平台——辣妈商城。辣妈商城以强大的用户基数为依托，采用新颖的“C2B2C众荐”模式，通过对社区内千万辣妈产生的海量数据加以分析利用（C2B），为用户提供更精准的产品推荐、购买一条龙服务（B2C）。辣妈商城的“移动社区＋移动电商”的商业化探索受到了用户的信赖和投资人的认可，上线首日即收获1000笔订单，一个月后销售额突破千万门槛，销售业绩还在不断增长中。

2015年初，辣妈帮的估值已达到10亿美元，步入了所谓的独角兽俱乐部（估值超过10亿美元的未上市公司）。2015下半年，辣妈帮通过业务调整和商业化探索顺利度过了资本寒冬，实现了规模化盈利。而在2017年，辣妈帮又完成D轮融资并拆除VIE架构，启动了3年IPO上市计划。

经过近十年的发展，辣妈帮已由单一的女性社交平台，发展成服务女性的一站式孕、产、育、教综合服务平台。辣妈帮围绕“科学孕育、健康养护”理念，打磨优质内容，提供贴心服务，创新技术手段，满足女性健康服务、文化学习、情感交流、本地生活等需求，丰富和提升了已婚女性的生活。此外，辣妈帮还涉及人工智能、家用医疗硬件、达人孵化等领域，形成一体化母婴生态链，拥有广阔的发展空间。

◆◆◆ 创业启示 ◆◆◆

根据“商业模式三要素模型”，知乎社区的商业模式可归纳如下：

表11　知乎社区商业模式分析

商业模式三要素	知乎社区	辣妈帮
价值战略	知乎打造高质量的在线知识问答社区，方便业界精英分享专业知识、丰富经验和独到见解。	辣妈帮通过线上社区和辅助工具，打造育龄女性交际圈，方便用户随时随地以图片、文字、语音等方式分享经验，交流知识。
市场策略	知乎走精英和专家的高端路线，发挥用户Wiki精神，以其本身高质量问答赢得良好的口碑效应。	辣妈帮以“育儿”为切入口，主要面向“85后”年轻女性用户群，以UGC方式运营客户，以C2B2C众荐模式运营电商。
赢利模式	知乎在用心经营社区的基础上，通过知识周边产品、部分付费模块等实现社区文化和商业变现的平衡。虽尚未实现大规模盈利，但投资人长期看好。	辣妈帮通过C2B2C众荐电商模式初步实现社区变现盈利；连续多轮融资后寻求IPO上市。

网络社区往往起源于创始人的个人爱好或对用户痛点的把握，在创立之初通过内容和活动吸引用户的眼球，并在精心运营过程中不断保持用户的黏性和忠诚度。而在用户数量突破一定规模并在行业中获得足够知名度的时候，如何巧妙地渗入商业盈利模式便是考验创客们的一道关口。让我们来盘点一下适合网络社区

提供商的商业化之路。

路径之一：定向广告。每个网络社区都有自己特定的用户群，用户的每一次关注和点击背后，都蕴藏着巨大的商业价值。因此针对这些特定用户，在显眼的广告流量位中精准投放广告，不仅能为社区运营者带来源源不断的收益，也能为广告投放方带来社会化营销。需要注意的是，产品不能因为赤裸裸的广告宣传而影响用户体验，导致用户黏性降低甚至流失。

路径之二：电子商务。帮别人打广告有时还不如自己卖东西，社区商城便是挖掘社区用户消费潜力最直接的方式。搭建商城推荐两种思路，一是“场景化购物”，通过购物圈、讨论区等方式搭建购买或使用商品的场景，引导用户进行消费；二是“众荐模式”，从用户数据中挖掘感兴趣的产品进行定向精准推荐。需要注意的是，搭建电商平台往往意味着网络社区从轻资产经营开始转向重资产运作，供应链、客服系统等关键环节需同步跟上。

路径之三：增值服务。社区交友互动作为用户的基本需求应尽量免费，而在满足基本需求后提供的增值服务可进行适当收费，如提高用户权限、允许发布广告信息、提供定向咨询服务等。需要注意的是，根据二八定律，愿意付费的用户永远只是少数，不能奢望每个用户都肯为你掏腰包。而且建议采用一费制，避免复杂的收费模式让用户望而却步。

路径之四：衍生产品。如果用户的兴趣爱好、讨论话题高度相似，则可以针对这类用户开发相关的衍生产品，通过衍生产品销售而获得收入，包括设计吉祥物、整合出版社区内容、拍摄电影等。需要注意的是，往往只有当网络产品有高度用户黏性的时候，其衍生产品才能得到用户的认同，否则生产出来的产品只能被当作赠品或纪念品，这充其量只是市场营销的一小环。

网络社区的盈利模式还包括 O2O 转型、供应链合作等，而且这些盈利模式也适合其他核心业务不产生利润的创业模式。至于哪种盈利方式才最适合渗入互联网产品中，还有待创业者结合自身情况不断摸索。

创新型企业需要的不是政府资金上的支持，而是市场的呵护。不能因为国家政策呵护我们，我们就被宠坏了，我们更应做遵纪守法的企业家。

——格力电器董事长董明珠

第12站

内容提供商模式

互联网内容提供商（Internet Content Provider，ICP），狭义上是指通过互联网向消费者制造并销售包括文字、图像、音频、视频和网络游戏在内的各种数字化产品而获得利润的企业，如美国在线—时代华纳公司、英国路透社等。广义上，任何一个网站都是互联网内容提供商，向工信部办理ICP资质是互联网企业合法经营的必要条件，每个网站最底部往往会有类似“×ICP备××××××××号”的字样。国家对经营性ICP实行许可证制度，对非经营性ICP实行备案制度。

内容提供商的内容产生方式可分为UGC（User-generated Content，即用户生产内容）、PGC（Professionally-generated Content，即专业生产内容）、OGC（Occupationally-generated content，即职业生产内容）等三大类。

按服务对象和提供的信息内容等来划分，互联网内容提供商主要分为以下四大类：

（1）网络媒体运营商：主要面向普通的上网用户，通过免费为上网用户提供信息搜寻和阅读服务来聚集流量和关注度。用户通过浏览器输入媒体运营商的Web网址或安装其App，即可获得各类所需资讯，这类企业包括新浪、搜狐等。

（2）数据库运营商：主要面向有专题信息检索需求的专业人士。如同传统的信息查询和联机检索服务商一样，数据库运营商提供的信息内容主要是各种统计数据、文献书目和论文期刊等，这类企业包括中国知网、超星发现等。

（3）信息咨询商：主要面向有综合信息需求的企业或团队，为企业或团体提供战略规划和决策咨询服务。它们的优势在于信息量大，对信息进行数据挖掘和二次开发的能力强，这类企业包括艾媒咨询、中华商务网等。

（4）信息发布代理商：传统信息中介代理是为交易双方提供一个信息集中发布的市场环境，如职业介绍所、房屋置换所、科技成果转让市场等，但存在信息延迟、交易效率低下等问题。互联网时代的信息发布代理商能为交易主体提供方便的双向信息发布环境，使得信息更新和交换的效率大大提高，这类企业包括拉勾网、安居客等。

由于内容提供商的数据大多在互联网上进行传播，如在线新闻、视频下载等，因此互联网内容提供商一般不存在物流问题，可以较好地实现轻资产运作，其盈利模式主要有内容订阅费、会员费、增值服务费、广告收入等。内容供应商的职能是信息内容的生产和传播，因此独特的信息内容来源和完善的内容产生机制是这类网站成功的关键。下面将从音乐领域的酷狗和游戏资讯领域的欢聚时代的创业故事入手，进一步介绍互联网内容提供商的商业模式。

◆◆◆创业故事◆◆◆

酷狗音乐：技术人如何在音乐界立足

酷狗音乐创始人谢振宇小学六年级第一次接触计算机便爱上了这个神奇的机器，成为中国第一批接触电脑的用户。高中毕业后，优秀的他被保送到中山大学计算机系，毕业后在招商银行做了几年技术开发。随后谢振宇开发了搜刮音乐网和脱兔下载器，都是围绕音乐产业的技术创新。2003年，谢振宇创办酷狗公司，开始在互联网音乐领域十年磨一剑。从此一句“Hello Kugou”，成功走进了数以亿计的用户心中。

酷狗音乐的主要商业模式可以概括为两条线：一条是“音乐人→唱片及版权公司→酷狗音乐→用户”的内容线；另一条是“用户→酷狗音乐→广告商及游戏商”的流量线。

通过“用流量换内容”的方式，酷狗音乐与大国文化、天娱传媒等全国500多家唱片公司和版权管理机构合作推广歌曲，从而获得大量音乐版权，逐步发展为一个集音乐搜索、播放、下载、管理及分享于一体的综合音乐平台。丰富的资源、无损的音质、简洁的界面、人性化的功能，让酷狗音乐成为年轻一代的必备应用，成为中国最大的数字音乐运营商，手机用户超过5亿人，手机累计安装量超过20亿次。通过音乐聚集大量人气之后，酷狗开始各种盈利模式，包括广告投放、付费音乐、增值服务、直播间、衍生商品等。

针对中国音乐产业的转型升级，演艺市场的兴起以及线上数字音乐市场的逐渐成熟，酷狗于2012年倾力打造在线视频互动演艺平台——繁星网，旨在将商业模式向产业上游延伸，致力于打造网络好声音，创造明星梦工厂。该平台提供歌手、艺人的视频直播服务，用户可以通过点歌、飞屏聊天、发广播、抢沙发、赠送虚拟礼物等形式与主播实时互动。主播可以通过这个平台积累人气、吸引粉丝，比赛获奖、人气旺盛的主播会引来媒体公司的签约从而走上红地毯。

对技术和人才的尊重是酷狗音乐能保持长盛不衰的关键。

酷狗音乐非常注重技术创新，作为技术出身的CEO，谢振宇始终觉得，只有通过技术创新跳出“抄袭”，避免“同质化”，才能为互联网公司注入新的活力。酷狗公司七成员工做技术研发，客户端发行过上千个版本。公司开发的歌词逐字定位、歌曲识别、音乐指纹等技术均为国内首创的专利技术。铃声制作、伴奏曲库、点歌、听歌识曲等功能都是由酷狗音乐先行研发推出后再引来同行纷纷效仿。先进的共享交互网络、数据传输方案、高效的分布式搜索等更是填补了中国国内技术空白，引领新一代互联网络构架技术的发展。

技术的不断创新离不开人才的持续支持。酷狗音乐作为华南区老牌互联网企业，吸引了大批有识之士前来投靠。酷狗公司不仅在官网上设置了特定的招聘中心，还别开生面地设置了“CEO 特招”栏目，让不走寻常路的能人牛人敢于向公司高层毛遂自荐。同时在猎聘、拉勾、看准网等招聘网站上发布了大量招聘信息，丰富的职位、细致的描述、丰厚的待遇，不仅吸引了大批人才投递简历，甚至吸引一批新兴互联网公司纷纷效仿其招聘模式。

2015 年是音乐平台发展的分界线：2015 年前，音乐平台“野蛮”生长，遍地开花；2015 年国家版权局加强网络音乐版权管理后，音乐平台先后经历了兼并、重组、更名、关停、融资。酷狗音乐在 2017 年被腾讯音乐娱乐集团并购之前，分别在 2012、2014、2016 年进行了三次融资。

在经历了激烈的竞争后，腾讯音乐（旗下有 QQ 音乐、酷狗音乐、酷我音乐等平台）与网易云音乐成了中国数字音乐的两大巨头（2021 年阿里系的虾米音乐平台关停）。未来音乐平台的发展，版权（引进和输出）仍然是基础，而打造特色平台，在垂直领域持续深耕（包括丰富内容、提升品质、细化服务、优化管理等）则是关键，同时还要引导用户形成良好的支付习惯。

欢聚时代：低调务实中憋出大招

在广州琶洲的羊城创意产业园内、新建的微信总部大楼旁，静静地坐落着另外一个互联网公司，它就是欢聚时代。也许大家对这个名字还感到陌生，但说起 YY 语音、YY 音乐，很多人都会发出“哦”的一声惊叹……

欢聚时代的 CEO 李学凌 1997 年毕业于中国人民大学哲学系，曾是中国互联网新闻事业的开拓者，担任过《中国青年报》记者、网易总编辑等要职。随后李学凌两次创业都可谓大获成功，主打 RSS 订阅的“狗狗”卖给了迅雷，由“多玩游戏”成长起来的欢聚时代登录美国纳斯达克。李学凌创业早期一直有意不声张，才得以在腾讯的夹缝中悄然成长为一棵枝繁叶茂的参天大树。直到在美国纳斯达克上市，欢聚时代这个名字才如巨石空降般撞入我们的视线。

欢聚时代一直以改变人们的沟通方式为使命，用信息技术还原人们最原始的沟通方式，通过YY语音、多玩游戏网、YY娱乐、欢聚游戏、YY教育、虎牙直播等平台，综合运用文本、语音、视频等丰富手段，方便用户自由地沟通互动。

欢聚时代最早经营的多玩游戏网是一个综合游戏资讯门户网站，凭借全面的游戏资料、高水准的内容编辑、强大的多玩论坛、专业的新闻中心成为每天千万人首选的游戏资讯获取平台。全站日均PV超过3.4亿，涵盖几乎所有国内网游。而经营多玩游戏的过程中，李学凌等人发现网络游戏玩家迫切需要界面友好、不掉不卡、不延迟的语音即时通信工具来进行多人游戏作战，当时市面上的Teamspeak、新浪UT、ISpeak等语音即时通信产品均无法做到这一点。于是多玩在2008年斥巨资开发了永久免费的语音软件——YY语音。

欢聚时代的爆发式扩张和李学凌的低调务实形成了鲜明的对比。

凭借对游戏用户兴趣和需求的把握，YY语音迅速聚集了大量忠实用户，随后YY财经、YY娱乐、YY教育相继上线，并发展为移动端的在线游戏大厅、在线KTV和在线教室，进一步整合了大量行业资源，提高了用户黏性。2014年欢聚时代全新推出独立教育品牌——100教育。“用互联网思维做教育”预示着欢聚时代在强大的用户和流量基础上具有优秀的行业转型拓展潜力。当然，多样化的扩张也不得不面对多方的竞争对手，欢聚时代的竞争对手既包括腾讯、奇虎360这样的大牌公司，还有深受游戏用户群喜爱的垂直网站。如何在强大的竞争对手的缝隙中生存，考验着李学凌的智慧和胆识。

从做记者时不收红包，到拒绝腾讯1.5亿美元的收购，李学凌是个有点低调超脱的人，他耐得住十年磨一剑的寂寞，抵得住资本追着跑的诱惑。在创业早期，李学凌在公司内部就定了一个战略——低调、不叫喊、不吸引巨头的目光。“YY基本不参加任何评奖，谁给我评奖我跟谁急，因为要争取到足够的‘发育期’。互联网的竞争，如果没有足够的技术积累，生存下来是很难的……”李学凌低调务实的性格，与广州的城市气质十分匹配。“广州是憋大招的地方，广州的互联网公司实实在在做事，不声不响做出个大家伙。”李学凌如是说。

2015年底，欢聚时代全平台注册用户突破10亿人，月活跃用户达到1.22亿。在海量用户的基础上，欢聚时代进行了多样化的商业化拓展，其主要的盈利来源包括广告收益、网页游戏联运收益以及在线音乐、在线娱乐等拓展业务的收益。2015年一个季度，欢聚时代的净营收就突破13亿元，净利润近3亿元——这和很多还在烧钱做技术、买流量的互联网企业形成了鲜明的对比。

从2005年获得雷军100万的天使投资算起，欢聚时代先后获得了四轮投资，并于2012年成功登录美国纳斯达克交易所。IPO交易不仅让创始人李学凌的身价超过1.3亿美元，同时也让天使投资人雷军获得超过100倍的投资回报，创造了天使投资界的佳话。

2019年，欢聚时代迎来新的发展机会，更名为“欢聚集团”。集团的核心战略是“全球化”和“人工智能”，使命是“以视频内容，连接你我，丰富生活”。

◆◆◆ 创业启示 ◆◆◆

根据“商业模式三要素模型”，酷狗音乐和欢聚时代的商业模式可归纳如下：

表12　酷狗音乐、欢聚时代商业模式分析

商业模式三要素	酷狗音乐	欢聚时代
价值战略	酷狗依托大量音乐版权资源打造国内最大的综合音乐平台，并通过不断的技术和模式创新引领国内互联网音乐的新潮流。	欢聚时代以“改变世界的沟通方式”为使命，为游戏爱好者提供丰富的游戏资讯内容和免费的即时通信工具，并向财经、娱乐、教育等领域综合拓展。
市场策略	酷狗依托优秀的音乐产品俘获亿万年轻用户，并通过繁星网等衍生产品提高用户黏性。蓝色界面、开机提示音等也起到了洗脑式的企业形象宣传效果。	欢聚时代抓住游戏用户痛点，开发高黏性的互联网产品，并在用户积累过程中不断整合行业资源，低调巧妙地进行商业拓展。
赢利模式	酷狗在大量用户基础上，实现广告投放、付费音乐、增值服务、直播平台、衍生商品等方面盈利。在BAT巨头入局背景下通过抱团并购巩固行业领先地位。	欢聚时代的基础工具免费，主要的盈利来源包括商业广告、网游联运以及在线音乐、在线娱乐等拓展业务。雷军的早期投资起到了较好的引路和象征意义。

在这个信息爆炸的时代，对互联网创业者来说，从内容提供商起步，不失为一种最稳健的用户积累方式。通过优质的资讯内容、贴心的用户运营积累大量的忠实用户和可观的流量，在此基础上巧妙地向行业横向或纵向扩展，实现用户和流量的商业变现。近年来，依托微信公众号等自媒体平台，大量草根创业者通过为互联网用户提供优质的资讯内容而轻松收获了第一桶金。

通过对大量创业案例的分析，我们发现优秀的内容提供商往往具有如下特点：

一是明确内容定位。找准自己的目标群体，针对用户群体的关注热点提供相应的资讯内容。如36氪是针对互联网从业创业者及互联网投资者，因此针对性地提供国内外互联网行业最新资讯。

二是多维度整合内容。正所谓“一千个读者就有一千个哈姆雷特”，用户群体的关注兴趣各异，故要求内容提供商能多维度整合内容，提供丰富多样的信息选择。如知乎将海量内容按金融、房地产、电影、留学等不同板块分类，每个板块都吸引了特定的关注人群。

三是常规内容品牌化。内容提供商除了要有稳定的内容来源和生成机制外，同样需要强大的日常运营维护能力。大部分网站会有每日或每周的常规节目，如罗辑思维的每日“罗粉访谈录”、酷狗音乐的“一周热播榜”等，通过将常规内容品牌化，可以提升用户对品牌的认知，并形成稳定的浏览时间预期。

四是内容规范化。无论是UGC、OGC还是PGC，无论是用户自发生成还是聘请专业人士创作，都需要通过贴心的引导和严格的监管才能生成优秀的内容。如36氪对其发布的互联网科技文章进行层层筛选，知乎则通过“邀请问答”等机制鼓励高质量的用户产生内容。

我认为，可能在未来的十年，应该互联网公司就消失了，不存在什么公司叫作互联网公司，什么公司不是互联网公司。大家用的手段和方法，其实都是一样的。我觉得，这几年我最大的一个思考（是），互联网公司要敢于进军以前不敢进军的领域，要敢于学习以前不敢学习的传统。

——欢聚时代创始人李学凌

第13站

门户网站模式

作为一位网民，你是否也经常体验类似的场景：一早起来，赖在床上打开搜狐客户端，睡眼惺忪地浏览昨夜今晨的新鲜事儿；上班路上，登录新浪娱乐或天涯社区，八卦一下哪位女明星又生二胎；工作间隙，电脑右下角的 QQ 图标突然跳出一条腾讯热点新闻，让你忍不住背着老板偷偷点进去神游一番；下班途中，上网易跟个帖、盖盖楼，和火星网友一起开开脑洞……搜狐、新浪、腾讯、网易，这些中国网友再熟悉不过的名字，它们有个共同的称谓——门户网站。

从存在形式来讲，门户网站最早呈现为一个提供搜索和目录服务的网站，它们立足于搜索引擎技术，为用户提供综合性互联网信息资源。之后随着信息技术的快速发展和市场竞争的日益激烈，门户网站不仅仅只提供搜索服务，还同时将电子邮箱、资讯导航、娱乐购物、影音资讯、电子商务、在线社区、网络游戏等大量业务纳入网站服务范畴，开始逐渐演变成一个将内容、应用、服务和信息咨询集中展示的平台，犹如网络世界的“百货超市”。

门户网站的运作模式一般包括信息中介、广告模式、会员模式、社区模式、订阅模式等。相应地，其盈利模式主要有广告竞价收费、信息内容收费、增值服务收费、游戏社交收费以及咨询指导等其他盈利方式。

大体上门户网站可分为如下几类：

（1）搜索引擎式：主打技术优势，提供强大的搜索引擎和各种网络技术服务，如 Yahoo、MSN。

（2）校园或社群类：针对特定人群，提供他们感兴趣的最新资讯、跳蚤市场等信息，如大学生生活网、腾讯校园等。

（3）综合类：提供新闻信息、娱乐资讯的集成式网站，如新浪、搜狐、腾讯、网易等四大门户网站。

（4）地方生活类：以本地资讯为主，提供同城生活各类实用信息的生活网或信息港，如本地宝、杭州 19 楼。

（5）政府或行业类：汇集各类政府部门或行业企业的链接入口，提供各类时事新闻和政策解读的网站平台，如新华网。

除了综合性门户网站，还有各种垂直门户网站（亦称 Vortal），即专注于某一领域，提供特定行业相关信息的网站，如专注于 IT 领域的“中关村在线”，专注汽车的“汽车之家”，专注体育的“虎扑网”，专注财经的“东方财富”，专注房产的“搜房网”，专注教育资源的“中国教育出版网 ”，专注古典诗词的“中华诗词网校”，等等。

在WEB1.0时代，门户网站本质上就是一个基于Web的丰富多样的用户浏览界面，在这个用户界面里，网站将大量的信息通过链接的形式进行综合展示，用户可以获取多样化的信息、资源和工具——目前主流的门户网站都是采用这种形式，包括雅虎、腾讯、网易等。但随着WEB2.0时代的到来，博客、新闻聚合、社交网络等开始广泛地冲击传统门户网站，门户网站1.0时代的权威地位也在悄然发生改变。

下面就从被称为是门户网站的整合者和颠覆者的两个创业故事入手，介绍门户网站所遇到的机遇和挑战。

◆◆◆创业故事◆◆◆

UC浏览器：移动互联网时代的元老

UC联合创始人、产品总裁何小鹏偶尔会怀念2004年创业之初在广州吃过的烧鹅。那时的他，每天怀揣的是“改变生活、不打工、要创业”的梦想。这个毕业于华南理工大学的湖北小伙，带着一帮热血青年，让诺基亚时代的众多手机用户第一次实现手机上网。

何小鹏，1977年出生于湖北黄石，1999年毕业于华南理工大学计算机专业，曾工作于亚信科技（中国）有限公司广州分公司，历任技术经理、测试经理、项目经理等职务。2004年何小鹏和同事梁捷共同离岗创办了广州市动景计算机科技有限公司（以下简称“UC优视”），并在2006年获得联想投资副总裁俞永福的倾力加盟，从而奠定了“三驾马车”的公司领导架构。公司也从2006年的13人，发展到2015年超过2600人，其中产品研发人员比例超过80%。

所谓浏览器，就是协助用户访问网站的应用软件，搜索导航、门户网站等都需要依附于各种浏览器才能被访问。UC浏览器是首款基于大数据分析用户兴趣，融入信息流交互功能，为用户提供个性化阅读体验的手机浏览器，具有资讯阅读、视频播放、搜索导航、个人数据管理等功能。该浏览器已覆盖了Symbian、Android、iOS、Windows Phone等主流移动操作系统，200多个著名品牌，超过3000款手机及平板电脑终端。2011年6月，经过三年的研发，UC优视发布了自主研发的全新手机浏览器内核——U3。这是首个国产浏览器内核，旨在为广大的手机用户提供3G无线互联网时代的“极速、智能、安全、易扩展、省电、省流量”的浏览体验。

除了UC浏览器，UC优视旗下还拥有神马搜索、UC九游、PP助手等多个行业领先的移动互联网产品。该公司素来以深厚的技术实力、绝佳的产品体验、高效的内部管理而著称，而其国际化之路和资本运作也值得创客们学习借鉴。

在2008年Android手机面世这个节点上，UC优视团队做出了三个重要且精准的判断和决定：第一个是认为Android系统作为一个开放式的平台将大有可为，于是正式成立了Android浏览器开发小组；第二个是源于未来的宽带互联网及智能终端的预测，投入资源开发第三代浏览器内核（U3）；第三个就是提出“Going Global”的战略，开始了国际化之路。UC优视始终坚持“全球化思考，本地化执行”的“走出去”思维，服务超过150个国家和地区，发布了英文、俄文等11个国际语言版本产品，在亚洲、非洲等地区取得了市场领先，在全球第二大人口国家印度市场份额超过30%。

UC优视从创立到被阿里巴巴并购的十多年间，总共经历了七轮的融资，这也是很多创业者梦寐以求的成功。早在2006年，UC优视就获得来自雷军等人的400万天使投资，其后的六轮融资也进展顺利。2014年6月，UC优视整体并入阿里巴巴集团公司，创造了当时中国互联网史上最大的并购整合案。

创业公司被巨头收购后，往往面临着战略定位大转变、创始团队大清洗的厄运，令人欣慰的是，UC优视被阿里巴巴并购后不但未被吞噬，反而争取到独立运作并汲取更多的养分变得日益强大，他们在阿里内部独立组建了UC移动事业群，这也是阿里巴巴集团在阿里电商事业群、云计算大数据事业群之后组建的新业务集群。当被问起“被巨头吞并后怎样保持相对独立”时，何小鹏通常会给四点建议：第一，不要对赌，对赌让你的业务走形；第二，公司规模不要差别太大；第三，在时空上要有环境独立发展；第四，两者之间最好不是上下游关系，而是互补关系。

经历了整合九游、收购天网、融入阿里等一系列大动作之后，UC优视现已成为阿里巴巴创新业务事业群下的UC事业部。UC专注移动互联网业务创新，致力于打造简单、可信赖的移动互联网信息服务平台。其生态体内相关业务线还包括神马搜索、阿里应用分发等。

今日头条：传统门户网站的颠覆者

2016年春的某一天，北上广等14个城市的小伙伴们一觉醒来，发现自己被

"今天体"包围了：睡眼惺忪出门时，看到家门口的公交站台写着"今天睡不着，看今日头条"；挤上地铁，满眼都是"今天坐n号线，看今日头条""今天车上好多人，看今日头条"。公司楼下等电梯，怪里怪气的分众广告唠叨说"今天上线新项目，看今日头条"，"今天某某某，看今日头条"——城市中的每个人几乎都被"今日头条"的大白话给击中。

T恤、运动鞋、浅发、无边框眼镜……这是今日头条的创始人张一鸣作为IT"攻城师"惯常标配的装束。他毕业于南开大学软件工程学院，2006年加入旅游信息搜索公司"酷讯"并任技术委员会主席，2009年创立房产信息搜索公司"九九房"。2012年，张一鸣创立"字节跳动"公司并正式推出今日头条等热门应用，他希望能在移动互联网时代，像造纸术和印刷术一样，改变信息的传播方式。

今日头条是一款基于数据挖掘和机器学习技术的手机资讯阅读应用，具有热点推荐、自媒体创作、社区交流、个人列表等特色功能。今日头条自身不生产内容，而是聚合了各大门户和自媒体的全平台新闻资讯，通过推荐引擎技术实现内容分发，一边满足用户随时随地阅读、分享、娱乐和个性化的资讯需求，一边为合作伙伴提供大量的品牌曝光和流量关注机会。其营收主要来源于开屏广告和信息流广告。

今日头条推出的时候，各种信息门户网站已经走过了十多个年头，它是如何在寥若晨星的门户网站的挤压下杀出一条血路的呢？其秘诀就在于个性化推荐引擎技术和全方位市场覆盖能力。

个性化推荐方面，用户使用微信、微博等社交账号登录今日头条后，该App将基于个性化引擎技术，根据用户的社交行为、阅读习惯、地理位置、职业年龄等建立"兴趣DNA"，在0.1秒内计算推荐结果，3秒完成信息整理，5秒计算出新用户兴趣分配，10秒内更新用户模型，真正做到"你关心的，才是头条"。今日头条90%的用户都是在看推荐的信息流，而不会去自选频道板块。与之对比的是，门户及一些传统媒体的客户端只是将网站、杂志、报纸上的内容在手机上再次呈现，顶多遵循编辑推荐制，而没有考虑用户的个性化需求。如此强大的机器推荐技术源于团队"大数据＋优秀算法"的深厚基础，张一鸣甚至放出百万年薪的offer招聘顶级机器学习人才。

市场覆盖方面，"头条号"是今日头条针对媒体、国家机构、企业以及自媒体推出的专业信息发布平台，类似微信公众号和米聊订阅号。这里既聚集了新华社、参考消息等上千家传统热门媒体，也吸引了美十分、科技蟹等近三万个知名自媒体，更不乏中国政府网及各地方政府的政务头条号，甚至成了各级政府“两微一端”的标配——能够在与微信微博和众多门户网站对流量入口的争夺战中站稳自己的脚跟，离不开今日头条优秀的产品功底和强大的运营能力。

2012年7月，即将上线的今日头条获得了SIG海纳亚洲数百万美元的A轮投资。两年之后公司又获得了红杉资本领投、新浪微博跟投的1亿美元C轮融资，整体估值为5亿美元。

今日头条正在打造自己的“内容创业生态圈”，吸引包括知识分子、新世相、住范儿、娱乐资本论在内的万千内容创业团队入驻“头条号创作空间”，提供内容分发、原创保护、收入扶持、创业加速与风险投资等方面的支持。公司所筹集的2亿基金将投资超过300个早期创业团队，每个项目单笔在30~100万元，感兴趣的内容创业者不妨多多关注。

◆◆◆ 创业启示 ◆◆◆

根据“商业模式三要素模型”，UC浏览器和今日头条的商业模式可归纳如下：

表13 UC浏览器、今日头条商业模式分析

商业模式三要素	UC浏览器	今日头条
价值战略	UC基于大数据分析用户兴趣，融入信息流交互功能，为各个手机时代的用户提供多终端、个性化的网页浏览体验。	今日头条整合各大门户和自媒体的全平台新闻信息，基于数据挖掘和机器学习技术，为用户推荐个性化资讯，真正做到“你关心的，才是头条”。
市场策略	UC在诺基亚时代即开始广泛布局，成为塞班用户的“青春记忆”，随后抓住安卓市场爆发的机遇及时调整战略。国际化之路坚持“全球化思考，本地化执行”的思维。	今日头条大胆进行线下广告投放和事件营销。通过“头条号”进行广泛的市场覆盖，和“两微”争夺手机流量入口。
赢利模式	UC主要通过广告和增值服务盈利。先后获得七轮投资，被并购后仍保持独立运作。	今日头条的庞大用户群和访问量带来可观的广告收入。在自身盈利之余筹集资金支持上游内容创业团队，打造“内容创业生态圈”。

你或许慢慢察觉到，你花在移动端上刷屏聊天、浏览购物的时间，已经远远超过PC端网页。这意味着互联网用户的关注点正在朝着碎片化、移动化、垂直

化发展。在用户的注意力从电脑屏幕向移动设备迁移的过程中，信息的产生、发布、流传、消费也都在经历巨大的变革。越来越多的人不再订阅传统的期刊或浏览杂乱的 PC 网页，而是通过掌上那块小小屏幕知晓外面的世界。越来越多的人不再钟情于大而全的门户网站，而是喜欢上小而美的自媒体……

无论是 UC 优视，还是今日头条，都强调关注“人”。门户网站创业者如何拥抱移动互联网的大趋势，在挖掘用户喜好上下功夫呢?

建议之一：精准的内容推荐。丰富的内容无疑是门户网站受欢迎的基础，而精准的内容推荐则能引发用户的惊喜和提高用户的黏性。基于大数据分析用户行为，捕捉用户喜好，并进行个性化内容推荐，可以让用户体会到体贴入微的服务。

建议之二：充分借力社交媒体。社交账号不仅仅是用来登录绑定那么简单。一方面，挖掘用户社交账号的数据能更快速地掌握用户特征喜好；另一方面，打通社交媒体的分享通道则可以让自己的网站或应用在其他人气聚集区得到毫不费力的宣传推广。

建议之三：培养互动的基因和氛围。与其每天推送大量信息以求黏住用户，不如创造用户主动参与的氛围。吐槽、跟帖、点赞、打赏……随时随地地参与线上互动，才能让用户心甘情愿地围着你转。

建议之四：多渠道建设内容。门户网站往往不是内容提供商，内容产生的渠道更加开放。它们不仅可以签约专业写手定期提供文章，还可以从关联网站上获得授权整合资讯，更可以诱导用户自发生产内容。当然，追求数量更要保证质量。

大家都讲情怀，不愿意讲退出，羞于讲退出，这实际上对于整个行业是很不健康的。怎么在合适的时间点退出，可能比怎么创业和融资更为重要，创业者和 CEO 们有时需要专业投资者帮助判断。

——金沙江创投董事总经理朱啸虎

第14站

服务提供商模式

从广义上讲，网络服务提供商（Internet Service Provider，ISP）是指为互联网使用者提供网络接入、信息处理和增值业务的经营机构。而在电子商务领域，提供网络建站、营销推广、流量转化、支付结算、物流售后等服务的企业均可归为服务提供商，它们是电子商务顺利进行的基础性行业。

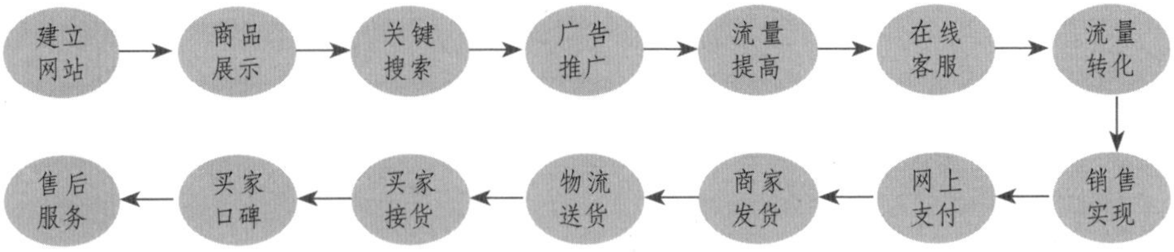

图 14—1　电子商务服务流程图

服务提供商以软硬件和网络技术为基础，面向企业和个人提供全面而有针对性的网络服务，主要包括业务支撑服务、在线交易服务和IT系统服务三部分。相对于商品销售类的电商平台，服务提供商可以更好地免去库存、物流等成本，从而集中更多资源进行技术开发，为消费者提供质优、价廉甚至免费的服务。

与创业服务相关的服务提供商举例如下：

表 14—1　服务提供商一览

类型	举例
交易平台服务	淘宝、京东、当当、亚马逊
代运营服务	宝尊电商、汉朝电商、立诺电商
物流服务	顺丰、申通、UPS
信用服务	中国商务信用平台、信星计划
咨询服务	OK 网、艾瑞、慧聪
教育培训服务	欧科电商学院、派代商学院、伟雅网商俱乐部
数据基础服务	艾瑞、慧聪、淘宝数据
金融服务	阿里金融、支付宝、财付通、快钱

下面我们就来看看，创客们如何运用互联网思维，在物流和招聘这两个传统服务行业里挖掘新商机。

◆◆◆创业故事◆◆◆

拉勾网：最专注的互联网招聘平台

2011年底，来自腾讯的许单单、马德龙、鲍艾乐三人联合100位股东，以各出资1万元众筹的全新方式，在中关村创业大街上兼职创办了著名的3W咖啡馆，后来逐渐发展成为涵盖投资、公关和猎头领域的著名枢纽站。在经营咖啡馆的过程中，他们慢慢发现互联网企业都有强大的人才需求，而自己手上也逐渐聚集了一批高端人脉资源。于是，三人在咖啡馆面临经营困局的时候，决定转型做互联网人才招聘，由许单单负责整合资源，马德龙负责产品和设计，鲍艾乐负责市场和运营，着手成立专注于互联网招聘的拉勾网。

拉勾网刚成立的时候，市面上还没有一个真正意义上基于互联网行业的垂直招聘网站。毕业生求职时，依然习惯于去智联招聘、前程无忧之类的传统招聘网站去投递简历、等待机会，网站基本都靠向企业方售卖广告位和简历盈利。但对于企业来说，大量雷同、过期的简历导致招聘成本居高不下，效果却不尽如人意。

拉勾网最早就是从C端（求职者）切入的，上线了一系列现在看来非常具有互联网思维的功能，比如一拍即合、极速入职、薪资透明、48小时反馈等，再加上友好的界面和流畅的产品体验，很快就在互联网圈打出了名气，成为颇受互联网企业和从业者欢迎的招聘网站。拉勾网成立3年多时，就已经吸引了10万多家企业入驻，发布超过130万个有效职位，拥有近450万名注册用户，单日最高收到22万份简历。据用户反馈，拉勾网的招聘效率是传统招聘网站的六七倍，用户平均每投3~5个简历就可以参加一次面试，而每几个面试就能成功拿到一个offer。

拉勾网强调招聘流程的移动化和智能化。“移动化”即拉勾网在网页、App、微信端等多渠道布局了自己的入口，让所有人在第一时间用上拉勾的所有产品。“智能化”即拉勾网通过组建强大的数据挖掘团队，为企业和用户构建更加精确的匹配模型。

自创立以来，拉勾网一直在摸索自己的商业模式。最初是希望从招聘效果收费，即求职者成功入职后拉勾网会向企业收取月薪20%左右的费用作为招聘服务费。但这种模式在实际操作中遇到诸多挫折，比如有的求职者即使在拉勾网的推荐后成功入职，也会在企业HR的压力下不将职位和薪酬等敏感信息如实告知拉勾网，而拉勾网当时的商务团队尚无法对求职招聘效果进行监测和追踪。因此，综合权衡之下，拉勾将自己的盈利模式调整为按简历收费和会员增值服务。

拉勾网一方面在思考盈利模式，另一方面也在为市场扩张而烧钱。前有铺天盖地的地铁广告，后有豪掷500万元打造互联网职场“招聘风暴周”。你稍微细心留意一下就会发现，北上广深的地铁广告上，各家招聘网站已经是针尖对麦芒了：拉勾、猎聘、100offer都在抢夺广告位，智联招聘、前程无忧等行业老大哥也虎视眈眈。拉勾网创始人许单单坦言，一年光是地铁广告这块的投入就达到几千万。一方面是行业竞争的加剧，另一方面又是招聘网站的获客成本高、用户流失大。因为求职应聘相对电商购物、外卖点餐等来说还是低频事件，对于普通的求职者而言，即使在拉勾上找到很好的新工作，也几乎很难沉淀留存下来。这就要求拉勾不断通过商业广告、活动策划等去吸引潜在的用户，购买大量的流量。

好在拉勾网地处北京中关村这一全国创投界都在关注的创业重镇，只要你有好的想法，就容易获得资本的青睐。2016年3月，拉勾网宣布获得弘道资本领投，启明创投、荣超投资等跟投的2.2亿人民币C轮融资，此轮融资将主要用于产品和技术研发，连接人与企业，提供更多元的人力资源服务。2017年9月，拉勾网获得前程无忧1.2亿美元的D轮融资，与前程无忧建立起战略上的“联姻”。

拉勾曾尝试切入互联网金融垂直领域的招聘，但很快就发现干不下去，随后的全品类扩张也偃旗息鼓——这至少反映了一个信息，就是在互联网、医药、金融、法律、传媒等垂直领域，似乎只有互联网招聘能撑起市场，其他垂直领域还是稍显小众，在影响力和流量方面难以构筑规模优势。因此，拉勾网希望继续专注于互联网招聘领域，并从在线招聘升级为职业成长平台，希望未来的业务中10%是招聘，另外90%是职业成长业务——这或许是一个比较自然的过渡和转型。但面对其他招聘网站的来势汹汹，拉勾网还得做好打几年硬仗的准备。

罗计物流：货运行业的滴滴打车

不知道你是否注意到，我们每天的各种消费中，有近两成费用是在为低效又高昂的物流成本买单；而你又是否了解到，我国现阶段公路运输集约程度极低，车辆空驶率接近40%……对物流行业研究多年的“85后”宋睿从中嗅到了商机。2014年，他开始带领团队打造物流货运行业的“打车软件”——罗计物流，希望借助移动互联网的普及和便捷让货主和车主高效对接。

从北美校园的“学霸”，到上市公司总裁助理，再到如今的互联网创业大咖，宋睿的学习和工作一直围着“物流”转。他在加州大学伯克利分校就读研究生时，所深造的工业工程专业是以供应链和物流为主，毕业后去了普华永道从事供应链优化项目。后来，他成为纽交所上市公司“兰亭集势”总裁郭去疾的特别助理，接触到了跨境电商物流。因此对他来说，选择物流行业开始创业是水到渠成。

2014年，宋睿萌生创业的想法，得到老板郭去疾的大力支持，后者还介绍他认识了真格基金创始人徐小平，徐小平也为宋睿提供了非常关键的支持——500万人民币的天使投资。随后，去哪儿网的技术总监、阿里巴巴的“地推”精英、百度和德邦物流的运营人才纷纷加盟——一支华丽丽的创业团队希望用互联网思维改造传统物流行业。

罗计是从英文Logistics（物流）而来。“罗”者，包罗万象，网罗所有也。“计”者，大数据也。一匹驮着包裹稳健行进的骡子，是罗计物流的形象LOGO。罗计物流以降低用户物流成本为己任，基于大数据为货主与司机搭建免费的中介信息与交易平台，针对同城需要中小型货运的货主和拥有中小型厢车的司机群体分别开发了货主版和司机版两个应用，通过综合运用移动互联网、数据挖掘和搜索匹配等技术，为用户提供便捷智能的信息搜索匹配服务，减少司机和货主之间的中间环节，解决货车司机找货难、货主找到适当运力难的问题。

过去在出租车市场，因为供需信息难以即时匹配，一边是“扫马路”的司机，一边是焦急等待找车的乘客，而“滴滴打车”类手机应用很好地解决了这一市场痛点，乘客可以通过手机软件随时随地叫车，司机可以就近应答、便捷接单——罗计物流一定程度上是借鉴了滴滴打车模式，用互联网思维让司机和货主高效匹配。但是滴滴打车在出租车与乘客之间往往是单维度匹配，即基于地理位置的距离长短。而罗计物流平台在货物与车主之间，除了基于地理位置的距离匹配，还有路线、时间、载重力等多维度信息匹配，力争最大限度地满足供需双方需求。随着平台司机与货主注册用户数越多，这种匹配成功率也会越来越高。

从司机和货主的体验看，罗计致力于从四个方面改变传统的物流体验：借助移动互联网提高了供需信息匹配的效率；绕过信息“中介黄牛”从而降低了司机的成本；方便司机提前定好返程运输的货物，因此降低了货车空驶率同时也提高了司机的收入；通过软件的司机评价体系，建立了完善的信用保障机制。

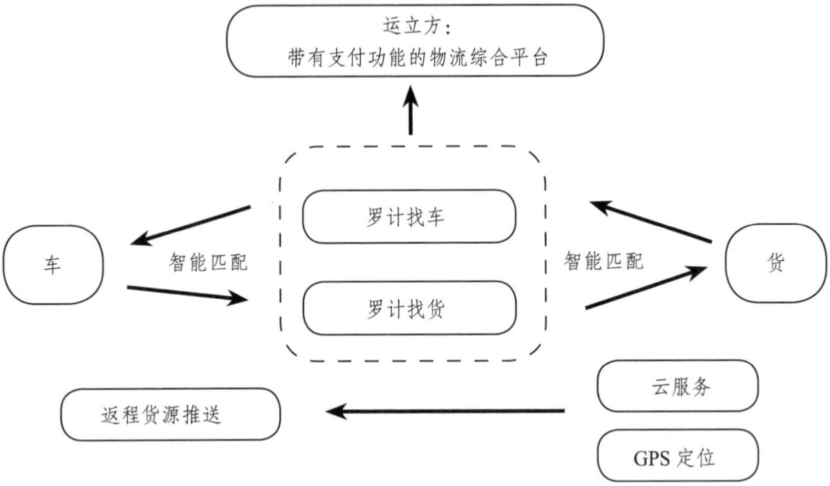

图 14—2　罗计物流的商业模式

截至 2015 年底，罗计物流平台已拥有 200 多万司机、130 万发货企业用户，雄踞行业榜首。当年 7 月，罗计物流对外宣布获得多家资本联合注资的 1.26 亿美元投资，此轮融资将主要用于市场和人才方面的投入。9 月，罗计物流以估值 12.6 亿美元荣登艾瑞咨询“中国独角兽企业估值排行榜”的第 25 位。

因为独特的跨行业渗透模式，罗计物流曾荣获物流和互联网行业多项殊荣。2015 年 7 月，罗计物流被中国工信部、中国物流与采购联合会评为“2015 中国物流信息化十佳杰出服务商”之一。其后，又获评“德勤—华兴明日之星企业奖”和“2015 福布斯中国成长最快科技公司”。

然而，众所周知，在各行各业纷纷拥抱互联网的时候，货运物流这个体量巨大极度传统的行业因为牵涉黄牛、货运信息部、物流园区等多方利益，互联网化之路屡屡受阻，罗计物流在运营推广的过程中不可避免地会遇到各种障碍。而罗计物流在融资之后也爆出了“劝退门”和“高管集体离职”等负面新闻。“既然选择创业，就要做好十足的准备，包括面对各种困难的准备，做到有备无患。”宋睿曾经这样说道。祝福这位年轻而沉稳的创业者能在创业道路上砥砺前行，继续在“互联网 + 物流”的服务模式探索上找到自己的方向。

◆◆◆ 创 业 启 示 ◆◆◆

根据“商业模式三要素模型”，拉勾网和罗计物流的商业模式可归纳如下：

表 14–2　拉勾网、罗计物流商业模式分析

商业模式三要素	拉勾网	罗计物流
价值战略	拉勾网专注于互联网招聘求职领域，为用户提供颇具互联网思维的产品和体验，实现招聘流程的移动化和智能化。	罗计物流基于移动互联网和大数据为货主与司机搭建免费的中介信息与交易平台，提高货运订单的智能匹配效率，打造货运行业的“滴滴打车”。
市场策略	拉勾网在线上线下大量铺设广告，借助“招聘风暴周”“约见 CEO”等营销，保持在互联网界的曝光度，短时间内迅速走红。	罗计物流抓住国内物流货运行业散乱、信息严重不对称等弊病，在提高信息匹配效率、降低货运成本、增加司机收入、完善信用体系等方面改善货主和司机的体验。
赢利模式	拉勾网对企业方按简历收费，对个人提供职业成长服务收费。创业以来保持较好的融资能力。	罗计物流免费为司机和货主提供货源/车源信息，后期可基于物流大数据推出保险、加油卡、汽车修理、二手车交易、新车融资租赁等增值服务盈利。

在市场多年的调教下，中国网民似乎已经习惯了享受“免费”的服务，这使得很多服务提供商在免费还是收费、如何收费等问题上大伤脑筋。一般来说，服务提供商主要盈利模式无外乎如下几种：

盈利模式之一：直接服务收费。即提供消费者所需的关键服务，消费者直接支付必要的费用，付费模式包括包月服务、一次性买断、按次付费等。一般这类公司在正式收费之前往往会提供限时限次的免费服务，以吸引用户和提高黏性，如阿里云服务。

盈利模式之二：交叉辅助收费。即对某项产品或服务免费，但在用户购买另一种服务时，附加原有产品的收费在上面，如苹果公司采取 iPod 收费和 iTune 免费的模式。

盈利模式之三：内置广告收费。即在为消费者免费提供相关服务时，通过推送第三方广告或竞价排名，收取第三方商家的广告费用，这就是业界常说“羊毛出在狗身上，猪来买单”的逻辑，如百度搜索。

盈利模式之四：免费增值。即用免费服务吸引用户，然后通过增值服务，将部分免费用户转化为付费用户而实现收入，该模式亦称为“Freemium”。

直接收费会大大提高使用门槛，内置广告也往往影响用户体验，因此 Freemium 就成了互联网界比较受欢迎的盈利模式，众多成功的互联网公司将其作为主要的盈利来源。

表 14–3　Skype 等互联网公司盈利模式

互联网公司	盈利模式
Skype	互联网通信软件，免费提供基本的互联网通话服务，而互联网之外的网络通话则是需要付费的。
Dropbox	文件存储服务，免费用户可以得到 3GB 的网络存储空间，而更大的空间服务是付费或靠贡献（如推荐好友）获得。
Evernote	笔记型工具类软件，免费用户每月 60M 流量，付费用户可获更多流量。
迅雷下载	普通用户可免费下载内容，VIP 用户则提供加速离线下载、种子点播等增值服务。
QQ 聊天	普通用户提供基础聊天服务，会员用户则提供云端保存聊天记录等增值服务。

Freemium 模式一般遵循“二八定律”，即一小部分对价格不敏感的高端用户，愿意为一些额外的功能付费，为服务提供者带来大部分收入。因此在设计该盈利模式时，要充分考虑到产品或服务的黏性、免费用户的价值、付费用户的意愿等问题，在免费和付费之间找到适合自身的平衡点。

做企业应该踏踏实实的。真正想做好企业，不一定要上市；要做基业长青的企业，就要有远大的远景，要为未来进行大胆的投入、大量的投入。

——顺丰速运创始人王卫

第15站

行业协会平台模式

行业协会是B2B模式的一种，是指介于政府与企业之间，或者商品生产者与经营者之间，代表本行业全体企业的共同利益，并为它们提供咨询、监督、自律、协调等服务的非营利性社团法人。行业协会一般由业内知名企业或商业领袖发起，旨在保护市场交易主体，维护市场公平，打造“政府+市场+协会”的混合治理机制。

行业协会的一般工作包括制定行业规则、协调企业关系、举办行业会议、统计行业数据、发布研究报告等，故其基本运作模式可以概括为：花大家的钱，办行业的事，商业化运作，非营利。国际上的行业协会通常有两种类型：一是以美国为代表的“水平模式”，二是以日本和德国为代表的“垂直模式”。

以美国为代表的“水平模式”是一种主要以企业自发组织、自愿参加维持运营的行业协会模式，具有较强的民间性，政府不干预、不资助。行业协会为企业提供技术与信息服务，协调政府、企业、消费者之间的关系。同时实力强劲的行业协会与立法、议会保持密切联系，形成长期以来美国人所推崇的以“对立制衡”为原则的政府间关系。

以日本和德国为代表的“垂直模式”是一种政府行政作用参与其中、大企业起主导、中小企业广泛参与的行业协会模式。其突出特点是强调政府的推动作用，行业协会往往具有庞大的组织机构和较高的组织化程度，且参与者众多，行业覆盖面广泛。

既然是非营利性组织，那么行业协会就需要通过多方筹集经费来维持协会的日常运转。行业协会的经费来源主要有三个方面：一是会员管理费，通常占总经费的50%~90%；二是专业活动收入，如论坛、培训、咨询、发行刊物等；三是社会捐款，这部分既不固定，比例也较小。此外，还有一些协会由政府部门提供经费，政府不宜做的事务交给协会去办，专款专用。

截至2019年底，我国依法登记的社会组织共86.6万个，其中行业协会商会近7万个，包括全国性行业协会商会近800个，已基本形成覆盖国民经济各个门类、辐射各个层级的行业协会体系。从层级和权限维度可将行业协会如下划分：

表 15–1　行业协会类型

类型		行业治理权限
不同层级的行业协会	全国性行业协会	辐射全国的行业治理权
	地方性行业协会	地域性辐射的行业治理权
	一级协会	辐射全行业的治理权
	二级分会	基本没有行业治理权
不同范围的行业协会	综合协会	辐射一个或多个行业协会
	专业协会	辐射单一行业的治理权

下面将从 B2B 和创投两大领域的行业协会案例入手，进一步介绍行业协会的特征和基本职能。

◆◆◆创业故事◆◆◆

B2B 行业服务网：各路大咖捧起的专业协会

2015 年 12 月 29 日，慧聪网、上海钢联、化塑汇、摩贝网、美菜网、销售易等多家知名 B2B 企业齐聚江西南昌，除了应邀参加“第二届中国 B2B 电子商务大会”之外，更是为了见证“中国电子商务协会 B2B 行业分会”的诞生。

中国电子商务协会 B2B 行业分会（以下简称 B2B 分会），是在中国电子商务协会的支持和管理之下，由全国 30 多家知名企业发起并成立的专业性行业协会。会员的招募定位于中国 B2B 企业，包括 B2B 在线平台、B2B 传统企业等。B2B 分会主要通过收取个人和团体会员的年度会费以保证协会的正常运行，协会收入还包括企事业单位和个人的捐款、各种会议展览活动及有偿咨询和培训收入等。

B2B 分会以中国 B2B 行业服务网为官方服务网站，由专业媒体——托比网负责日常管理。作为发起人和组织单位，托比网的前身是 2013 年成立的“我爱 B2B 网”，是一家定位于 B2B 行业的专业媒体网站，专注于行业新闻报道与品牌传播，拥有以托比网为核心，涵盖微博、微信、自媒体、线下活动等全渠道的立体传播平台，在 B2B 行业拥有较高的品牌传播价值，已成为 B2B 企业品牌传播的重要阵地和突破口。创始人刘宁波先生曾历任万网市场总监、慧聪品牌总监、窝窝团公关总监等职务，对 B2B 行业营销有着深刻的研究和见解。

B2B 分会的宗旨很明确，那就是“立足于 B2B 电子商务发展进程，围绕创新与实践，联合重点企业、重点机构和专家团队，建立协同互惠机制，打造资源共享平台，成为推进我国B2B电子商务持续创新与健康发展的中坚力量”。其职能具体包括如下方面：

一是服务职能。将向会员提供各种服务，包括信息、咨询、培训等。举办品牌会与展销会、宣传企业和产品，推动会员企业开拓市场及与客户的交流平台。打造B2B网站宣传平台，发行行业报告与出版物。

二是协调职能。在协会内部维护会员之间公平竞争的权利，反不平等竞争，必要时制定行规或公约，进行集体自我约束，保证正常的市场秩序；在协会外部代表会员利益协调与其他商会、协会之间的关系。

三是纽带职能。成为沟通企业与政府之间的双向纽带。在会员中贯彻政府的宏观意图和经济政策，同时代表企业利益，反映企业需求，向政府提出建议。

举办行业峰会是每个行业协会必不可少的重要职能。2016年7月16日，由B2B分会战略指导、托比网主办的中国首届“互联网＋快消品”行业高峰论坛在京举行。论坛以“变革 博弈 突破”为主题，邀请来自快消品B2B的行业人、传统品牌商、投资人共约600人参与会议，其中阿里巴巴零售通事业部总经理郭坤坤、中商惠民副总裁苏小新、易酒批创始人王朝成、掌合天下CEO杨利祥、51订货网CEO陈献等业界大咖都在会议上发表了精彩演讲。此次论坛还由托比网专业研究团队依据新闻数据、营收＋GMV数据、网站流量数据、上市＋融资数据、网络投票数据等指标进行综合榜单排定，评选出了“快消品B2B十强榜”“快消品B2B口碑榜”“中国B2B企业品牌影响力百强榜”等，各方企业纷纷以上榜为荣。吸引龙头企业站队、邀请业内知名人士发言、发布行业研究报告、评选优秀企业或个人……各类行业峰会俨然成了圈内人的年度盛会。

同时，B2B分会还出面邀请了多位B2B行业知名企业领导人组成“专家委员会”，共同参与行业分会的各项工作与协会建设。这批企业家从业经验丰富，擅于理论总结，为行业发展尽心尽力，旨在帮助创业者在创业过程中优化运营模式，促进企业经营管理快速步入正轨。

国内B2B行业走过了十几年的风雨历程，有广泛的社会基础及大量的资源实力，各行各业的产业格局已经初步形成，如何争取更加有利于B2B发展的优惠政策，创造更适应企业生存发展的环境，培养更多行业领军人才，是B2B分会追求和探索的目标。2019年，B2B分会更名为“托比产业互联网联盟”。其定位为“学习型社群组织”，以“联合一切可以联合的力量，共同推进中国产业互联网的发展”为服务宗旨。

清科集团：中国创投行业的秘书长

“双创”浪潮席卷中国，而在国内诞生仅十余年的股权投资行业也进入发展快车道。海量信息、创业浪潮、繁多的项目、不断涌现的投资人，在推动股权投资行业快速发展的同时，也对行业本身的服务模式提出了更高的要求。而作为行业发展见证者和深度参与者的清科集团，一直在思考服务创新的新切入点。

倪正东，清科集团的创始人、董事长兼CEO，先后获得湖南大学工学学士、清华大学工学硕士以及清华大学经济管理学院工商管理博士学位，在校之时就曾担任校园创业协会会长并筹办亚洲第一个创业计划竞赛。在过去十年多的时间里，他带领团队将清科集团建成了中国很有影响力的创业投资和私募股权投资服务机构。

清科集团业务始于2001年，是中国领先的创业投资与私募股权投资领域综合服务机构，其业务主要分为两大块，一块是资讯媒体、数据研究中心等信息业务，另一块是资产管理、母基金、天使投资、创投等金融业务。清科集团致力于为众多的创业者、VC/PE投资机构、战略投资者，以及政府机构、律师/会计师事务所、投资银行、研究机构等提供专业的信息咨询和资产管理服务。

经过多年的积淀，清科集团已发展成为国内影响力最大、知名度最高的专业创投服务机构，主打六大互联网平台：

投资界：私募股权投资的垂直门户网站。

私募通：中国股权投资行业权威的金融数据库。

股权易：初创企业在线股权融资和交易平台。

财富街：专业资产管理及产品交易平台。

新芽：离资本最近的创业服务平台。

快投：专业互联网股权众筹平台。

清科集团虽并非创业投资界的正式行业协会，但其在创投圈担任的角色不容小视，素有“创投行业的秘书长”之称。

清科集团现已成功在海内外举办百余次股权投资行业高端论坛，以及逾百期创业投资俱乐部活动，每年参会人数总和逾万人次，是国内有影响力的投资人及企业家交流平台，并拥有庞大的投资人关系网络——这为清科集团商业模式的纵横拓展奠定了基础。旗下会议论坛品牌包括中国创业投资暨私募股权投资论坛、中国有限合伙人峰会、中国高成长企业CEO峰会、行业投资峰会、清科创业投资俱乐部、清科培训中心、“中国最具投资价值企业50强”评选等。

在过去20年时间里，清科发布的投资机构排名与报告已经成为中国投资行业的业绩晴雨表与国内VC/PE机构募资、投资的权威参考；清科的资讯平台投资界深度报道投资行业动态，同时每年举办多场论坛峰会，构建起强大的创业及投资关系网络；清科打造了被誉为“中国投资界黄埔军校”的专业投资人培训平台——沙丘学院；清科深耕投资领域，目前已累计完成项目投资近300笔，管理基金39支。

随着国内创投圈的兴起和活跃，越来越多小而美的创业服务平台因为专注于某一特定服务或领域而受到整个创投圈的欢迎，如36氪、虎嗅网、IT桔子、B座12楼、创业邦……清科集团发力早、扎根深、覆盖广，在依托自身强大的资源整合能力进行多维度横向拓展业务的同时，也要注意产品的打磨和提供深度的增值服务，这样才能巩固自己在行业中的“江湖老大哥地位”。

◆◆◆ 创业启示 ◆◆◆

根据“商业模式三要素模型”，B2B行业服务网和清科集团的商业模式可归纳如下：

表15–2　B2B行业服务网、清科集团商业模式分析

商业模式三要素	B2B行业服务网	清科集团
价值战略	打造中国B2B电子商务领域唯一的正规行业分会，行使面向中国B2B行业企业的服务、协调、纽带职能。	清科是创投行业的综合服务机构，行使行业协会的部分职能，主要业务包括：资讯媒体、数据研究中心等信息业务；资产管理、母基金、天使投资、创投等金融业务。
市场策略	网站通过吸引龙头企业站队，邀请业内知名人士加盟，举办行业主题盛会，发布行业研究报告等方式保持持续的市场曝光度。	清科经过多年的积淀，依托自身强大的资源整合能力进行多维度横向拓展业务，发展成为国内影响力较大、知名度较高的专业创投服务机构。
赢利模式	网站为非营利性，主要通过收取个人和团体会员的年度会费支持协会的正常运行，收入来源还包括企事业单位和个人的捐款、各种会议展览活动及有偿咨询和培训收入等。	清科是商业营利机构，主打六大互联网平台，其中信息业务基本免费，通过股权投资、行业会议等实现盈利。

国民经济和市场规模的快速发展，必然会使得企业在市场竞争和社会经济生活中遇到一些涉及多方利益的问题，包括政策体制、价格机制、市场份额、技术标准等，解决这些问题往往需要第三方力量的介入。在他们看来，政府或许离得太远，市场总是虚无缥缈，而自发组织的行业协会是保护自身合法权益、维护行业的整体利益的不错选择。

行业协会属于社团法人，既非政府机构，又非营利性机构，它的基本职能可以归结为八项：

表 15–3　我国行业协会的基本职能

主要职能	职能概述
代表	代表本行业全体企业的共同利益，如参与立法。
沟通	作为政府与企业之间的桥梁，向政府传达企业的共同要求，同时协助政府制定和实施行业发展规划、产业政策、行政法规和有关法律。
协调	制定并执行行规行约和各类标准，协调同行企业之间的经营行为。
监督	对本行业产品和服务质量、竞争手段、经营作风进行严格监督，维护行业信誉，鼓励供品竞争，打击违法、违规行为。
公证	受政府委托，进行资格审查、欠发证照，如市场准入资格认证，发放产地证、质量检验证、生产许可证和进出口许可证等。
统计	对本行业的基本情况进行统计和分析，并发布结果。
研究	开展对本行业国内外发展情况的基础调查，研究本行业面临的问题，提出建议，出版刊物，供企业和政府参考。
狭义的服务职能	如信息服务、教育与培训服务、咨询服务、举办展览、组织会议等。

B2B 模式下的行业协会平台一般具备以下特征：

一是可靠性。行业协会是正式组织，并不是简单由三五人发起的俱乐部或社群，且行业协会往往只涉及某一行业，对信息的监管较综合型门户网站更加方便和专业，对行业供货商、交易商品、流通渠道的审核更为严格，提高了行业交易的可靠性。

二是中介性。行业协会在沟通政府与企业关系上起到承上启下的桥梁和纽带作用，多年来形成了由“政府—行业协会—企业（市场）”三方构成的市场综合治理体系。行业协会作为政府和企业的中间人，可以承担多种社会急需但又不宜或难以由政府和企业直接承担的义务，如召开行业大会、筹办大型交易博览会等。

三是精准性。行业协会一般会拥有自己的门户网站，可按照自身所处的行业特性，对网站、移动端进行精准设计，提供更符合该行业客户需求的产品描述、公司介绍等信息，辅以精确搜索、推荐算法等服务，减少市场各方的决策成本。另外，行业协会可通过业内的媒体资源、展会活动等渠道，方便加盟企业进行精准宣传营销，增加供应商产品的曝光率，更直接、精准地与目标采购商进行对接，进而产生更高的订单转化率。

四是便捷性。行业协会平台所提供的产品或服务对业内企业来说具有普适性和便捷性。行业协会可通过提供企业资源管理系统（ERP）、客户关系管理系统（CRM）、供应链管理系统（SCM）等兼容性强的信息系统，方便加盟企业对商铺、产品、客户等进行管理。同时行业协会平台通过打造安全的支付体系、自建或签约第三方物流公司等方式，为市场各方提供全面完善的交易服务。

但在现实中，我国行业协会往往存在官办色彩浓厚，行政干预过多，自身发育不足等问题，导致其发展受到了体制与能力等方面的限制，行业协会职能一直处于有名无实的状态，与一般民间团体的区别特征并不明显——这也是学术界和业界探讨的焦点。在上海、浙江、广东等市场经济发达地区进行的行业协会改革中，政府明确规定把服务标准的制定、技能资质的考核及行业自律等社会职能转移给行业协会，把适宜于行业协会承担的行业管理职能委托给行业协会行使，支持行业协会开展行业统计、行业调查、制定行业发展规划、价格协调和公信证明等工作——这无疑对我国行业协会的发展具有方向性意义。

对未来越有信心，对现在就越有耐心。创业公司死亡无非两点，一是钱花完了，二是信心耗尽了。

——美团网创始人王兴

第16站

软件即服务模式

经常关注互联网的小伙伴们对“云计算”一词肯定不会陌生，新浪云、阿里云、百度云、谷歌云、亚马逊云……好像不谈“云”，都不好意思说自己懂互联网了。根据美国国家标准与技术研究院（NIST）的权威定义，云计算分为 SPI 三大服务模式，即 SaaS、PaaS 和 IaaS。接下来几章就让我们来一一揭开这些“云”的神秘面纱。

软件即服务模式（Software as a Service，SaaS），指的是软件厂家将应用程序统一部署在自己的服务器上，通过互联网和浏览器将程序传输给成千上万有需要的客户，客户只需按定购服务量和使用时间来向厂家支付费用。在 SaaS 模式下，客户无须购买软硬件、建设机房、招聘 IT 人员，即可通过互联网使用软件信息服务，甚至可享受软件离线操作和本地数据存储等服务。SaaS 模式极大地加快了应用软件的部署速度，降低了客户的前期投资成本，使大量的中小企业的信息化建设成为可能。

其实在云计算还没有盛行的年代，我们已经接触到了一些 SaaS 的应用，例如通过浏览器我们就可以使用 Google、百度等搜索引擎，使用 Gmail、QQ Mail 等邮箱功能，而无须在自己的电脑中安装搜索系统或者邮箱软件。我们经常接触的 Word、Excel、PowerPoint 等办公软件，都是需要在本地安装部署后才能使用的，而在 Google Docs、MS Office Online、有道云笔记等网站上，我们只需注册一个账号，就可以随时随地通过互联网和浏览器来使用这些软件阅读和编辑自己的在线文档，省去了软件解码安装、升级维护等烦琐操作。

SaaS 主要分为垂直型和通用型两类。

垂直型 SaaS：软件能够满足某一个具体行业的需要，比如医疗保健、农业、房地产、金融等。

通用型 SaaS：产品专注于在企业的某一个职能上实现突破，比如销售、程序员工具、人力资源等，但是不限定于某个特定行业。典型代表包括：Salesforce、Slack、Zenefits、Workday 等。

SaaS 模式最初被应用于企业资源计划（ERP）和客户关系管理（CRM）等领域。如今，SaaS 已在众多领域得到全方面应用，包括人力资源管理（HRM）、供应链管理（SCM）、办公自动化（OA）、文件内容管理、在线即时通信等。2015 年，中国 SaaS 市场融资总额达到 40 亿元，累计上百起投融资事件，IDG、红杉等多家知名投资机构开抢 2B 项目，占据赛道。下面就将从客户关系管理和内容营销管理领域的创业案例来进一步了解 SaaS 行业中的创业机会。

◆◆◆创业故事◆◆◆

纷享销客：移动互联网时代的 CRM

张某是北京一家网络设备公司的大客户经理，经常需要在外地实时向公司总部汇报客户谈判情况和请求项目审批，但过去因为总部无法及时审批和回复邮件，常常导致被竞争对手抢占先机而丢掉业务订单。在这个时候，张某尝试用上了移动 CRM 软件——纷享销客。

与很多技术出身的SaaS创业公司不同，纷享销客的核心团队是两个自称“技术门外汉”的媒体人，“忽悠”了两个技术大牛，共同做起一桩靠谱的互联网生意。纷享销客创始人罗旭毕业于贵州财经大学会计专业，2000 年加入《南方都市报》担任财务部主任，三年后参与创办《新京报》，做过了行政 HR、会计财务、发行销售等工作，积累了丰富的企业管理经验。2013 年，在很多创业者还扎堆在团购、打车等热门 2C 领域的时候，有着 10 多年媒体高管工作经验的罗旭敏锐地觉察到企业服务（2B）领域的创业机会，推出了“纷享销客”软件。

纷享销客是向企业提供移动销售管理服务的云软件，围绕销售外勤管理、过程管理、客户关系管理和团队协作管理四大核心体系，创新性地将销售功能模块与工作信息流无缝打通，为企业和员工提供高效的工作沟通平台和移动型轻量 CRM。员工用手机就能汇报销售日志、更新客户资料、外勤签到打卡、申请急件审批等。管理者用手机就能掌握销售数据、了解客户动态、实时掌握业务一线状况、批示急件、布置工作等。总之，将企业移动起来，让销售敏捷起来，把客户连接起来，纷享销客给企业带来了全新的移动办公体验。

“用 C 端最成熟的应用，来解决 B 端的用户痛点”，正是罗旭的创新思路。他认为，做企业服务（2B）软件有两大难点，一是提取企业需求很难，二是辅导实施过程很难。

针对第一个难点，纷享销客选择从销售协作入手。因为销售往往是企业的轴心部门，销售人员经常处于实时高速移动的状态，故从销售协作切入企业服务是个快速有效的方法。针对第二个难点和传统企业软件复杂无趣的毛病，罗旭的团队在产品设计上费了大功夫，纷享销客在交互方面模仿微信，在工作流程上模仿微博，并根据企业需求做了相应改造。友好的界面、熟悉的用法，让初次接触纷享销客的企业用户无须辅导培训就可轻松上手。

作为SaaS软件，数据安全无疑是企业最关心的话题之一。纷享销客采用的是国际一流的硬件和严密的数据安全管理机制。硬件方面，纷享销客采用高性能服务器并托管在电信5星级机房，保障数据随时完整可用。软件方面，全球领先的信息安全服务提供商“赛门铁克”和“金山安全”公司为纷享销客提供信息传输加密和后台数据审计服务。机制方面，纷享销客与客户签订严密的数据保密条款，公司会主动承担保密的法律责任和经济责任。另外，纷享销客是国际著名IDG资本的注资企业，是微软公司重点推荐的“微软创投”成员企业，有跨国大企业做背书，数据安全更值得信赖。

纷享销客为客户提供小微版和商务版产品。小微版针对20人以下的小微企业，他们可免费享受基础功能和部分高级功能。商务版针对20人以上、500人以下的中小企业开放全部功能，并按使用人数收取年费，折算下来大约只需每人每天1元钱。企业使用纷享销客一次性投入少，维护成本和学习成本都很低，按照使用人数、使用时间长短支付费用，带来了很高的灵活性。因此纷享销客不但深受中小企业喜爱，越来越多的大型企业也逐渐转向这类SaaS企业管理系统。纷享销客现有企业用户十多万家，月利润长期保持30%的增长速度，2014年利润同比增长了12倍。

清晰的模式和可观的收益吸引了资本的驻足关注，短短三年时间，纷享销客已完成分别由IDG、北极光、DCM等领投的五轮融资，总融资额近2亿美元，创造了B、C、D轮融资在一年内完成的神话。2020年11月，纷享销客完成金蝶国际领投，IDG资本、北极光创投跟投的新一轮数亿元融资。

2020年，纷享销客已在北京、上海、广州、深圳、杭州、苏皖等6个城市设立直营分公司，在南京、武汉、成都、郑州、济南等50余个城市建立营销服务中心；员工总数700余人，产品研发团队近300人，是一家具备完善的研发、实施能力的优质SaaS企业。为满足企业组织与业务的敏捷变化需求，纷享销客通过“业务定制平台＋商业智能平台＋开放平台”的平台化战略，为企业个性化需求提供友好的业务自由配置能力，为中国中小SaaS开发厂商提供生态级能力支持。

兔展：H5移动展示领域的美图秀秀

围住神经猫、全民找祖名、杜蕾斯定制盒广告……过去你的朋友圈是否经常被这样一些好玩有趣的小游戏、小广告刷屏了呢？如今，每天都有这些运用H5技术的游戏测试、推广链接在微信微博上传播，用户也逐渐习惯被各种H5作品轰炸。深圳“中北明夷”公司正是第一家利用H5技术在线制作各种微场景应用的科技企业，而它的产品有个更可爱且广为人知的名字——兔展。

兔展由董少灵及他的两位大学同学共同创立。这位年轻的创业者有着丰富的创业经验，曾先后创立本地信息分类网站“便利莱阳网”（2008年），松松吧蛋糕坊（2009年），区域性电子商务网站“688乐哈哈商城”（2010年），广州牧云翻译服务有限公司（2012年）等。同时他还是个不折不扣的学霸，北京大学中国法硕士和美国法博士，中山大学商务外语学士，中山大学创业黄埔班二期学员（工商管理学士），曾代表中山大学参加首届大学生创业论坛并发表精彩演讲。随着近年来H5技术被持续看好，董少灵迅速组建精英团队切入移动传播这个新兴市场。

兔展于2014年6月正式成立，公司坐落于有“中国硅谷”之称的深圳南山区，与腾讯、中兴等科技巨头比邻而居。兔展是一个基于H5技术的页面应用生成器，用户无须安装软件客户端，只要登陆Rabbitpre.com并免费注册账号，就可以在网页上类似制作PPT一样简单方便地创作自己喜欢的H5作品，生成一个具有图文、动画、音乐、外链及表单的酷炫应用，并轻松分享在各大社交软件上。在兔展平台上，企业用户可以通过动态公司介绍、精致产品册实现与客户的无缝交互，个人用户则可以通过非凡的创意传递情怀、展示自我。兔展的H5作品可轻松实现跨终端、跨平台分享，开发周期短，试错成本低，方便营销推广，深受广大用户的欢迎，在短短两年内便跃居H5市场占有率前五阵营。

兔展的H5制作、模版引用、表单收集等基础服务是免费的，主要通过企业增值服务、流量变现等方式来实现盈利。2016年6月，兔展正式对外发布售价为4999元/年的企业号，允许企业用户在制作和传播H5作品时，享受更换LOGO、去除底链、多账号云协作等特权。同时，兔展企业号无缝对接了“斐波那契大数据分析平台”及“柒众媒媒介平台”等，通过海量数据的监控和分析为企业提供效果优化建议，让企业品牌推广的投入都花在刀刃上，获得最优的传播效果。

作为SaaS创业公司，雄厚的技术实力无疑是兔展的核心竞争力。据了解，兔展采用的是Web领域前沿的Node.js技术，后台全部采用原创框架，文字、图片、按钮、音乐、表单等功能都可以进行充分的自定义编辑。为了深耕前沿的H5技术，兔展招揽了来自BAT的优秀人才，并精心培育了一支由北京大学、清华大学、中山大学、武汉大学、中央美术学院等一线院校精英组成的新生技术力量。其在拉勾网上发布的招聘信息有90%是技术岗，甚至不惜花50万高薪吸引高端CTO加盟。

值得一提的是，兔展3位创始人当中，董事长董少灵和技术总监钟嘉聪均师出中山大学创业学院。该创业学院于2009年11月11日正式挂牌成立（注意了，当天还是首届淘宝“双11”购物节！），以“打造商界黄埔，培育创业精英”为使命，每年面向中山大学5万多名在校生招收30位创业先锋，以“创业黄埔班”的班集体形式教授商业基本知识，锻炼商场实战技能。至2016年，中大创院培养了近300名学生创业精英，涌现了火烈鸟、瀚潮、佳学、兔展、MAKA、活宝等一批优秀的学生创业团队。起步之早、体系之完善、成果之丰硕在国内高校创业教育中都可谓名列前茅。本书作者有幸入围创业学院第六期，陪伴和见证了一批批年轻企业家的诞生。

兔展的目标是成为H5移动展示领域的“美图秀秀”，既要拥有强大的SaaS功能，又能让用户简单上手。兔展上线半年多即获得200多万注册用户，其中企业用户超八成，付费用户中不乏腾讯、阿里、恒大等巨头公司。后来，兔展与有赞微商城达成战略合作伙伴关系，向300万有赞商家开放应用授权接口，为他们提供快捷方便的H5制作和移动营销服务。

2014年底，兔展作为最年轻的团队，荣获清华大学EMBA箐鹏大赛冠军和首届i黑马创业大赛全国总冠军。随后，兔展在2015年4月获得了深创投3000万人民币的A轮投资，其后又完成了六轮融资（融资金额未披露，最近的一次融资在2021年2月）。

兔展团队风趣地把自己称为“兔崽子”，在兔展论坛上每天蹦跶一群大白兔、小灰兔、兔八哥、兔宝贝们。在H5的新浪潮中，我们期待这群年轻的创业“兔崽子”们给我们带来更多的优秀作品和技术突破！

◆◆◆ 创业启示 ◆◆◆

根据“商业模式三要素模型”，纷享销客和兔展的商业模式可归纳如下：

表 16—1　纷享销客、免展商业模式分析

商业模式三要素	纷享销客	免展
价值战略	纷享销客围绕销售外勤管理、过程管理、客户关系管理和团队协作等板块，为企业和员工提供高效的工作沟通平台和移动型轻量 CRM。	免展是基于 H5 技术的页面应用生成器，用户可简单方便地在线制作具有图文、动画、音乐等效果的酷炫应用，并轻松分享在各大社交软件上。
市场策略	纷享销客运用互联网思维做产品设计，创造良好的用户体验；重视数据安全，让企业放心使用。	免展的 H5 作品可轻松实现跨终端、跨平台分享，开发周期短，试错成本低，方便营销推广，深受广大用户的欢迎，长期占据 H5 市场占有率前五地位。
赢利模式	纷享销客的产品分为免费小微版和付费商业版，按企业使用人数收取年费，前期利润长期保持 30% 的月增长速度。	免展基础服务免费，主要通过企业增值服务、流量变现等方式来实现盈利，并推出了功能强大的企业号。

SaaS 厂商一般通过租赁的方式提供软件服务，虽然软件的初期开发成本较高，但可以通过降低产品的边际成本和使用门槛，吸引更多的用户使用，从而达到规模效应。SaaS 厂商的创收主要源于软件基础服务和增值服务，一般有四种收费方式：

表 16—2　SaaS 厂商收费模式

收费模式	定义
按需定制收费	根据客户需求来确定所要开发的项目，按开发难易程度进行收费，这种模式满足了大中型企业对个性化应用服务的需求。
按用户人数收费	邮箱、CRM 等 SaaS 厂商按照每家企业用户数量的多少进行收费，这种模式比较适用于小企业。
按流量收费	服务器等 SaaS 厂商根据用户使用的流量、带宽等进行收费，这种模式方便企业用户更加合理地根据业务量来控制 IT 成本。
按存储收费	用户可免费使用 SaaS 的功能和服务，而对所占用的存储空间收费。如企业可免费使用某些即时通信软件，但若想保存“聊天记录”或“交流文档”就需缴纳费用。

而对于有计划采用 SaaS 模式实现信息化的企业来说，既要关注到 SaaS 模式相较于传统软件提供商无法比拟的优点，也要留意该模式固有的缺陷。

SaaS 模式的优点主要体现在技术、投资和管理等方面。从技术方面来看，采用 SaaS 模式的企业不需要购买任何高性能硬件，无须再配备 IT 技术人员，但又能得到最新的技术应用，满足企业对 IT 管理的需求。从投资方面来看，企业一般只需支付相对低廉的“月费”，无须一次性投资到位，不占用过多的营运资金，还无须考虑设备折旧摊销等问题，有效缓解了企业的财务压力。从维护和管理方面来看，采用 SaaS 模式的企业不需要专门的管理人员和场地，能随时随地通过互联网访问系统，顺应了移动办公、轻资产化的时代潮流。

SaaS 模式的缺点主要在于安全性不足和标准化程度低。一方面，企业出于对数据和系统安全性的担忧，一般不太愿意使用 SaaS 服务，或者对传输协议加密机制、服务器安全证书、数据的管理和备份机制等方面要求很高。另一方面，SaaS 行业刚刚起步，解决方案缺乏标准化，每家 SaaS 服务提供商都可以设计一个独立的解决方案，使得不同软件系统之间难以兼容，影响了企业用户的整体信息化战略。

随着国家经济增速预期的持续下调，中国经济已经进入到一个新的常态。在市场发展放缓、劳动力成本上升的大背景下，企业急需降低运营成本，而 SaaS 模式不失为降低企业 IT 运营成本的有效手段。

人生是个积累的过程，你总会有摔倒，即使跌倒了，你也要懂得抓一把沙子在手里。

——网易创始人丁磊

第17站

平台即服务模式

平台即服务（Platform as a Service，PaaS）是云计算三种服务模式之一，处于云计算服务架构的中间层，其中包含了应用程序的开发、部署、测试所需的各种工具。PaaS 不仅为个人或企业用户提供基础计算能力，还进一步开放其应用接口、开发环境和运行环境等资源，用户可以使用平台定制开发自己的应用程序，然后利用互联网传递给终端使用者。

PaaS 平台应具备 IT 资源整合、资源有效分配、开发测试环境统一、自动化交付使用、快捷部署和弹性扩展等特征，最终可以和 IaaS、SaaS 的各种服务整合到统一的云计算控制台进行管理。

2006 年初上线的亚马逊 Amazon Web Services（AWS）被誉为是 PaaS 行业的标杆，利用亚马逊 AWS，软件开发人员可以轻松购买计算、存储、数据库和其他基于 Internet 的服务来支持其应用程序。Google 也在 2008 年推出 Google App Engine（GAE），将 PaaS 支持的范围从商业应用领域扩展到普遍的 Web 应用，支持 python、java 和 php 等主流开发语言，全球已有数百万的 IT 人员在其上开发了海量应用。

国际知名的数据分析公司 IDC 指出，PaaS 行业将呈现迅猛增长态势，在 2013 年到 2018 年间，全球 PaaS 市场年增长率将超过 27%。在这种趋势下，越来越多的科技企业开始投入 PaaS 平台的开发和应用，国内也出现了中服 CServer、800 客、百度 BAE、新浪 SAE 等优秀的 PaaS 平台。

面对市面上层出不穷的 PaaS 平台，作为消费者和终端用户的我们应该如何从中选择一个合适的平台，搭建自己的专属应用呢？专注于数据存储的七牛云和专注于硬件开发的机智云，是两个不错的垂直 PaaS 平台。

◆◆◆ 创业故事 ◆◆◆

七牛云：大数据存储如何掘金

有人说，数据是每一个企业的眼睛，每一个商业机遇都是基于数据产生的。但互联网时代的数据不是用来存储的，而是用来不断地分析和运用，产生更有益的信息。七牛云就是一家从数据云存储出发，为广大客户提供智慧数据服务的科技企业。

七牛云的核心团队成员来自于盛大、金山、网龙、惠普等高科技公司。创始人许式伟毕业于南京大学理论物理专业，2000 年加入金山出任 WPS Office 首席架构师，曾建立“金山实验室”主导分布式存储开发。离开金山后，他加入盛大创新院并成功推出面向 B 端的盛大云和面向 C 端的盛大网盘，可见他在大数据存储领域拥有超过十年的技术积累。2011 年 8 月，怀揣着经纬中国 100 万美元的 A 轮投资，许式伟带领团队南下上海浦东，正式以创业者的姿态进军云存储领域。

七牛云专注于公有云服务市场，以数据存储为中心，为企业提供数据在线托管、全网传输加速以及云端处理等 PaaS 服务解决方案。

传统云存储上传文件的流程一般为“用户→应用服务器→云存储提供商”，用户普遍抱怨上传速度要比本地存储慢一大截。而七牛云提供了客户端自传功能，即“用户→七牛→应用服务器”，用户直接上传到七牛云的服务器，通过 DNS 智能解析，七牛云会选择到最近且最合适的 ISP 服务商节点完成上传，速度比一般云存储要快很多。用户上传数据成功后，七牛云使用回调功能，只需要将非常少的数据传回应用服务器即可保存。

除了速度以外，云存储用户一般还会关心另外两个问题：数据的安全性和迁移成本。在安全性方面，目前七牛云使用三副本备份以及多数据中心备份的方式来防止数据丢失，并通过将数据分块存储于多个服务器来防止数据被窃取。在迁移成本方面，七牛云开发了自动上传、定时同步、镜像存储等工具来帮助用户轻松实现数据迁移。

在许式伟看来，国内许多云计算厂商都在照搬标杆企业亚马逊 AWS 的做法。正如他在一次演讲中所说：“没有一个 Copycat（山寨）可以成功。”故七牛云强调创新，它并不认为存在所谓的“云主机”和“云存储”之分，而是创造性地将图片、视频、文档等非结构数据的生命周期看作一个整体，将云存储划分为云存储、云处理、云分发三个阶段。未来，云处理将成为七牛云的主要增长点，通过七牛云平台，用户可轻松在线实现图片压缩剪裁、office 系列文档处理、视频转码等一系列个性化服务。

据兔展官方数据，自成立以来，兔展服务了 4000 万以上的企业用户，深度服务包括屈臣氏、沃尔玛、海澜之家、立白集团、平安集团、中国银行、中国农业银行、中国建设银行、中国工商银行、民生银行、招商银行、曲美家居、金地集团、华润三九等数百家中大型企业，涵盖金融、保险、医药、白酒、零售、地产、美妆等行业。

七牛云自成立以来就持续获得由经纬中国参与的多轮投资，而后者也为七牛云推荐了 Camera360 等早期种子用户，对七牛云的成长起了重要推动作用。

2020 年 6 月，七牛云完成由中国国有企业结构调整基金、交银国际、宏兆集团投资的 F 轮 10 亿人民币融资，用于持续打造云上数据价值。七牛云希望通过自己不断迭代更新的一站式云上数据赋能，帮助各行各业在上云的基础上，连接并分析各类数据，助力产业效率提升与模式创新。七牛云 CEO 许式伟认为，流量红利时代已经结束，云厂商下一轮抢夺的是技术红利。数据科技将是整个产业向智能化升级的核心，它将是制定未来发展方向及资源分配的基础，通过对数据的分析优化，对资源进行优化分配，最终达到提升企业前端业务和产业升级的目标。

2016 年 1 月，七牛云获得嘉实基金领投的 1 亿美元 D 轮融资，资金将主要用于两方面：一是即将推出的云计算与大数据业务；二是用于生态建设，推出一系列的支持计划，为创业者、技术人员提供资金、服务、合作伙伴资源上的支持。自创立伊始，七牛云便在云服务领域为开发者、创业者提供了大量的扶持计划。如创业者云服务赞助计划、大学生青葱创业计划、文化创新产业支持计划、开源扶持计划、增长黑客计划等。在第五届中国公益节上，七牛云获得公益创新奖。

和一般创业者总担心 BAT 巨头们挤压收购不同，许式伟并不担心任何巨头带来的竞争。IT 发展的历史似乎也可佐证，无论是苹果对 IBM 的逆袭，还是谷歌在搜索上对亚马逊的超越，都表明巨头并非无所不能，颠覆巨头往往从它们眼中的边缘业务切入。正如许式伟所说，“只有把云计算作为最核心竞争力的公司才能成为最终的霸主”。

机智云：智能硬件领域的富士康

和云计算、大数据、VR 等技术一样，近些年“物联网”的概念也被越炒越热，越来越多的创客朋友开始在各种智能手环、智能家居等硬件设备上试水尝鲜。但和已然大众化的互联网技术相比，很多开发者可能会觉得智能硬件是一块更加遥不可及的技术高地。而机智云就试图改变这一看法，它准备了很多低门槛的基础性开发工具，让硬件开发者直接拿来所用。

“我们发现，智能硬件开发难、研发成本高、销售周期长，产品通用性和客户个性需求的矛盾也始终难以调和……”机智云 CEO 黄灼这样评价早期开发智能硬件的痛点。他是一位 TMT 行业的连续创业者，1996 年在美国留学获得计算机学士学位，随后便在美国纽约参与创立了全球第一家网上打印服务公司 Mimeo；2006 年获得哥伦比亚大学 EMBA 学位，毕业后又在纽约创立语义搜索引擎公司 Zoomino，为纽约时报等大型网站提供站内搜索服务。2008 年，黄灼回国加入了初创团队杰升科技，凭借其对互联网变革传统行业的独特见解和实践经验，成功推出物联网第三方云服务品牌的“机智云”。

机智云是国内第一家专注于智能硬件自助开发和云服务的平台，它将智能硬件的开发流程工具化、模块化，为开发者提供了一个云端自助服务界面，通过非常直观简单的表单操作，让开发者可以自由定义产品功能，设计心仪的硬件产品。平台同时可自动生成一系列协议文档、智能手机应用的 SDK、云端相关接口等，以及一个用于演示产品功能的 App。此外，机智云还提供一台运行在云端的虚拟设备，帮助开发者在不编写任何代码的情况下，测试自己产品的各项功能。

机智云还为智能硬件开发者提供四项辅助服务：数据统计分析、M2M 接入、OTA 固件升级、硬件社交化。其中，数据统计分析可以从多维度分析设备的使用和用户行为；M2M 接入包括了 Wi-Fi 设备路由器接入、远程监控和管理等物联网基础服务；OTA 固件升级则支持多种定向升级策略，解决设备出厂后的持续升级要求；硬件社交服务是打通设备接入微信客户端的机制，让用户通过微信即可访问和控制智能硬件。

2014 年 9 月，机智云 2.0 版本发布，并推出一整套智能硬件开发板——GoKit，用于帮助开发者快速实现智能硬件的原型开发。GoKit 上集成了马达、1600 万色 LED、Wi-Fi 收发器、红外光感、温湿度传感器等模块，支持开发者将产品接入各大主流的模组方案，帮助他们与高通、庆科、博通、汉枫等企业产品顺利对接。可以说机智云 2.0 和 GoKit 的发布大大降低了智能硬件的开发准入门槛，对开发者具有非常强的吸引力。

截至 2020 年底，机智云 ALOT 开发及云平台上已聚集超过 20 万的开发者，发展成为国内最大的智能硬件集群之一。平台上接入的智能家居和可穿戴设备等智能硬件超过 1000 万台，知名案例包括海尔空气盒子、美的智能空调、乐心运动手环等。除了与海尔、美的等高科技企业合作开发智能设备之外，机智云也积极与政府机构合作建设“智慧城市”，寻求场景使用上的突破，比如与新能源车服务商“华商三优”共同建设城市智能充电管理平台，为千岛湖市政府建设自行车联网管理系统，等等。

2015 年 8 月，凭借业务范围、客户数量、产品总量和市场份额等优势，机智云拿到国内物联网云服务行业最大规模的 2 亿元 B 轮融资。2018 年，机智云完成高通创投投资的 C 轮融资，融资金额未披露。

凭借在硬件接入、数据挖掘和分析应用上的技术优势及多年的行业实战经验，机智云已发展成物联网第三方云服务代表平台，处于整个产业链的核心位置。通过对数据流的集中、处理和疏散中心，凭借“大平台＋小前端”的结构，支撑和推动着物联网在细分行业的商业模式创新，提升行业效率。通过多年来对产业深耕和上下游的资源整合，机智云已形成完整的物联网开发服务生态，通过技术衔接和运营整合，有效撮合了开发者与需求企业合作、供应商和用户降低交易成本，并通过第三方接口源源不断释放共享经济的巨大价值，参与到应用分成，达成生态共赢。

“我们追求的是极致，希望开发者以最快的速度把硬件产品和互联网结合起来，让更多智能硬件在中国诞生……”这是机智云的追求，也是成千上万智能硬件开发者的期盼，但愿机智云打造的开发者生态能为中国带来物联网创业的新风口。

◆◆◆创业启示◆◆◆

根据“商业模式三要素”模型，七牛云和机智云的商业模式可归纳如下：

表17　七牛云、机智云商业模式分析

商业模式三要素	七牛云	机智云
价值战略	七牛云专注公有云服务市场，以数据存储为中心，为企业提供数据在线托管、全网传输加速和云端处理等PaaS服务解决方案。	机智云专注于智能硬件的自助开发和云服务，为开发者提供数据统计分析、M2M接入、OTA固件升级、硬件社交化等服务。
市场策略	七牛云重点解决数据的传输速度、安全性和迁移成本等问题，消除用户的使用顾虑。	机智云通过推出新产品降低使用门槛，聚集数以万计的开发者，打造“开发者生态圈”。并与知名科技企业和地方政府合作开发智能系统，提高行业知名度。
赢利模式	七牛云营收主要来自一定免费额度上的存储费、流量费及根据存取请求次数的计费收入。	机智云营收主要源于按用户设备收取的服务费用。凭借业务范围、客户数量、市场份额等优势，获得大额资本的青睐。

PaaS 作为一种服务模式，进一步丰富了 SaaS 的服务功能，可以提高 Web 平台上可利用的资源数和灵活性，为应用程序的部署提供了方便，简化了购买和管理底层软硬件的复杂性。因此，作为云计算发展的重要领域，PaaS 产业已经成为各大科技企业角逐的重要阵营。PaaS 方面的专家、ActiveState 公司的首席执行官 Bart Copeland 曾经提出 PaaS 行业未来发展的多项趋势。

趋势之一：业务量增长将驱动更多 PaaS 部署。企业业务量增长的同时如何降低成本、提高生产效率，是摆在企业 IT 部门面前的重大难题。PaaS 模式将可提供灵活、可控、高效的业务支持，满足企业不断增长的业务发展需要。

趋势之二：公有 PaaS 将赢得中小企业市场。公有云服务提供商将可源源不断地提供高效 IT 系统服务，让中小企业更加专注于发展战略问题而不是 IT 架构问题。低廉的订购价格、标准化的服务解决方案，将推动中小企业广泛使用公共 PaaS。

趋势之三：私有 PaaS 获得大企业青睐。一应俱全的公共 PaaS 服务存在可靠性、安全性、局限性等问题，让大企业望而却步。因此私有 PaaS 无疑会成为大企业客户融入云端的首选。

趋势之四：开源 PaaS 平台将蓬勃发展。企业客户的快速发展要求高度定制化的云环境，因此可扩展的开源 PaaS 平台将深受开发人员的欢迎。

趋势之五：PaaS 与各大管理工具融合。PaaS 技术（包括开源技术和专有技术）会变得更具有扩展性和灵活性，并且与各种管理工具进行深度协调融合。

知名咨询机构 Gartner 的研究表明，2011 年是 PaaS 产品主导的一年，不论是大中型企业，还是小微企业，都需要充分认识到 PaaS 的在未来企业 IT 战略中的核心地位和即将带来的变革，并做好充分的准备，迎接 PaaS 时代的到来。

互联网让中国人的集体智商得到大大提高。一个人可以很笨蛋，换了一屋子人整天吆喝，最后形成一些共同的共识，这个共识的水平怎么样，就是这个屋子里的人的集体智商的体现。

——搜狐创始人张朝阳

第18站

基础设施即服务模式

如果想吃到一碗热腾腾、香喷喷的阳春面，你会采取什么方式？买材料自己煮？下馆子？叫外卖？借锅煮面？这个看似与本篇主题八竿子打不着的问题，却象征着企业选择 IT 服务的四种模式：独立开发、SaaS、PaaS、IaaS。这一章将讲述企业不购买任何基础设施也能“借锅煮面”的 IaaS 模式。

基础架构即服务模式（Infrastructure as a Service，IaaS），处于云计算服务的底层，是指用户通过互联网即可获得完整的计算机基础设施服务，包括 CPU 处理器、内存、存储器和其他基本的计算资源等。用户无须真正购买和管理这些基础设施，就能够在上面部署和运行任意操作系统和应用程序，并有可能获得有权限的网络组件服务（如路由器、防火墙、负载均衡器等）。

根据 IaaS 产品类型的不同，可以将云计算 IaaS 区分为公有云、私有云和混合云。

表 18–1　IaaS 产品类型

IaaS 产品类型	定义
公有云	IaaS 企业将自己的基础设施直接公开给大量外部用户使用，外部用户通过互联网访问服务，并不拥有云计算资源。
私有云	IaaS 企业单独为某一大客户构建的云服务，从而有效控制数据安全性和服务质量。私有云可部署在企业客户数据中心的防火墙内，也可以将它们部署在一个安全的主机托管场所。
混合云	IaaS 企业提供公有云、私有云或公众云的结合。由于安全和成本控制原因，并非所有的企业都会把数据和信息放置在单一的云上，大部分企业会使用混合云模式。

据 Gartner 分析，2013 年全球云计算服务市场规模已达到 1300 多亿美元，增长率达到 18%，成为全球信息和通信技术产业增长最快的领域之一。在全球高速增长的云计算市场中，IaaS 市场规模虽然仅占全球市场规模的 7%，但近两年 IaaS 市场的增长率一直保持在 40% 以上，与 SaaS（25%）和 PaaS（29%）相比，IaaS 市场“起步晚、增长快”的市场潜力不容忽视。

目前，全球 IaaS 领域入局企业众多，知名企业包括亚马逊、微软、Rackspace、VMWare、谷歌等。其中，亚马逊拥有目前最为广泛的 IaaS 云服务；微软基于 Office、Exchange 和 SharePoint，发挥较好的企业 IT 市场优势；Rackspace 作为主机托管服务供应商，凭借其 OpenStack 云计算平台，将自己定位为亚马逊的开源替代产品。

在我国 IaaS 领域，不仅有阿里、盛大、中国移动等业务起步较早、规模较大的巨头公司，还有网宿、蓝汛、网银互联、华数世纪等一批产业新势力。下面将介绍云计算领域另外两个创业新生代——UCloud 和青云。

◆◆◆创业故事◆◆◆

UCloud：全球布局的基础设施云服务

十多年前网民们在视频聊天室打发时间的时候，一定不会想到今天围绕直播所诞生的各种朝阳产业，“直播+”生态已成为火热的创业风口，但直播所需的技术研发、网络带宽和服务器成本等也成了困扰创业者的关键节点，UCloud（优刻得）推出的直播云（ULive）正是为互联网直播应用提供超低延迟、流畅高清、高并发的整套解决方案。

UCloud 创始人季昕华2000年毕业于同济大学。作为中国最早一批黑客，他因为发现了各种操作系统的致命漏洞、侦测到冲击波和震荡波等蠕虫病毒而声名大噪，旋即被华为、腾讯、盛大等公司高价收编，开始从事互联网安全工作。2012年，季昕华放弃了“盛大云”CEO的职位，联合来自科技巨头的莫显峰（现任CTO）和华琨（现任COO）等人联合创办UCloud，从此这位殿堂级的黑客“叛变”到云计算领域。

UCloud是国内顶尖的IaaS服务提供商，以云主机起家，覆盖云存储、云加速、云数据库等多个产品线，旨在为企业提供计算、存储、网络连接等基础IT架构服务。

云计算和大数据领域虽然市场潜力巨大且持续火热，但BAT巨头们早已纷纷成立云部门切分这块蛋糕。面对群狼竞食的竞争格局，UCloud巧妙地选择从游戏产业这一垂直细分领域切入云计算市场，主要原因在于：第一，游戏公司规模较小，招聘专业人员难度大，但资金较为充裕，故适合采用云计算模式；第二，游戏行业爆发性强，迅速增长的玩家数对服务器的稳定性和反应速度要求很高；第三，游戏生命周期短，对服务器的弹性扩展性要求较高。官网信息显示，UCloud用户中游戏业务占比近一半，企业曾为《啪啪三国》《刀塔传奇》《暴走无双》等明星级游戏产品保驾护航。为了更好地整合游戏行业的创业资源，UCloud推出了国内首个游戏产业孵化基地，为手游创业团队提供“拎包入驻”的优惠条件，创业者不仅可以享受宽敞整洁的办公环境，还能免费获得开发游戏所需的云计算资源、大数据处理能力、软硬件设备支持等，以及高额的创业扶持资金和全面的投融资服务。

UCloud还为游戏客户提供另外一项重量级服务——帮助游戏公司“出海”，这也是UCloud进行差异化竞争的重要部分。随着刀塔传奇、猎豹移动、文件大师等优秀企业在海外的成功拓展，国内越来越多的互联网公司不再满足于国内市场，而是着眼于海外市场的无穷潜力。于是在2014年，UCloud先后启动了亚太（香港）和北美（洛杉矶）数据中心，成为国内IaaS领域第一家提供海外市场服务的云计算公司。UCloud海外设备环境一流，出口带宽资源和IP地址资源充足，驻机房人员提供7×24全年无间断的中英文双语服务，以及90s内响应的金牌售后服务。因此对于想要拓展海外市场的互联网企业来说，UCloud提供的云服务是个不错的选择。

UCloud业务已覆盖包含游戏直播、互联网金融、在线教育等在内的19个细分领域。拍拍贷、快钱、去哪儿网、蘑菇街、蜻蜓FM、暴走漫画、乐心医疗等优秀IT企业的程序和数据都稳定运行在UCloud公有云平台上。此外，UCloud利用云计算和大数据技术，为传统企业提供互联网转型新思路，已为浙江农信行、同仁堂国际、广药集团、森马服饰、永辉超市、百联集团、沈阳机床厂等各领域的龙头企业提供混合云计算架构解决方案。

截至2020年，UCloud在全球已有3万余家云服务消费用户，间接服务终端用户数量达到数亿人，部署在UCloud平台上的客户业务总产值达250亿人民币。

UCloud一经推出便获得了资本的追捧，其前两轮的千万级融资规模曾创造了行业纪录。2015年4月，UCloud获得由君联资本领投的1亿美元C轮融资，再次刷新当时国内IaaS领域的单笔融资金额纪录。2020年1月，UCloud正式登陆科创板，成为中国第一家公有云科创板上市公司，同时成了中国A股市场首家“同股不同权”的上市企业，开创了中国A股资本市场及公司治理的先河。

UCloud专注于不断革新的互联网技术，期待云计算惠及千家万户，真正成为人们日常生活的基础设施。

青云：技术和模式创新超越全球巨头

十多年前，亚马逊开发了按“小时”计费租用闲置计算资源的云计算模式，做起了10亿美元的新生意。而在中国，有一家公司把收费时间精确到“秒”级，它就是QingCloud（青云）。

“云计算的使命是要把整个IT硬件产业颠覆，如同诺基亚被iPhone颠覆一样……”每次谈到云计算产业的未来，充满技术激情与天赋的黄允松都不自觉地激动亢奋、手舞足蹈。黄允松（Richard）、甘泉（Reno）和林源（Spencer），是青云的三个创始合伙人。三人曾共同在IBM工作，建立了深厚的友谊。甘泉和林源随后分别跳槽去了百度和腾讯，而黄允松则在IBM一干就干了九年。三人的工作方向和兴趣始终集中在底层架构领域，这被称为是云计算中最枯燥、最乏味、最辛苦的一个行业。但也正是看到国内云计算领域没有一个像样的IaaS平台，三人才决定选择这条艰难的创业之路。

青云于2012年4月正式推出，是全球首家实现资源秒级响应并按秒计量的基础云服务商，致力于为企业用户提供安全可靠、性能卓越、按需、实时的IT资源与服务。青云的产品线已覆盖完整的IaaS层组件、PaaS/Orchestration层服务、对象存储服务、超融合硬件设备和桌面云等产品与服务，为企业用户提供包括公有云、私有云、托管云、混合云等在内的全面云计算服务与整体解决方案。

国内现有云计算厂商多是提供虚拟主机服务（Virtual Private Service，VPS），即把大服务器细拆分成虚拟服务器，卖给中小互联网公司，但所有用户的虚机只在三层（L3）上做过滤，在二层（L2）上是连通的，故存在严重的数据安全隐患，严格意义来说并非真正的云计算。因此，青云的技术超越标杆，不是阿里云、盛大云、腾讯云，而是全球云计算巨头——亚马逊的AWS，它的最大亮点是在于虚拟私有云技术（Virtual Private Cloud，VPC），即通过硬件方式在公有云平台上为每个用户开辟了一块私有区域，完全实现用户间的信息和资源隔离，为此亚马逊投入了巨大的技术开发和运营维护成本。青云的先进之处在于采用了近年成熟的软件定义网络技术（Software Defined Network，SDN），在同样实现“二层网路100%隔离”的基础上，可以自由弹性地调整私有云大小，适用性毫不逊色于亚马逊，而成本却远低于亚马逊。正如创始人黄允松所说，青云要做的，不是简单模仿，而是远远超越。

青云的按“秒”弹性计费制也是行业的一大创新。我们知道，谷歌的GAE按分钟计费，亚马逊的AWS按小时计费，而国内云技术厂商都是按月甚至按年计费，在这种弹性不足的计费制下，用户可能恰好超出几分钟便要多计算一整个周期的费用，而按秒计费则可以帮用户将不必要的成本降到最低。企业若使用青云的IaaS服务，一年跑下来的费用一般只要8~9万元，是亚马逊云服务的五分之一，阿里云服务的三分之一——强大的价格优势和超高性价比可见一斑。

2015年底，青云推出合作伙伴计划，布局在公有云、私有云与混合云领域的合作策略，旨在将青云的技术、产品和解决方案转化为合作伙伴在硬件销售、系统集成、项目咨询及交付等细分服务的核心竞争力。此举一方面意在解决青云与企业需求间存在断层的问题，另一方面合作伙伴可以从产品角度对青云基础云服务进行有效补充。

青云的企业客户遍布各行各业，从教育、科研院所等智力密集型产业，到食品、农产品加工等制造型企业，以及各类互联网公司。青云正在为超过4万家企业客户提供服务，服务对象包括招商银行、中国银行、泰康人寿、顺丰集团、SOHO中国、91金融、我来贷、懒投资、人民网、环球网、36氪、陌陌等知名企业。

自成立以来，青云一直受到环球风险投资公司——蓝驰创投的关注，后者持续参与了青云的三轮融资，为企业输送了大量资金和人才。2016年3月，青云完成金额为1亿美元的C轮融资，本轮融资由两家人民币基金领投，蓝驰创投跟投，资金主要应用于核心技术研发、公有云基础设施建设、广域网IX建设、企业服务拓展等四个方面。2021年3月，青云正式在上交所科创板挂牌上市，成为中国混合云第一股。

IBM有蓝云，所以青云的意思很明显——青出于蓝而胜于蓝也，也暗含着“青云直上”“平步青云”的吉祥之意。自诞生之日起，青云就一直在超越，超越标杆，超越自己，超越未来。

◆◆◆ 创业启示 ◆◆◆

根据“商业模式三要素模型”，UCloud和青云的商业模式可归纳如下：

表18–2　UCloud、青云商业模式分析

商业模式三要素	UCloud	青云
价值战略	UCloud以云主机起家，覆盖云存储、云加速、云数据库等多个产品线，旨在为企业提供计算、存储、网络等IT基础架构服务。	青云是首家实现资源秒级响应并按秒计量的基础云服务商，为企业用户提供全面云计算服务与整体解决方案。
市场策略	UCloud选择从游戏产业切入，为游戏公司提供云计算、创业扶持、海外运营支持等服务。	青云推出合作伙伴计划，旨在将青云的技术产品和解决方案转化为合作伙伴的核心竞争力，解决青云与企业需求间存在断层的问题。
赢利模式	UCloud采用常见的云服务收费模式，即根据用户使用的资源数量和时间进行收费。	青云采用常见的云服务收费模式，但把计费时长精确到“秒级”，形成强大的价格优势和超高性价比。

相对于国外亚马逊等厂商较为成熟的IaaS服务模式，国内的云计算产业

起步较晚。国家出于对数据信息的保护以及国内相对复杂的资源环境，使得国外产品进军中国之路常常受阻，这给国内企业提供了一个宝贵的发展机会，涌现了阿里云、腾讯云、UCloud、青云等一批优秀的 IaaS 厂商，在商业模式和产业布局等方面甚至可与国际巨头比肩看齐。

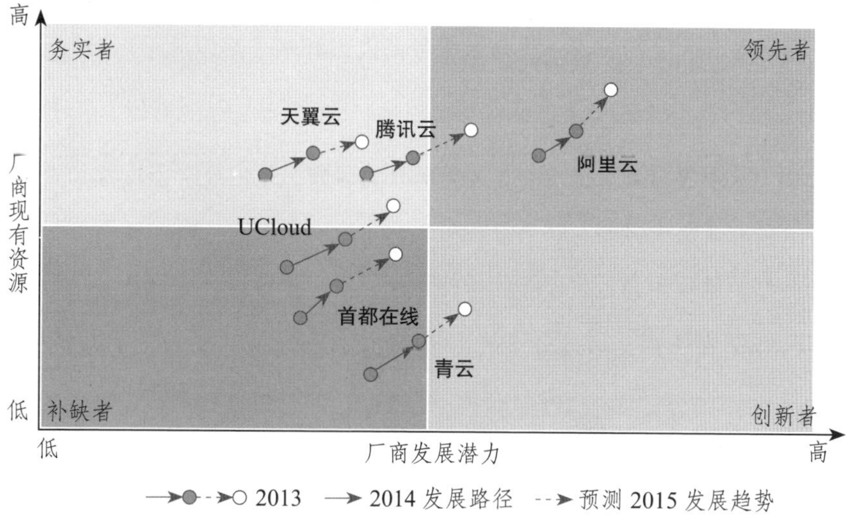

图 18　2015 年中国云计算 IaaS 市场实力矩阵（易观智库）

虽然近些年来我国云服务市场涌现出一批优秀企业，但从整体来看，我国云服务市场发展还面临着来自需求侧和供给侧的挑战。

挑战之一：市场潜力尚没有得到充分释放（需求侧）。

与美国相比，我国云服务市场规模较小。根据工信部电信研究院的统计，2012 年虽然我国公共云服务市场同比增长了 73%，但市场规模仅为 35 亿元人民币，仅占全球的 2.5%，而同一年我国 IT 市场规模占全球 8.4%；2013 年，我国云服务市场规模达到 47.6 亿人民币，但增长势头还有所放缓。我国云服务市场规模尚小的主要原因包括：第一，用户对云服务的信心不足，超过六成的用户对云服务稳定性和安全性存有顾虑；第二，国内 IT 采购以硬件为主的习惯在短期内难以转变，各主要行业 IT 采购中硬件份额均超过一半；第三，财务制度性障碍，云服务模式使得过去静态的固定资产投入转化为动态的信息服务成本，传统的预算、审计制度还无法适应这一变化。

挑战之二：云服务企业的整体水平和能力尚待提高（供应侧）。

在 Talkin’Cloud 评出的全球 100 家最大云计算企业名单中，中国企业无一上榜。从电信研究院在对国内主要 10 家云服务企业的分析和测评效果来看，各服务商的水平参差不齐。国内云服务企业在服务可靠性、流程合理性、界面易用性、协议规范性等方面均存在一定的不足，与亚马逊、微软等领先企业尚有较大差距。

因此，要想充分挖掘我国公共云服务的市场潜力，就需要尽快打破一边是企业客户应用需求难以释放，一边是云服务商能力和水平难以满足市场期望的“供需互锁”局面。

中国创业者还有许多比较天真的部分，他们经常会认为创业是很光鲜的，读书好进名校就能成为李彦宏，而读书不好的就成为马云。太多的榜样让他们有一种错觉：成功是比较容易的。

——创新工场李开复

第19站

移动应用模式

“我有一个改变世界的想法，就差一个 App 了！”自从进入移动互联网时代，愈来愈多的创业者声称他们拥有几乎可以改变世界的绝佳创意，而这些想法往往依托在一个个小而美的 App 上。面对日新月异的应用软件和琳琅满目的应用市场，开发者应该如何异军突起？创业者是否可以名利双收？这一章就让我们来详细探究移动 App 的创业模式。

移动应用软件（Application，App），是指为了完善移动终端（手机、平板电脑、智能手表等）原始系统的不足或者满足用户的个性化需求而开发的第三方应用软件。随着移动互联网时代的到来，特别是智能手机的普及，大众花在手机 App 上的使用时间明显更长，安装的 App 数量也越来越多，手机 App 已成为大众日常生活中不可分割的一部分。

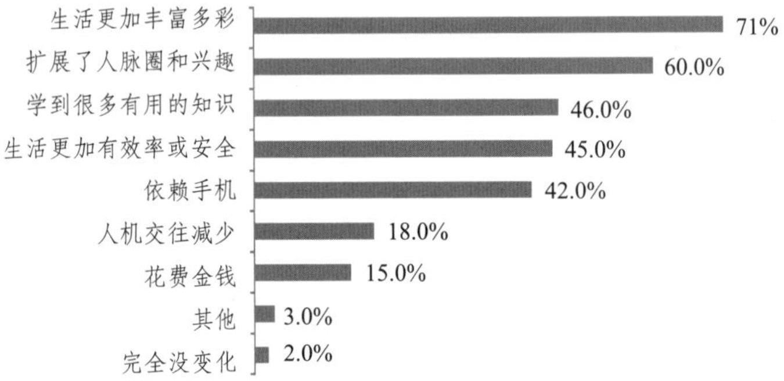

图 19—1　手机 App 对生活的影响（必达咨询）

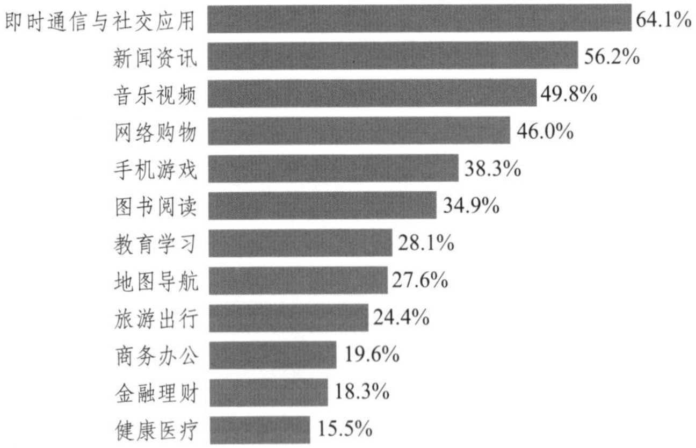

图 19—2　各类手机 App 受欢迎程度（艾瑞咨询）

调查结果显示，大多数用户认为手机 App 使他们的生活更加非富多彩，扩展了兴趣爱好和交际范围，也有不少用户认为可通过手机 App 学到更多的知识、提升生活品质等，可见人们的日常生活对手机的依赖程度非常高。而在形形色色的手机 App 中，社交通信、新闻资讯、音乐视频、网络购物等应用受到用户的普遍欢迎，常年占据各大应用商店下载榜的前列。

截至 2020 年底，中国智能手机的用户规模超 8 亿人，庞大的用户基础推动了手机 App 产业的快速发展，也催生了一股声势浩大的 App 创业热潮，在 App Store 和 Google Play 上线的应用软件均已突破百万。

完整的 App 创业过程往往包括需求分析、设计研发、测试发布、运营推广、升级维护等环节。而作为离用户最近的环节，App 的运营推广可以用八个字来概括，即拉新、留存、促活、变现，其核心目标就是扩大用户群、提高用户活跃度和寻找合适的盈利模式以增加收入。而在运营推广过程中，下载量、用户数、留存率、转化率、活跃用户数、活跃时长等数据指标则是创业者需要关注的重点，也是改进优化工作的一个依据。

在数以百万计的 App 应用市场里，如何打造一款足以吸引亿万用户的 App 并实现宏伟的财富梦想，一直是很多开发者日思夜想的终极目标，而唱吧、墨迹天气这些令人耳熟能详的 App 曾经离这个目标很近，今天就让我们来探索它们的创业故事。

◆◆◆ 创 业 故 事 ◆◆◆

唱吧：装在手机里的移动 KTV

在当今风风火火的移动互联网圈子里，做出一款爆发性应用而一夜成名，是很多开发者梦寐以求的事。如今一款名为“唱吧”的 App 做到了这一点，上架 5 天即冲到了 App Store 免费金榜第一名！这种火爆程度让创始人陈华都感到惊讶，“我们没想到火得这么快……”

1978 年出生的陈华在北大读书期间就尝试创立了天网 FTP 搜索、UUMe 交友服务网站等产品，毕业后曾加入微软亚洲研究院、阿里巴巴搜索事业部等，其间曾创立了红极一时的酷讯旅游网。2011 年，陈华再次创业推出围绕优惠券促销的电商导购平台——最淘网。但没有出现预想中的用户爆发性增长后，陈华的团队迅速转向移动应用领域，推出免费 K 歌应用“唱吧”并终于一炮而红。

唱吧是一款免费 K 歌手机应用，针对的是具有强烈 K 歌及听歌欲望的年轻用户。唱吧不仅内置混响和回声效果，可以将用户声音进行修饰美化，达到初级录音棚的效果，同时还提供了高音质伴奏、精确同步歌词、智能打分等功能。与此同时，唱吧还加入了关注评论、直播互动、点赞献花、排行榜等社区元素，更能还原KTV的功能和氛围。贴心的设计、丰富的功能让唱吧在短时间内得到广大年轻群体的喜爱，用户数出现爆炸式的增长，发布后的第4天就冲到了App Store免费金榜的第一名，成为时下创投圈又一款现象级产品。

在积累了庞大用户量之后，唱吧开始踏上多元化的商业拓展之路，希望在O2O、社交、游戏、智能硬件等领域寻找将海量用户变现的机遇。

首先是O2O领域，唱吧希望用互联网思维打破传统KTV玩法。2014年底，唱吧正式推出线下“麦颂KTV”，用户通过唱吧可以预定麦颂KTV包房，邀请线上好友一起到线下体验，并通过视频合唱、包房互动等功能进一步加强社交属性。麦颂KTV推行迷你极简主义，将传统KTV豪华的大堂、厨房甚至服务员都砍掉，只留下高档音响、巨型屏幕和简单酒水。在运营过程中，麦颂KTV还引入了众筹开店的新模式，将更多的互联网思维注入到传统生意中。

其次是和唱吧社交属性天然匹配的游戏。2014年3月，针对主体用户年轻爱玩、唱歌期间空闲时间多等特点，唱吧正式推出了一款萌版休闲类游戏《唱吧小飞侠》，上线首日就冲进了iOS免费榜前十。唱吧游戏的角色设置也充分迎合唱吧用户的喜好，特别选取了唱吧中的人气王和偶像派作为游戏角色。通过自主研发、代为发行等方式，唱吧有望成为传统游戏发行渠道之外又一个新兴发行方式。

同时，唱吧还涉足智能硬件领域。面对市面上质量参差不齐的话筒产品，唱吧花重金研制出“唱吧麦克风C1”以及相关的充电宝和麦克风支架等配件。市场上同等配置的“铁三角”麦克风价格动辄上千，而唱吧麦克风只需179元！高性价比令唱吧麦克风受到用户的热烈欢迎，推出一个月内即卖出四万多件。

在尝试多种商业模式拓展之后，唱吧也逐渐找到了适合自己的盈利模式，包括会员制、虚拟礼物、商业广告、活动冠名、游戏运营、智能硬件等。移动App如何在商业化盈利和保证用户体验之间寻求一个平衡点，唱吧的探索具有较好的参考借鉴意义。

墨迹天气：将天气播报做到极致

对天气的关注是最古老的刚需之一，古人是看风云而识天气，工业时代有了气象预报和电视广播，移动互联网时代很多手机厂商和第三方平台也有这项基本功能。而墨迹天气创始人金犁想做的，是在最基础的功能上加以扩展，满足用户不断增长的新需求。

金犁2005年毕业于大连交通大学，先后在埃森哲、诺基亚担任过软件工程师。2009年，年薪30万的金犁从诺基亚离职创业，瞄准了“大众、刚需、使用频次高”的天气预报领域，推出了塞班时代的第一款天气查询应用——墨迹天气1.0版。

墨迹天气是一款专业全面的天气查询软件，向用户实时提供空气湿度，$PM_{2.5}$指数、实景天气、农历时间、生活资讯等信息，并融合了查询工具、图片社交、软硬社区、电商平台等丰富功能。墨迹天气实现了公里级、分钟级的精准天气预报，甚至细化到了城市街道的级别。也就是说，在同一城市的不同位置和不同时间，用户也可以看到跟自己更贴近的天气情况，准确率超过80%。

墨迹天气不仅是一款天气预报精准、城市覆盖广而全、更新数据流量少的天气软件，更是一款具有工匠品质的App，凭借其合理的交互设计、强大的信息查询、精美的界面体验、稳定高效的运行速度，赢得了广大用户的青睐。在上线后的六年时间里，墨迹天气已拥有超过4亿的注册用户，覆盖国内三分之一人口，并常年稳居各大App排行榜第一阵营，成为人们生活的必备软件之一。

而作为一款工具类的App，墨迹天气经常被投资人提及的问题是用户量多少？交互做得怎么样？商业模式是否清晰？在金犁看来，墨迹天气的前两个问题都得到了完美的回答，唯独第三个问题一直困扰着他，促使他不断尝试变革。

墨迹天气的初次变革，是推出“时景天气”这种类似Instagram的图片社交功能，打造了“摄影师”社区并与微信朋友圈对接，加强了自身的社交属性，把一个单纯的天气查询工具升级为在线互动社区，提升了用户活跃度，增加了用户黏性。值得注意的是，用户上传的时景照片基于LBS定位，在分享心情的同时也展现当时当地的天气状况，这在无形中为墨迹天气增加了遍布全球的“天气纠错员”。可以说，这次变革在一定程度上克服了工具性应用“用户与用户之间没有网状关系，无法构成护城河”的难题。

墨迹天气的第二次变革，是推出了智能空气检测硬件产品“空气果”。它可以帮助用户实时监测室内外的$PM_{2.5}$、二氧化碳浓度和温湿度，让用户对墨迹天气产生更强的感知和交互，进一步增强了品牌和产品的扩展性。在科技巨头和创业公司均纷纷抢滩智能硬件的当下，空气果最核心之处在于无须过渡和转嫁，便能够很好地继承墨迹天气长久积累下来的数据资源。结合墨迹天气的空气监测和大数据分析系统，空气果未来可以将每一个家庭连接起来，逐步建立起全国空气质量检测网络，实现物联网和移动互联网的融合，从而可以向智能家居控制中心发展，或对环保、供暖等相关企业进行指导。

墨迹天气的第三次变革，则是由大众化的气象数据升级为个人化的环境数据，并创造性地提出“天气+”概念，衍生出短时预报、出行提醒等生活类服务。如今打开墨迹天气，除了空气质量指数等常规数据之外，用户还能够看到穿衣指数、运动指数、洗车指数、化妆指数等与生活紧密相关的环境信息，而这些衍生服务将会为墨迹天气的商业化运作增加筹码。

截至2020年底，墨迹天气各平台用户超过6.5亿，1.5亿的月活跃用户数也在工具型App中表现抢眼。这款覆盖了全国人口近二分之一的天气软件，无疑是同类应用软件中的“霸主”。依托庞大的用户量，墨迹天气曾通过应用推荐、植入广告、品牌推广等方式实现了早期收入，但更多的商业模式仍在不断摸索中。

在国外，以探测室内空气、支持手势操作为卖点的Nest智能温控设备被谷歌以32亿美元天价收购；以检测空气质量、危险颗粒物、过敏源为主要功能，售价高达119美元的Birdi检测仪，常年受到市场的热捧；推出个人气象站的法国智能家居创业公司Netatmo也获得3000万欧元的B轮融资……这些都证明了与气象有关的技术和服务在智能家居、物联网等新兴市场中有巨大的应用前景。

在气象领域，有一个非常著名的“德尔菲气象定律”，大意是气象投入与产出比约为1∶98，即每投资1元钱就可以得到98元的经济回报。统计数据表明，90%的公共服务会受到天气影响，65%的流通领域销售额取决于天气状况。天气直接影响着普通人的日常出行、工作和生活，甚至影响到人们的生理和心理，进而引导和支配着人们的消费行为。因此，类似于墨迹天气这样的气象类应用，正在不断开发摸索各种商业化路径，希望释放巨大的市场红利。

◆◆◆ 创业启示 ◆◆◆

根据“商业模式三要素模型”，唱吧和墨迹天气的商业模式可归纳如下：

表 19　唱吧、墨迹天气商业模式分析

商业模式三要素	唱吧	墨迹天气
价值战略	唱吧是一款专为年轻用户打造的免费 K 歌手机应用，具有逼真的 K 房效果和丰富的社交元素，随时随地满足用户强烈的 K 歌及听歌欲望。	墨迹天气是一款专业全面的天气查询软件，向用户实时提供各类天气信息，并融合了查询工具、图片社交、软硬社区、电商平台等丰富功能。
市场策略	唱吧紧紧抓住手机 K 歌的市场需求，凭借优秀的产品设计和强大的功能效果打开市场，并通过社交互动等方式提高用户黏性，避免了现象级产品大起大落的命运。	墨迹天气凭借其合理的交互设计、强大的信息查询、精美的界面体验、稳定高效的运行速度，赢得了广大用户的青睐，常年稳居各大 App 排行榜第一阵营。
赢利模式	在积累海量用户后，唱吧开始在会员制、虚拟礼物、商业广告、活动冠名、游戏运营、智能硬件等方面尝试商业化运作，取得了不错的盈利效果。	依托庞大的用户量，墨迹天气曾通过应用推荐、植入广告、品牌推广等方式实现了早期收入，但更多的商业模式仍在不断摸索中。

唱吧、墨迹天气、搜狗输入法、Wi-Fi 万能钥匙、360 安全助手等都是用户必备的专业工具类 App。所谓工具，就是指解决某一特定需求的软硬件产品，所以工具类 App 最核心的功能就是帮用户解决难题、提升效率、节省时间和精力。但一直以来，规模做不大、用户黏性低、可替代性强、缺乏明确的商业模式，都被认为是工具类应用的通病。如果没有可持续性的用户增长与变现方式，工具类产品最终只能走向衰亡。即使是谷歌公司这种既有资本又有情怀的超级巨头，最终也不得不放弃了 Google Reader 这个需要持续投入重金研发却迟迟未能产生经济效益的工具应用。

因此，凭借先发市场优势和人口红利，在解决用户痛点、形成良好用户口碑而积累海量用户后，App 的创业者们就需要思考如何构建工具类产品的商业盈利模式，这里有如下几点可供参考：

模式之一：有偿付费使用。工具类产品对于用户来说，最重要的价值就在于解决问题和提升效率，因此产品本身其实是可以收费的，只要在可承受范围内的合理定价，用户并不会拒绝买单。在国外，纯工具类的软件多是依靠付费模式而获得收益，如微软的 Office，Adobe 的 Photoshop 等。从卖软件包到卖 Lisense（授权激活码），再到移动互联网时代 App Store 上的付费下载，国外用户已经形成了较好的付费使用习惯。在国内，工具类产品虽然难以直接走用户付费模式，但可以通过“免费试用 + 后期付费”等方式来提高用户的付费意愿。

模式之二：基础功能免费 + 增值服务收费。对于想兼顾用户规模和商业化收益的产品来说，“基础功能免费 + 增值付费收费”的盈利模式就会比较适合，关键在于增值服务是否真的能吸引用户前来付费购买。此类模式的代表性产品便是 Evernote，其提供 60M/ 月免费空间的基础服务，更大空间则需每月付费 12 元，4% 的用户付费率已经让很多创业者羡慕不已。

模式之三：流量变现。流量变现对于任何一类互联网产品来说都是最简单、最通用的商业化方式，对于容易做到海量用户规模的工具类 App 来说也更值得采用。很多人一提到流量变现就想到满天飞的广告，其实并非如此。流量变现的具体形式包括原生广告、电商导流、应用分发等。搜狗输入法“三级火箭模式”便将流量变现手段玩到“炉火纯青”——虽然搜狗输入法本身难以挣钱，但是通过应用软件积累起的庞大用户量，带动具备商业价值的浏览器产品，再通过浏览器产品和附属于浏览器之上的网址导航业务去做二次流量分发，换取更大的商业价值，这比搜狗输入法简单粗暴的“弹广告模式”收益要高得多。

因此，工具类产品变现的前提是用户规模，而变现的方式有很多，不管是工具本身付费，增值服务收费，还是流量变现，打磨好产品本身才最重要。

你只闻到我的香水，却没看到我的汗水。你否定我的现在，我决定我的未来！你嘲笑我一无所有，不配去爱，我可怜你总是等待。你可以轻视我们的年轻，我们会证明这是谁的时代 。梦想是注定孤独的旅行，路上少不了质疑和嘲笑，但那又怎样？哪怕遍体鳞伤，也要活得漂亮！

——聚美优品2012年广告词《我为自己代言》

下篇

以人为本着力强调个性化体验

第20站

线上到线下模式

O2O 是指将线下商务机会与线下互联网平台相结合的商业模式。从概念可知 O2O 外延非常广泛，只要产业链中同时涉及线上和线下，就可称之为 O2O。根据用户的流向可将 O2O 分为线上到线下模式（Online to Offline）、线下到线上模式（Offline to Online）和线上线下整合模式（Online and Offline）。

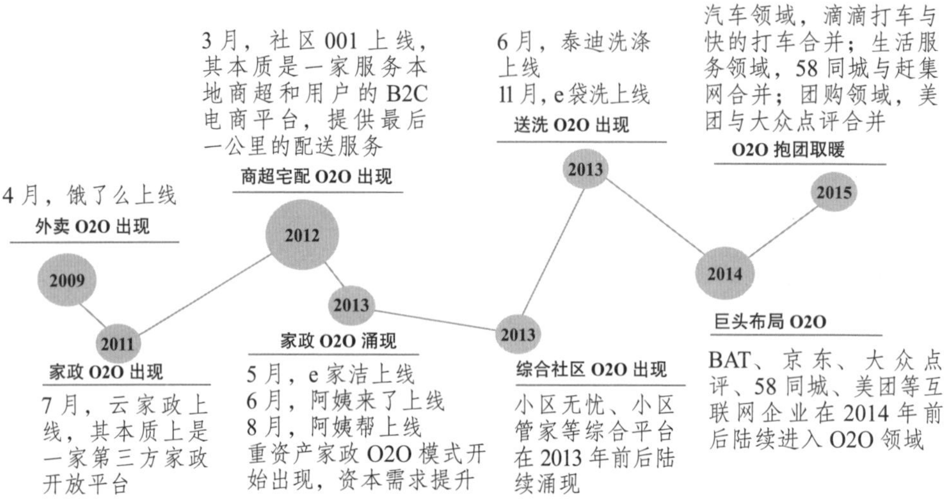

图 20—1　我国 O2O 市场发展轨迹（艾瑞咨询）

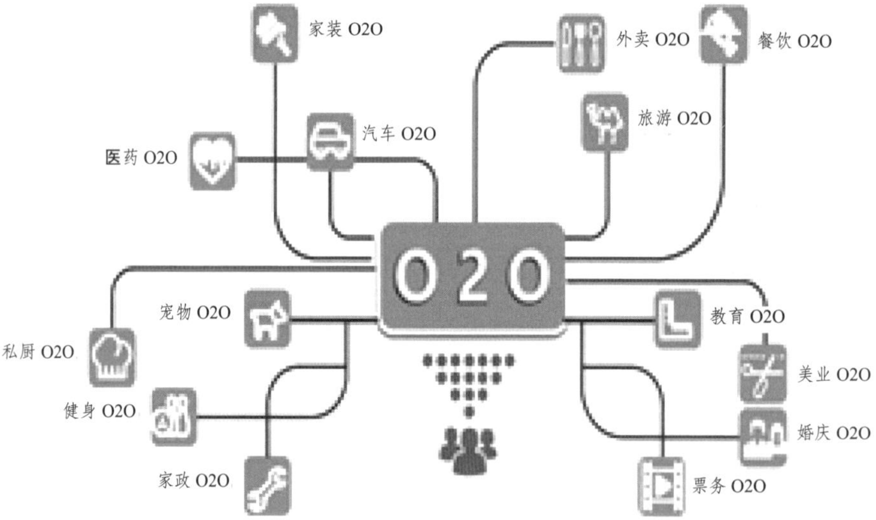

图 20—2　O2O 渗透领域

而 O2O 最初的概念即线上到线下模式（Online to Offline），即以互联网为流量入口，将线上用户引导到线下消费——本章就是研究这种 O2O 商业模式。

2013年前，O2O主要表现为团购网站类的购物性电商模式，这些网站利用线上推广的便捷性，把价格敏感的用户集中起来，引导到线下消费。但这种模式存在平台与用户双向互动少、用户黏性小、消费频率低等问题。2013年后，由于移动终端、商业Wi-Fi、线上支付、数据算法等技术环节的成熟和风险资本的炒作催化，O2O步入了服务性电商时代，开始出现O2O的狂欢热潮，上门按摩美甲、生鲜配送、家政洗护、移动打车等各种O2O模式层出不穷，用户数量出现了井喷，使用频率和忠诚度不断上升，O2O开始成为百姓日常生活密不可分的一部分。

一次典型的O2O消费包括四个环节：线上引流、线下消费、在线支付和评价分享。如今几乎每个环节都成了互联网巨头争夺的焦点，BAT已经通过大手笔的资本收购和市场运作来广泛布局O2O业务：一方面，百度收购糯米网，阿里巴巴兼并高德地图，腾讯入股大众点评，都希望结合自身优势打造强大的移动互联网入口，将更多的线上用户引导到线下消费；另一方面，支付宝在各领域大行其道，腾讯强化微信支付，百度推出百度钱包，都是在慢慢培养用户的移动支付习惯。互联网巨头的入局，让这场O2O市场之争更具火药味。

而在相对公平透明的市场环境下，初创公司也有很多切入细分市场、迅速成长壮大的机会。下面详细介绍外卖行业的“饿了么”和家政行业的“e家洁”的创业故事，看看这些优秀企业如何在汹涌的O2O创业大潮中乘风破浪、勇立潮头。

◆◆◆ 创 业 故 事 ◆◆◆

饿了么：连接与吃有关的一切

2011年6月25日，上海交通大学校长张杰正在主持一年一度的毕业典礼，他对毕业生们说：“我们一同在BBS上‘潜水、冒泡’；一起观看《交大那些事》；一同拨过‘饿了么’的外卖电话……”此时在台下正襟危坐的2007级工学硕士张旭豪不由得吃了一惊，因为透过校长的讲话，他第一次清晰地意识到，自己创办的“饿了么”正在悄悄改变周围人的日常生活习惯。

坊间曾流传大学生互联网创业的“三大金点子”：小群体社交、倒卖二手书、外卖订餐。张旭豪也是从大学时代打游戏经常挨饿的经历中萌生了自己做外卖的想法。2009 年 4 月，张旭豪、康嘉等人拿出东拼西凑的十多万元，靠着大学宿舍里的一根网线、一部电话和十几个兼职学生，正式在上海交大闵行校区推出在线订餐平台“饿了么”。从交大校园到上海市区，最终扩张到全国，“饿了么”一直在硝烟四起的外卖订餐战场上奋斗坚挺！

“饿了么”是国内知名的在线外卖订餐平台，定位为“连接与吃有关的一切”，通过整合线下餐饮品牌和线上网络资源，让用户可以方便地通过手机、电脑搜索周边餐厅，轻松在线订餐，足不出户即可享受美食。除了面向 C 端用户的美食全品类，“饿了么”的业务还涉及面向 B 端商户的短途物流配送、餐饮供应链和餐厅运营支持等服务。其商业模式如下图所示：

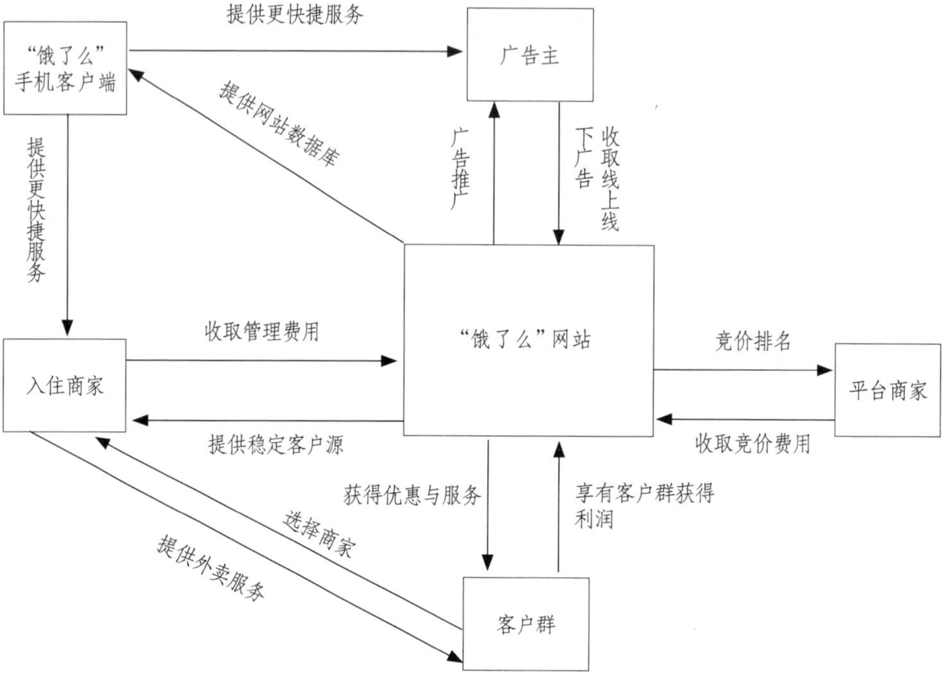

图 20—3 “饿了么”商业模式

“饿了么”的核心竞争力在于其独立开发的三套系统：餐厅后台 ERP 系统“Napos”、销售协同 CRM 系统“Walle”和短物流配送系统“蜂鸟”。

Napos 是“饿了么”专为餐厅开发的后台管理软件。通过这套软件，餐厅不仅可以高效管理外卖订单的接收配送，还可以处理日常堂食的点单收银。在功能上，Napos 和客如云较为类似，但在运营上，Napos 采取了更为激进的推广策略：处于市场开拓期的餐厅可免费使用 Napos，而对于较为成熟的市场，

Napos 的收费是 4820 元 / 年。“饿了么”希望通过廉价的服务迅速获得市场份额和客户黏性。

Walle 是“饿了么”专门针对其内部员工（特别是地推人员）开发的 CRM 软件。通过 Walle 的销售协同功能，同一地区的地推人员能够实时知晓队友今天在哪片区域“扫街”，从而避免在销售推广时做重复无用工作。并且 Walle 公开地区团队的销售业绩，通过相互激励提高员工积极性。

除此之外，“饿了么”还自行研发了即时配送系统“蜂鸟”，旨在解决外卖送餐最后一公里问题。配送员使用蜂鸟众包 App，可以轻松实现抢单派单、GPS 定位规划、短信通知客户等功能，大大提高了外卖配送效率。通过自营配送团队“风行者”、对接第三方团队及众包物流，蜂鸟已达到 10 万配送员规模，每日配送量超过了 50 万单。

随着对外卖市场运营的深入，“饿了么”的盈利模式也日渐清晰和完善，它并非简单地依靠订单抽成盈利。要知道大多数订餐平台收取商户 5%~12% 的销售分成，商户卖得越多，平台收费就越高。这种模式就像对商户“割肉”，商户和平台存在严重的利益冲突，很多目光短浅的商户会鼓动用户脱离平台直接下单，造成平台客户流失。为了避免和商户的直接利益冲突，“饿了么”采取综合的盈利方式：一是向月流水超过一定额度的商户按年收取平台入驻费；二是商户竞价排名收费；三是促销活动等增值服务收费；四是商户广告收费，如线下宣传推广、App 页面广告等。

每每提及“饿了么”等 O2O 外卖平台，总绕不开它们共同经历的旷日持久的烧钱补贴大战，这个最近两年才起来的新兴市场被认为是继打车软件之后的第二大“烧钱”行业。2014 年前后，阿里巴巴、美团、大众点评、百度等互联网巨头陆续上线外卖业务：淘点点满 10 减 3，外卖超人 7 元管饱，百度外卖每单立减 8 元，美团外卖每单送加多宝或听装可乐……各家外卖平台都被卷进了这场“请全国人民吃饭”的烧钱大战中。而“饿了么”在其中总是以“行业冲锋队”的角色出现在媒体视线里：2014 年的“校园大战”、2015 年的白领市场争夺战等，都是“饿了么”最夺人眼球的商业故事。烧钱补贴大战的最终目的是市场份额的争夺和用户习惯的培养，“饿了么”为此没少买单。

疯狂的烧钱补贴离不开资本的大力支持。自成立以来，饿了么就获得了来自知名风投和互联网巨头的多轮巨额投资。2015 年底，“饿了么”获得阿里 12.5 亿美元的 F 轮投资，估值超过 45 亿美元，发展势头甚至赶上了美国 GrubHub、德国 DeliveryHero、英国 JustEat 等国际外卖巨头公司。在 2018 年 4 月被阿里巴巴、蚂蚁金服联合收购前，“饿了么”进行了多轮融资，融资金额超 30 亿美元，由此可见资本对其模式的肯定。

在快速扩张的同时，“饿了么”团队也强调快速学习，向海底捞学习服务意识，向富士康学习流水化作业，向顺丰学习物流体系，向唯品会学习大数据运营……这支年轻的创业团队，在虎狼竞食、荆棘丛生的餐饮 O2O 领域，走出了一条自己的康庄大道。

e 家洁：用打车软件的思路做家政服务

如果说近些年“互联网 +”最热门的创业领域是什么，恐怕大多数人的答案会是打车应用。就在多家打车软件相继获得投资、行业运作趋向成熟时，2012 年入场的嘟嘟打车创始人云涛，却选择转身投向“互联网 + 家政”领域，推出了保洁服务 O2O 平台——e 家洁。

云涛毕业于西安电子科技大学，曾在奇虎 360 担任产品经理，后来联合大学同学孙磊三度创业。云涛的三次创业都是受到美国先进 O2O 模式的启发：2011 年追随私家车租赁的 Zipcar 推出嘟嘟快捷租车，2012 年借鉴打车软件 Uber 推出嘟嘟叫车，2013 年参考家政服务公司 homejoy 推出 e 家洁。

“家政这个方向和打车的玩法非常像，我们通过打车已经锻炼出一个非常强的线上线下的团队，从打车切换到家政我们基本上是轻车熟路，包括技术、运营模式、线上线下推广都是我们以前在打车里学到的。在打车这个方向上，我们现在已经落后了，但是在保洁这个方向上，我们现在是最快的了！”云涛这样评价此前做打车应用的经验对他们再度创业的帮助。2013 年 4 月初，他们的开发团队开始在原来“嘟嘟打车”应用上进行改版，三周之后，e 家洁 App 正式发布。

e 家洁是一个定位经济型保洁市场的 O2O 平台，解决的是消费者（主要是白领家庭）和保洁阿姨之间信息不对称的问题，为消费者提供专业保洁、家电清洗、家具养护、保姆月嫂等家政服务。e 家洁的口号很直接：“39 元叫保洁，全市最低价。”通过这个平台，消费者可以用低廉价格在线预约保洁服务，而附近 5 公里内的阿姨会接到需求信息并抢单，上门服务结束后平台则可以通过评价系统来跟踪服务质量。

家政保洁服务的一大特点就是服务人员相对固定，而不像打车服务每次都更换不同的司机，消费者如果对某个阿姨满意，往往会绕过平台直接雇用保洁阿姨来提供服务。那么 e 家洁如果保证用户对平台的黏性、避免阿姨逃单呢？

e 家洁首先从定价入手解决这个问题。多数情况下，保洁阿姨接私单的收益是 40 元 /2 小时，故 e 家洁统一定价 39 元，并且不对保洁阿姨接单抽取提成，所以保洁阿姨就没有逃单的动力。除了价格方面的激励，e 家洁还通过客户评价系统、积分机制、双方保单等服务来提高客户和保洁阿姨的忠诚度。e 家洁每年向保洁阿姨收取 300~600 元不等的年费，并且承诺为每位保洁阿姨每年提供 200 单以上的差事。在多重激励体系下，保洁阿姨对 e 家洁具有很高的忠诚度。

截至 2015 年 12 月份，e 家洁已开通北京、上海、广州、深圳、成都、南京等 20 多个城市，日均订单量近 3 万单，公司注册用户近 300 万人，用户次月留存率超过 40%，服务企业数超过 1 万家，用户覆盖率居家政 O2O 行业第一！

既然业务都做得这么大了，想必 e 家洁的营收状况应该不差吧？但据公开资料显示，e 家洁在 2013—2015 连续三年净利润都为负！而公司给出的解释是：早期为了培育市场和抢夺资源，公司并不从保洁人员和客户中收取任何费用，所以公司近两年一直未产生营业收入；但公司已经逐步通过在企业客户中抽取差价获取一定利润；且公司即将进入业务成熟期，拟向高忠诚度的用户开展其他利润率较高的增值服务，如收纳、洗衣、家电维修、绿植养护等。

没有利润的支撑，就必须依靠充足的融资来支持企业运转。自 2012 年成立以来，e 家洁已先后获得多轮融资，总金额超 2 亿元人民币。

2016 年 4 月，e 家洁正式登录全国中小企业股份转让系统（新三板），股票代码为 836594，成为国内首家挂牌新三板的“互联网＋上门服务”企业，估值达 5 亿元人民币。

作为 O2O 行业的深耕者，e 家洁一直试图成为家庭 O2O 服务全品类入口，上门洗衣、阿姨做饭、家居保养等服务都可能成为企业未来的拓展方向。但家政服务标准不规范，阿姨文化水平偏低，以及需要烧钱继续提升市场占有率等都是 e 家洁需要积极重视并想方设法解决的问题。

◆◆◆创业启示◆◆◆

根据“商业模式三要素”模型，饿了么和 e 家洁的商业模式可归纳如下：

表 20—1 饿了么、e 家洁商业模式分析

商业模式三要素	饿了么	e 家洁
价值战略	饿了么整合线下餐饮品牌和线上网络资源，为用户提供在线外卖订餐服务，并涉足短途物流配送、餐饮供应链和餐厅运营支持等业务。	e 家洁通过在线汇集大量保洁阿姨，为消费者提供线下专业保洁、家电清洗、家具养护、保姆月嫂等家政服务。
市场策略	饿了么通过明星代言、硬广投放等方式保持市场曝光度，并凭借数轮烧钱补贴大战确定了自身外卖 O2O 行业第一的地位。	e 家洁将打车软件的先进思维运用到家政 O2O 市场，线上入驻其他 O2O 平台，线下联合地产、物业等公司，实现整合营销。
赢利模式	饿了么的盈利来源包括平台入驻费、竞价排名费、广告和增值收费等，并在发展过程中获得充足的风险资本支持。	e 家洁并未对保洁阿姨收取佣金，而尝试通过大客户差价、新增值业务等方式实现盈利；上线后获得多轮风险融资，并成功登录新三板。

尽管 O2O 已经渗入我们生活的方方面面，但总有朋友会问：O2O 与传统电商模式究竟有何不同？下张表或许能帮大家做出大致的对比分析。

表 20—2 不同电子商务模式比较

模式	交易主体	交易对象	典型代表	交易流程
B2B	企业对企业	大宗商品	阿里巴巴、慧聪网	线上选择→线上下单→物流配送→线下收货
B2C	企业对消费者	标准化日用商品	天猫、京东、当当	
C2C	消费者对消费者	个人家庭用品	淘宝、易趣	
O2O	线下商户对消费者	生活服务类产品	美团、大众点评、饿了么	线上选择→在线支付→线下消费→评论反馈

通过比较 O2O 模式与传统电子商务商业模式的特点，我们不难发现 O2O 模式的优势主要体现在如下几方面：

对消费者来说，消费体验更加完善。用户到店消费或接受服务能够有效避免传统电子商务模式中存在的商品服务不确定、线上订单与线下消费不对称的情况。同时，O2O 模式能够满足消费者“即时性”的消费需求，而与移动互联网结合并采用 LBS（Location Based Service，基于位置服务）技术的 O2O 模式能够进一步满足消费者“随时随地”的消费需求。且本地化的服务平台贴近消费者的日常生活，更容易培养用户忠诚度。

对商户来说，他们不仅获得了一个推销自身、拓展业务的平台，而且还提高了用户推广维护效率。通过O2O营销数据闭环，线上平台的宣传与线下消费数据的收集可相互促进，方便商户实现对消费者的精确定位和精准营销，有效解决传统电商模式中推广效果难以量化的问题。

对O2O平台来说，这种商业模式可以为平台带来大规模、高黏度的用户，获得海量的商户信息以及充沛的现金流。O2O平台的盈利模式也日渐清晰，佣金、广告都是常见的收费形式。在掌握用户数据的基础上，平台还可以为商户提供一系列增值业务。

> **我们一定要快速地抓住市场的痛点，寻找到最快速的增长的那条曲线跟业务线，然后加快迭代的速度。我们一定要适应市场的变化，无论是资本的市场，还是用户的市场，供应商的市场。这些变化要（以开放的心态）去拥抱它，从而使公司壮大。**
>
> ——饿了么创始人兼CEO张旭豪

第21站

线下到线上模式

对于购物中心、中小超市、本地生活的吃喝玩乐项目等商户来说，它们天然拥有大量的线下客流，但客流来了不知为何而来，走了不知为何而走，摸不着、抓不住、留不下，这是困扰商户的大难题。这个时候，反向 O2O 模式派上了用场。

前一章讨论的 Online to Offline（线上到线下）模式也称正向 O2O 模式：Online 聚合流量，导客到 Offline。但这种模式在某些行业显得成本高昂且笨拙：一是 Online 集合流量成本可能会越来越贵；二是 Online 到 Offline 路径增加，客流严重衰减。而本章所讨论的 O2O 是 Offline to Online（线下到线上），也被称为反向 O2O，是实现 O2O 的另一种思路。

反向 O2O 模式，是指消费者在线下消费体验后，基于对线下商户的信任，决定转移到线上购买支付或社交分享的消费过程，是一种线下营销推广与线上购买交流相结合的商业模式。

反向 O2O 模式主要有两种类型：

（1）“线下体验，线上购买”模式，即用户在线下接触实物或体验服务后，再决定是否线上购买；

（2）“线下建立信任关系，线上进行社交分享”模式，即将线下所建立的信任关系导流到线上，形成以商家为中心的社交群体，方便商户进行客户关系管理和线上营销推广。

反向 O2O 比较常见的做法就是利用二维码将线下消费者拉上微信公众号或官方 App 沉淀下来，然后通过红包、代金券等各种线上活动，将消费者引导到线下进行二次消费。进一步地，可根据消费者喜好信息和行为数据为他们提供具有针对性的产品推荐。

与前章所述及的正向 O2O 模式相比，反向 O2O 模式多了一道线下体验并建立信任的程序，消费者可以在线下商户获得对产品服务的直观感受后，再转移到线上消费或参与其他商业活动。商户则可以方便地将客流沉淀下来，收集客户基本资料，追踪客户行为数据，打下精准营销的基础。

下面就将通过望客和土巴兔的案例，来看看配镜、装修这两个传统行业如何从线下走到线上，实现互联网转型。

◆◆◆创业故事◆◆◆

望客：开启网络配镜新生活

听说眼镜店是暴利行业，线下配镜总担心被宰？天猫、京东上眼镜款式成千上万，不试戴怎么知道哪一款才适合我？好想看一看最近某男明星配的潮流眼镜戴在自己脸上是什么样子……对眼镜控们来说，这些问题在过去都是无解的。而今，望客眼镜打造的全产业链O2O配镜平台或许就能解决你的痛点。

望客创始人彭永泽，1982年出生于云南，毕业于西南大学，因成绩优异而被校方反聘担任大学老师。彭永泽曾成功操盘过化妆品O2O项目，在传统行业电商化领域拥有10多年实战经验。2013年，彭永泽创立望客眼镜。

望客是一个互联网休闲生活眼镜品牌，采取“自助验光＋在线配镜＋邮寄试戴＋工厂直供”的业务模式。通过自主设计产品、自建生产渠道、网络垂直销售、高速物流配送，整合并优化了传统眼镜生产供应链，解决眼镜行业产业链条冗长的痛点。产品涵盖近视镜、太阳镜、护目镜、驾驶偏光镜、骑行镜、滑雪镜等多品类，满足消费者不同场景下的用镜需求。望客拥有超过20年的工厂供应链经验和国际化设计团队，秉承“精益创业”理念，致力于向消费者提供优质耐用、时尚潮流、低价实惠的眼镜产品和全新的O2O配镜体验。

传统配镜市场是一个严重依赖线下实体店和专业配镜人员提供服务的行业，望客是如何用O2O的模式打破这几百年不变的商业逻辑，为消费者提供舒适周到的网络配镜服务的呢？

首先是验光。望客与光电设备制造商日本尼德克共同研发制造“See U自助视光机器人”，安装在学校、社区、商圈、餐厅等人流密集场所，消费者只需要扫描二维码，就能在人性化指引下实现自助验光，配镜处方、面部数据、镜框品牌、镜片材料等订单信息一键生成。See U体验为消费者解决了配镜必须去医院、传统眼镜店排队验光的麻烦，将专业验光带入寻常百姓生活，让消费者在家附近即可轻松体验网络配镜。

其次是配镜。望客开发了“望客See Me”虚拟试戴App，汇聚了海量新款眼镜，与国际一线流行款式同步，通过增强现实的技术，让消费者可以随意试戴任何类型的眼镜，获得接近真实的配戴体验。

接着是试戴。望客提供“五副试戴”服务，消费者可以在线挑选5副眼镜，在家免费试戴5天，最终挑选出最钟爱的那副眼镜再付款。这种Home Try On（在家试戴）模式最早在2010年由美国的Warby Parker推出，受到了市场和资本的一致肯定。相比传统电商，这种邮寄试用模式的消费转化率更高，并且在消费者选择过程中更容易通过社交分享而产生品牌自营销。

最后是购买。望客已建立了自营（官网、手机App、微信商城）和第三方（天猫、京东、唯品会等）相结合的全面完善的销售体系，消费者可以通过多种渠道轻松获得高性价比的产品和专业贴心眼镜购买服务，如今望客商城能够每天为来自全世界的消费者和线下卖家定制超过2万副的眼镜。

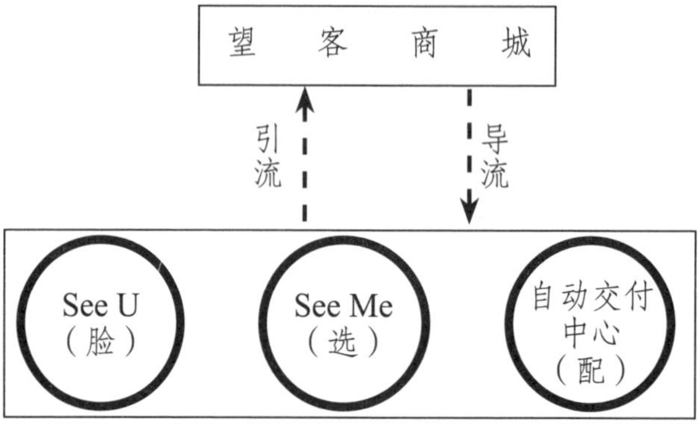

图21—1　望客O2O商业模式

因此，消费者通过“See U自动视光机器人”验光，在“望客See Me”应用上尝试虚拟配戴，经过“五副邮寄试戴”后在望客商城下单购买，后台系统迅速将订单信息发送至自建工厂进行精细加工，出货后消费者还能通过“望客商城”App对订单进行全程跟踪——通过技术创新取缔传统实体店，打通线下到线上，望客打造了一种全新的网络配镜体验。

望客自建加工中心是全产业链布局最重的一环，也正是这一环帮助望客完成了信息化和工业化的融合：通过工业敏捷制造，合理控制研发质量和数量，节约成本，将红利返给消费者；通过产品柔性化设计，精心打磨，让研发更可靠、更贴近消费者需求；通过数据化运营，实现工厂生产、物流配送、客服体系和用户数据的对接，在产业链上打通上下游关系，实现了商业闭环。

望客构思缜密的商业闭环获得了资本的认可。2015年初，上线才一年多的望客就获得了第一轮投资，估值达2亿元。而同年岁末，望客获得了双重大礼：1.5亿元B轮融资和21世纪最佳商业模式奖。

“互联网＋眼镜”模式对传统眼镜行业产生了颠覆性影响。如何在现有的 O2O 模式基础上，加强线下渠道拓展与品牌塑造，是望客们未来需要关注的重点。

一般人看来，互联网创业的优势就是摆脱传统模式的束缚，快速圈地，模式轻，效率高，用烧钱补贴的方法先占领流量和用户，再考虑盈利赚钱。而在流量导向的轻模式被推崇的时代，像优衣库、宜家、ZARA 这些得到反复印证的重模式依然获得消费者的青睐，显示出更强的生命力。自建工厂构建全产业链，沉淀用户数据和需求，导向产品开发、营销、设计，通过精细打磨产品和服务提高用户黏度和品牌形象——他们的“互联网＋”路线看起来还有些“重”，望客在眼镜 O2O 领域的选择，也是如此。

土巴兔：一只“兔子”的互联网装修主义

长期以来，新房装修一直是让业主头大的问题，这是一项需要“脑力＋体力＋耐力”的“奥林匹克铁人多项运动”。甚至有人戏称装修后的情况：家底基本掏空，身体基本搞垮，亲人基本闹掰，结果基本不如人意……可在土巴兔创始人王国彬看来，这是不该有的生活困局。

王国彬 1982 年出生于江西。2000 年，学生时代的王国彬就在老家创办了一所电脑培训学校，主要培养室内设计师和程序员。毕业后王国彬南下深圳创办互联网公司，主打搜索引擎。在设计培训和互联网搜索领域的创业经历让王国彬萌发了做“互联网＋装修”的想法。于是在 2008 年，他开始构建土巴兔的商业模式。

土巴兔装修网于 2009 年 6 月首次发布上线，产品包括装修管家、装修体验馆、装修日记、装修图库、设计本等 App，旨在为房屋业主提供省钱、省心、省时间的装修服务，打造中国一站式家装服务平台。

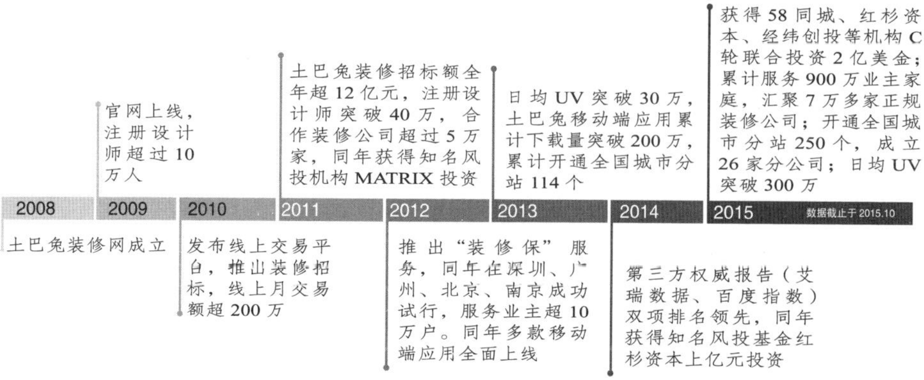

图 21–2　土巴兔发展大事记

土巴兔将传统房屋装修的诸多线下环节转移到线上，解决了业主找装修公司的困难：业主通过土巴兔可以轻松发布装修需求、搜索房屋设计方案、寻找合适的装修公司，从而获得免费的上门验房、设计报价服务。后来当土巴兔发现用户即使找到了装修公司，得到的装修服务却难以保障，比如资金安全、工地质量、材料费用……所以土巴兔通过严格的培训考试选择进入平台的装修公司，并推出了装修保、第三方监理、远程看工地等保障性服务。在装修业务中，土巴兔采取对业主免费、向装修公司收取广告及推介费的收费模式。

在新家装修时，每位业主都对未来的家充满憧憬与期待，但一切装修效果只有等到钥匙交接的那一刻才能呈现在他们面前 。为了弥补业主无法提前体验装修效果的缺憾，土巴兔推出了在线“装修体验馆”，收集了全国各地最新的楼盘样图，设计制作了大量不同风格的3D家居空间。业主在房型库中找到自家户型后，即可轻松选择装修风格，随心搭配各式家居，自由更换装饰材料，从而在线体验整个装修过程，最大限度实现对家的想象。土巴兔将设计好的装修效果图和装修要求一并汇总给装修公司，后者将“依葫芦画瓢”，为业主呈现期待已久的新家。

创业之初的前几年，土巴兔还稍显低调、蓄势待发。2015年开始，沉寂了7年之久的土巴兔开始在品牌营销上发力，砸下10亿元重金在一线城市的户外大牌、公交车身、地铁车厢等重要的广告位上投放大量品牌广告，还邀请了著名综艺主持人汪涵为其代言。一时间，一则汪涵被兔子追赶的俏皮视频广告传进了千家万户，慢慢在广大群众心中形成了“装修就找土巴兔”的认知共识。虽然外界普遍认为这是土巴兔的疯狂营销策略，但王国彬认为此轮品牌营销基本实现了三大目的：第一作用是引流，使短期KPI（关键绩效指标）上升；第二作用是保持长期KPI；第三作用是固化品牌，形成口碑效应。经过此轮品牌大力推广和口碑传播，土巴兔装修网日均UV达400万，占据了互联网“家装”相关关键词搜索流量的三分之二以上。

截至2019年12月31日，土巴兔平台上有120多万名设计师、10万多家装修公司，超8200家辅材、主材及定制家具供应商，业务覆盖国内300多个城市，累计服务超3500万中国家庭。

从2013年开始，土巴兔就陆续得到风投的青睐，逐年获得可观的投资。值得一提的是，58同城以3400万美元现金加数千万美元广告资源的方式参与了土巴兔C轮投资。

2015年4月，土巴兔启用了新的LOGO和域名。原有域名to8to.com由英文“to”和阿拉伯字母“8”组合而成，而新域名tubatu.com则是根据品牌名称衍生出来的三拼域名，让国内大众的熟悉感明显增加。土巴兔双域名的启用，在保留创意与外来文化的同时，传承和发展本土文化，将对开拓不同类型的客户群体产生深远意义。

◆◆◆创业启示◆◆◆

根据“商业模式三要素模型”，望客和土巴兔的商业模式可归纳如下：

表21　望客、土巴兔商业模式分析

商业模式三要素	望客	土巴兔
价值战略	望客构建“自助验光＋在线配镜＋邮寄试戴＋工厂直供”的商业闭环，向消费者提供优质实惠的眼镜产品和全新的O2O配镜体验。	土巴兔将传统房屋装修的诸多线下环节转移到线上，业主可在线轻松发布装修需求、搜索房屋设计方案、寻找合适的装修公司。
市场策略	望客将免费自助验光机布局在人流密集的线下场景中，向线上平台导入可观的流量；并通过虚拟配戴、五副试戴等服务强化消费者的购买欲望。	土巴兔花费重金投入品牌营销，邀请明星代言，强化诙谐顺口的宣传口号，在社会上形成强大的口碑效应。
赢利模式	望客通过技术创新取缔传统实体店等冗余环节，降低经营成本。主要通过眼镜产品销售获得利润，并依靠完整闭环的商业模式获得多轮投资。	土巴兔装修业务上对业主免费，向装修公司收取广告及推介费，并涉足家居品类零售、装修贷款等多元业务。

上面我们重点总结了O2O模式的各种优点，或许会激起读者们强烈的体验欲望甚至创业热情，但在本章总结部分我们需要为国内持续多年的O2O热潮泼泼冷水了。

O2O的概念在2012年开始被大规模引入中国的互联网创业圈，自此之后，从餐饮、出行、家政、生鲜等高频消费领域，到教育、医疗、美业、房产等高客单价领域，O2O的战火都染红了至少半壁江山。在这场惊心动魄的市场博弈中，大多数创业者都已黯然离场，只有很少部分的优秀企业能够经过严峻的考验存活下来。成功者的经验各有各的借鉴，失败者的教训也各有各的意义。大部分人可能会认为O2O公司的倒下必定是没有雄厚资金的支持，但实际情况却远比“缺钱”复杂得多。同质化严重、商业模式混乱、盈利模式模糊、资金链断裂、消费者伪需求等问题，让很多O2O初创企业一诞生就注定消亡。在这里，我们试着从创业公司的实际经验出发，探究O2O创业项目失败的几大原因。

原因之一：用户习惯未建立，市场伪需求。

O2O创业者最喜欢瞄准的是所谓的“最后一公里”，殊不知并非所有的“一公里”内的服务都是需要从线上到线下完成的，因而创造了很多“伪需求”，上门美护、上门洗车等行业最容易步入这个陷阱。理性的消费者会自行判断自己的真实需求是什么，以及什么样的服务最适合自己。因此O2O创业最重要的一点是寻找真实的用户需求，培养合理的用户习惯。

原因之二：公司运作不专业，市场推广不到位。

和大部分互联网生意一样，市场推广是O2O创业的重中之重。缺乏其他行业的成功运营经验、只是抱着“颠覆者”姿态入局的创业者，往往会在用户搜寻、管理、沉淀、变现方面吃大亏。创业前期过于简单激进地投入大量资金做推广，以低价补贴手段做营销，以至于后期账面紧张，甚至资金链断裂。这样的失败教训数不胜数，打击的不仅仅是创业者的斗志，还有资本对行业的信赖。

原因之三：供应链、物流问题难以解决。

供应链问题是消费类O2O创业公司面临的一个大难题。供应链问题直接关乎用户体验，如果没有理顺完整的供应链，用户的信任度、回头率和口碑传播效果等将难以达标。生鲜配送、餐饮外卖等O2O行业往往会在供应链环节上投入巨额资金，从而导致模式过重，资金链断裂。

原因之四：巨头入场，挤压小公司。

在餐饮、打车等O2O热门服务行业，初创企业需要快速对外扩张和大量的流量导入，免不了会陷入烧钱和补贴大战。在这种背景下，拥有流量和资本优势的巨头公司对O2O创业公司的生死存亡往往具有很大的话语权。由专业团队和资本巨鳄打造的王牌公司往往能迅速成为行业领头羊。而一旦领头羊诞生，其他小公司生存空间就会受到挤压。因此风投界也流传着一个常识：没有人会在几个百亿美金巨头打仗的时候再去投资一家小公司了。

正所谓幸福的家庭都是相似的，不幸的家庭却有各自的苦衷。O2O创业的失败原因各有千秋，以上只列举了笔者认为重要的几大因素。

O2O死亡潮，是对O2O行业阶段性洗牌的必然过程。经历行业的重整后，剩下的项目更加具有独立的存活能力，更能实现低成本高效率服务大众的初衷，对未来的创业者也有重大的借鉴和指导价值。资本冬天的到来，意味着春天已经离我们不远了。拿出真正的勇气，直面O2O的寒冬，“剩者”才是“王者”，其中的智慧和学问，需要每一个创业者认真体悟。

这个世界并不在乎你的自尊，只在乎你做出来的成绩，然后再去强调你的感受。

——微软创始人比尔•盖茨

第22站

线上线下整合模式

线上线下整合模式（Online And Offline，OAO），即线下（实体店）和线上（网店）有机融合的一体化“双店”经营模式，可将线上用户引导至线下实体店体验，也可将线下实体店的消费者转移至线上留存，从而实现线上线下资源互通、信息互联、价值互增。OAO模式可满足同一区域内线下实体店和线上网店的商品、消费者、积分、促销等信息的共享，被誉为是继供销社时代、百货大楼时代、商超时代之后的第四代实体商业模式。

OAO的本质是以实体商业为核心，通过人网互动、人机互通和移动互联，打通线上网店和线下实体店信息通道，实现“店商”与“电商”的有机融合，从而扩大消费群体，提高经济效益，为购物中心、大型卖场、商超、商户等实体商业提供突破传统模式的崭新商业空间和交易模式，为消费者带来移动互联网时代的全新购物体验和消费价值。

常见的OAO“双店”运营模式，是通过移动终端、PC端、入户视频终端等载体，实现线上网店与线下实体店商品同步展示和人网交互，使线上用户随时随地都能获取与线下实体店相同的信息和优惠，甚至与商家即时互动沟通，进行在线交易和支付。而线下实体店除了传统的展示与销售功能之外，还可以投放地面触摸屏等设备进行人机交互，进行重点信息的集中展示和基于位置信息的优惠推送，并提供快捷安全的近场支付服务等。

源于O2O的OAO，因有着许多与前者一脉相承的共性，说它是O2O的“升级版”似乎也不为错。它对于商超卖场等传统行业来说，是一种不可多见的，能实现营销升级的重要途径。

娃哈哈打造福礼惠平台、搜啦网的双店运营模式、茵曼的OAO同步购物模式等，都是传统企业互联网化的经典案例。下面就将从考拉先生和1号生活的创业故事入手，谈谈社区实体店如何转型拥抱互联网。

◆◆◆ 创 业 故 事 ◆◆◆

考拉先生：做一只生活在社区的幸福考拉

人类自古以来就是惧怕孤独的群居动物，可如今的我们却习惯享受关门独处、与世隔绝的舒适感，而把容纳数千邻里的社区当作闭塞休息之地而非活动交流之所。这种现象在大城市非常普遍，也许出于此因，国内一直还没有出现像

Nextdoor 一样的邻里社交产品。雷勇打造的考拉先生正是从社区 O2O 出发，加入多方互动的元素，希望能重新定义新时期的邻里关系。

雷勇成长在新疆乌鲁木齐，军人家庭出生的他毕业于国防科技大学，主要研究火箭技术，曾是“神舟一号”飞船指令控制系统的组员之一。2006 年后，雷勇开始技术创业，主要从事开发城市规划和房地产管理的仿真系统，先后推出天下楼盘、Family、大赢家、看房网等优秀产品。至于公司后来为何要转型做社区 O2O，据说仅是源于一单很普通的业务——为深圳万科楼盘运营微信营销账号。2014 年，随着为业主服务的深入，雷勇开始引进南方报业原运营总监、新浪广东站的负责人、腾讯拍拍的支付经理、微信支付的产品经理等人，推出“考拉先生”系列产品，专注于社区 O2O 平台的研发和运营。

考拉先生致力于打造“中国社区生态圈”第一品牌，它是一个基于移动互联网的去中心化的社区开放平台，开发了考拉商圈、考拉商城、邻居知道、考拉食验室、考拉集等多个覆盖线上和线下的社区产品。考拉先生没有统一的 App 入口，而是通过物业公司合作，为每个社区建立自己单独的微信号，同时又为周边商家提供“互联网 +”的电商服务工具，最终建成一个多方共赢的社区生态圈。

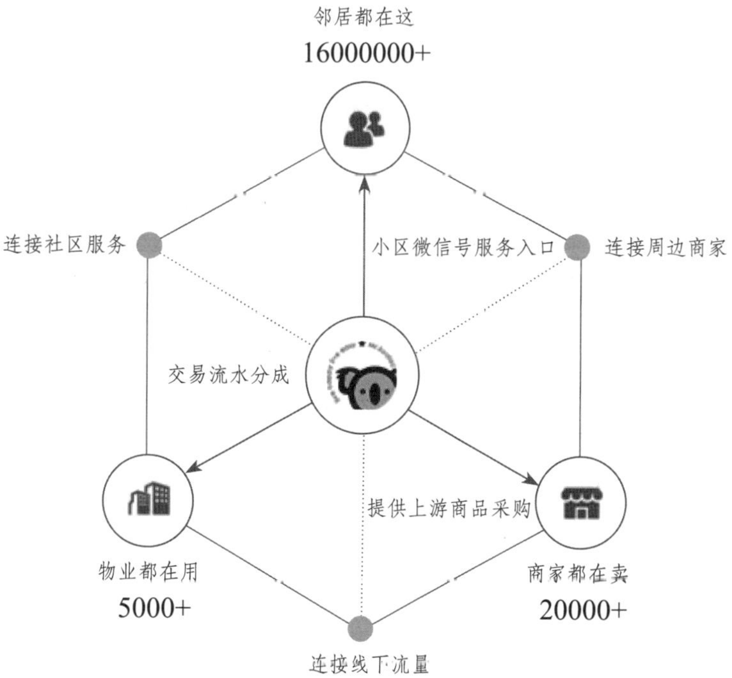

图 22　考拉先生商业模式网络

表 22–1　考拉先生的产品线

	产品	简介
线上	社区公众号	每个社区建立自有公众号，业主进入公众号后可享受缴纳水电费、物业费等便捷的物业服务及周边配套服务。
	云物管	免费供给物业公司管理工具。物业可以通过该工具管理巡更、质检以及物业服务等相关业务，改进物业公司的管理效率，提升业绩。
	考拉商圈	服务于商家，第一个补贴用户的“微店”，商家自主开店的手机App。商家可以随时了解周边用户的购买动态，不错过任何商机，被誉为“社区生意神器”。
	考拉商城	服务于业主，开在家门口的网店。无须下载App，只需关注公众号，手机一点就可以送货上门，还支持当面支付。
	邻居知道	大事问百度，社区小事还看“邻知”。邻居知道，主打邻里社交以及公众服务，致力于用问答传递社区温度。
线下	考拉食验室	你家楼下的社区活动中心。扎根于各大社区，以开放式厨房的形式成为业主活动中心，并设有图书馆，倡导厨房社交的生活方式，拉近百万业主间的距离。
	小考拉生日派	为社区小考拉们举办的生日Party，以儿童娱乐为切入点，拉近邻里间的距离，营造温馨有爱的社区氛围。
	考拉集	进驻小区的迷你集市，以小区展销、现场秒杀、试吃试喝试用等方式引导关注和消费。
	社区提货点	社区内方便业主快递取货的独立空间，解决最后500米配送问题。

考拉先生通过接入微信支付等移动支付手段，帮助商家实现熟客获取和信息采集；通过自动建立标签索引和大数据分析，帮助商家获取其顾客的行为和偏好；通过提供多样化的智能营销工具，帮助商家实现主动精准销售。总之，考拉先生旨在为社区小商家们提供简单智能的客户关系管理服务，帮助他们快速实现“互联网+”。

2015年的“双十一”，在全民陷入天猫京东主导的电商狂欢节时，考拉商城平台逆势而行，策划了一场“双十一，不快递，楼下购”的活动，“双十一”当天总销售额就超过314万元。随后“双十二”，考拉先生接着推出“楼下继续购”，平台当日订单数破4万单，交易额破400万——在电商的紧逼之下，考拉先生带领社区小商家实现成功突围！

截至2015年底，考拉先生已联合了全国5000个社区、3万多家小店，覆盖1600多万用户。而他们2016年计划至少完成30万家社区商户的拓展，平均为每个商户积累200个粉丝（熟客），间接服务6000万顾客，覆盖130多个二三线城市！考拉先生当时还是积累用户和扩张市场阶段，尚未实现全面盈利。而雷勇表示，未来的盈利点会在以下四个方面：精准的社区分众广告、商家交易的提成、集中采购与供货的中间差价、提供社区金融服务等。

在O2O资本寒冬的侵袭之下，考拉先生的现金流并未受到太大影响，连续三年顺利实现融资。2016年5月，在成立两周年之际，考拉先生正式宣布完成B轮1.5亿元人民币融资。

考拉先生是个推崇游戏化思维的公司。公司设有考拉币、大富翁等奖励机制，并开辟了考拉图书馆、零食铺等区域，还经常组织考拉好声音等丰富有趣的员工活动，以此激励员工积极性，营造宽松愉悦的公司氛围。希望这家温馨的公司，能重新给我们营造一个个温馨的社区，共建诚信友爱、充满活力的和谐社会。

1号生活：社区500米生意的精打细算

2015年初，就在饿了么、美团外卖等平台开启新一轮烧钱补贴大战的时候，在广州的创投圈，有一家较能代表广州南派特色的外卖创业项目——“1号外卖”，不但悄悄地把自己的品牌名字改为1号生活，还投资了几家线下超市。从外卖配送平台转战本地生活服务领域，1号生活到底做的是哪门子生意呢?

原来，曾经出现在广州大街小巷的“1号外卖”，只是“85后”连续创业者谭小平实现生活服务类创业梦想的其中一环。两年内四度创业的他，心中已拥有一个完整的生活服务电商生态蓝图。

1号生活采取“实体门店+500米物流配送”的模式，以小区为圆心，以500米配送范围为半径，将区域内所有本地生活商铺搬到一个App平台上，并在每个生活圈配备1~3名物流人员常驻店内，帮助商家进行实时货物配送，让社区用户的每一单都能实现30分钟内配送上门。1号生活配送品类涵盖用户一天的日常所需，包括早午餐、饮料咖啡、鲜花水果以及日用品等。

在传统社区零售业，用户消费频次高，单次消费量小，并没有太大的议价空间；而散落于大街小巷的零售商铺运作模式落后、风险承担能力小，经常出现货物短缺或囤积的现象。谭小平表示，1号生活强在模式和供应链，解决散户商铺面临的销售前线单兵作战问题，能为商铺降低5%~10%的采购成本，提高10%~15%的销量。

1号生活还内部孵化了号称是“国内首家互联网生活超市”的715有家超市。

该项目与1号生活保持“独立运营，独立融资”的关系，通过“三统一”的思路让传统社区店实现互联网化。

（1）统一供应链。针对小店采购成本高的问题，715有家超市统一从一级代理拿货或者从厂家拿货，随后按需分发给各个加盟商铺，实现社区商铺供应链的统一控制。

（2）统一SaaS系统。715有家超市的所有便利店都安装统一的SaaS系统，该系统可以实现库存管理、接单发货等一系列功能。若用户在1号生活平台上下单购买，系统就会根据地理位置自动匹配到最近的715有家超市，并同时安排1号生活的物流人员上门取货，30分钟送货上门。

（3）统一物流。各个直营或者加盟的超市商铺不必再找兼职物流人员，所有订单发送出去，都由1号生活的物流人员接单和配送，保证快速及时地送到用户手中。

715有家超市采取“直营+加盟”的运作模式，上线不到3个月就达到了6家直营店和100多家加盟店的规模。谭小平表示，他们的目标是在大城市核心区域形成“1公里配2家店”的分布格局。

在风投对O2O创业已然麻木的2015年，1号生活依旧连续完成了三轮投资，融资总额超过8800万人民币。其后，1号生活在2017、2018、2019三年又完成了三轮融资，融资总额近2亿人民币。

在1号生活之前，公司做的是“1号外卖”项目，主要是为餐饮商家提供平台和配送服务。但是外卖平台的烧钱大战并不能长久，创始人谭小平看到了该项目的发展瓶颈（无法标准化、可控性弱等），于是决定转型，从打通便利店的上下游产业链入手。1号生活作为一个社区生活服务平台，一方面为C端消费者提供便捷、高质量的生活电商服务；一方面为线下诸多的生活电商服务的提供者，包括715有家超市的商家，提供SaaS服务系统、配送支撑系统、供应链保障系统、大数据价值挖掘系统服务，让那些中小社区便利店，通过互联网平台的助力支撑，快捷高效实现互联网化，享受到互联网IT系统、SaaS系统以及大数据价值挖掘系统的便利支持，完成真正的互联网化。

从1号外卖到1号生活，不仅是服务品类扩张的客观需要，也是谭小平生活服务电商平台初露端倪的标志，其背后是一个更大的互联网商业生态服务体系。

◆◆◆ 创业启示 ◆◆◆

根据“商业模式三要素模型”，考拉先生和 1 号生活的商业模式可归纳如下：

表 22–2　考拉先生、1 号生活商业化模式分析

商业模式三要素	考拉先生	1 号生活
价值战略	考拉先生打造基于移动互联网的社区开放平台，为每个社区建立独立微信号，作为用户和商铺的入口，建成多方共赢的社区生态圈。	1 号生活采取“实体门店 +500 米物流配送”的模式，为用户提供日常所需商品的便捷下单和送货上门服务，并为社区商铺提供统一采购批发服务。
市场策略	考拉先生开发了覆盖线上和线下的丰富产品线，形成全方位的流量入口和高质量的用户黏性。辅以粉丝经营、节日逆势营销等方式，快速实现全国性扩张。	1 号生活采用“直营 + 加盟”的运作模式，实现社区商铺的快速整合，争取达到“1 公里配 2 家店”的分布格局。
赢利模式	考拉先生盈利点包括精准的社区分众广告、商家交易的提成、集中采购与供货的中间差价、提供社区金融服务等。	1 号生活主要盈利点源于社区商铺的集中采购业务，并依托良好的投资人关系获得多轮融资。

笔者根据对电子商务多年的研究和实践经验，初步总结提炼了 OAO 运营模式成功的关键因素，作为 OAO 创业者们的参考。

关键之一：线下商户的拓展。OAO 模式是实体与虚拟相结合的一种商业运营模式，其实质仍是服务于实体商业。目前普通线下商户发展电子商务的意识还相对薄弱，这需要 OAO 平台运营方进行较长时间的市场培育。所以 OAO 的初期投入成本比较高，发展比较慢，需要做得深，才能走得远。

关键之二：线上线下供应链的整合。通过打造商户线上线下价格统一、仓储物流统一、会员信息互通、管理核算互通的“四（统）通”OAO 运营模式，实现对包括价格促销、会员积分、物流仓储等在内的整个运营体系的深度无缝整合，避免传统电商模式中，因为线上线下运营体系分离而产生的用户感知缺陷，为用户提供无处不在、无时不在的消费体验。

关键之三：商业生态圈的整合。为了实现 OAO 模式，创业者要以标准制定者的角色，以资源共享、利益共赢的方式，进行涉及电信运营商、金融机构、硬件制造商（如POS机、卡类制造商）、软件开发商、内容提供商、第三方支付、第三方物流等利益群体的合纵连横和资源整合。通过硬件配套（Wi-Fi热点、近场支付终端布放）、软件升级（打通银联支付、物流追溯体系）、服务跟进（为商家提供一站式商业解决方案），形成行业主导和产业链优势地位。而一旦提前一步整合了商业生态圈，获得了主流商户和用户，就基本可以锁定主要市场份额，实现“领先一步，领先一路”的领跑式发展。

关键之四：数据挖掘体系的构建。“入口 + 平台 + 云服务”将成为OAO一体化运营模式的标准配置，构建基于商家服务和用户行为的数据挖掘体系，实现基于大数据的精准营销，是破局“建立多种盈利模式谋发展”的有力武器，也将成为实体商业OAO转型、抢占商业发展新生态圈的快捷通道。

以上分析基本表明，实体商业触网势在必行，未来的竞争将是基于运营模式的商业生态圈之争。在此背景下，OAO模式将是引导实体商业进行互联网转型的必经之路，是实现商业一体化运作、满足消费者线上线下需求的最佳模式。在互联网时代，希望有志于做OAO模式的企业或有识之士能够远离聚光灯，耐住寂寞，真正为中国实体商业转型开辟一条前途光明的康庄大道！

创业的几件重要的事情：一是努力工作；二是吸引优秀人才；三是将核心放在把产品和服务变得更好上；四是不要单一跟着大趋势走。

——特斯拉创始人埃隆•马斯克

第23站

生鲜配送模式

“生鲜”是指未经烹调等深加工过程，只做简单处理和必要保鲜即可上架出售的初级产品，主要包括水果蔬菜、肉禽蛋奶、水产海鲜、冷冻熟食等产品。而“生鲜配送”则是指集包装、保管、装卸、运输于一身，辅以产品加工活动，将生鲜产品及时快速、保质保量地送达目标客户的过程。

据国际知名管理咨询公司尼尔森发布的《2015 年中国生鲜电商行业发展白皮书》调查显示：生鲜网购消费者平均年龄为 33 岁，八成以上已婚、学历较高，平均家庭月收入高达 1.9 万元；各生鲜品类中，消费喜好占比最高的是奶制品（63%），其次是水果（51%）、蔬菜、肉类、水产（后三者合计 38%）。并预计 2018 年国内生鲜电商总体规模有望超过 1500 亿，年均复合增长率达到 50%。

与传统线下渠道相比，生鲜电商呈现高回头率、高客户黏性、高客单价、高毛利的特点，被视为是 O2O 细分领域的又一个蓝海，不断吸引创业者和各大巨头入场厮杀。如今的中国生鲜电商市场形成了三大阵营竞相追逐市场的局面。

第一类阵营是以天猫、京东为代表的大电商平台生鲜频道；

第二类阵营是以本来生活网、沱沱工社、我买网、天天果园等为代表的垂直生鲜电商平台；

第三类是依托于传统超市的 O2O 生鲜电商，例如永辉超市等。

而进一步细分，生鲜电商主要模式有综合电商平台、物流电商等。

表 23—1　生鲜电商模式一览

电商模式	创业案例
综合电商平台	天猫超市、京东生鲜
物流电商	顺风优选
食品供应商	中粮我买网、光明菜管家
垂直电商	莆田网、优菜网、本来生活网
农场直销	多利农庄、沱沱公社
线下超市	沃尔玛商城、飞牛网、永辉超市
社区 O2O	爱鲜蜂、每日优鲜

在各种电商模式中，生鲜电商因为普遍存在非标准化、冷链运输、仓储加工、高耗损率等问题，被誉为是实操难度最大的领域，但这丝毫不妨碍新兴资本和创业者前去深挖淘金。下面我们就通过两个个性鲜明的创业案例，来讲述生鲜电商创业的利和弊。

◆◆◆创业故事◆◆◆

本来生活网：看媒体人如何跨界玩电商

2012年10月，《经济观察报》的一篇名为《褚橙进京》的文章轰动了新闻界、商界甚至政界。这个“褚时健”命名的“励志橙”，伴随着王石、徐小平等人的微博转发和各大媒体的推波助澜，短短数天就红遍大江南北，热炒之后是一个月近200吨的热销以及各种断货、缺货。这是一个经典的营销案例，而我们更为感兴趣的是这一事件营销的幕后推手——以“媒体化电商”著称的本来生活网。

说到本来生活网的“媒体化电商”，便不得不提其核心团队的媒体基因。创始人喻华峰是传媒界精英人物，他从中国人民大学毕业后进入南方报系，创造出《南方都市报》《新京报》等传媒营销奇迹，后曾出任网易销售副总裁。2011年获得上亿元“授信”投资后，喻华峰创办了微特派和本来生活。敢于尝试、不断冒险、快速纠错，以及商业之外的理想主义和人文情怀，这是喻华峰作为创业者最为突出的个人特质。而本来生活的核心团队也几乎是清一色的媒体人马，或搞发行出身，或记者编辑转行，多是跟随喻华峰多年的同事。因此在公司内部，他们称负责采购的区域买手为“记者”，运营人员则以“编辑”自称，每周产品会叫“选题会”，希望将每种产品都做“封面”或“特写”。

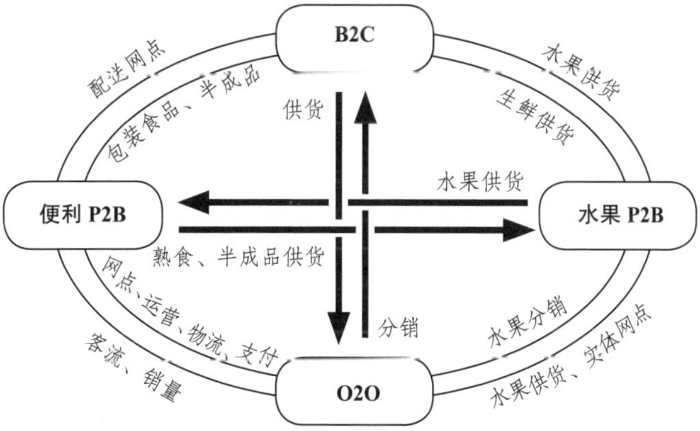

图23—1　本来生活网的商业模式

本来生活网于2012年7月正式上线，销售包括国产或进口的蔬菜水果、米面粮油、肉禽蛋奶等在内的近4000种生鲜食品。其主要模式是向上游整合碎片化生产端（农户、种植农场、养殖基地等），通过自建仓储基地及合作冷链物流配送系统，向下游碎片化零售端（便利店、水果店、餐饮店及家庭用户等）提供生鲜产品。

为了保证生鲜食品的安全和服务的差异化，本来生活网力推“超级买手制”，即选派专业人员，前往全国各地上百家优质生鲜食品基地精挑细选，剔除一切冗余的中间影子环节，提供全程冷链配送、直送快递到家服务，实现田间到餐桌的无缝衔接。生鲜产品介绍中会标明采购人员的名字和照片，并记录他走访与采购的心得，让用户可以很直观地了解到商品的源头及其背后的故事。同时本来生活网还设立了10项采购原则，建立了自己的检测室，坚持对每一批次的生鲜农产品进行43项常规项目抽检，解决消费者首要关心的食品安全问题。

同时为了提高生鲜食品的知名度，本来生活网充分发挥自己“媒体人”出身的优势。通过“褚橙”营销的成功实践，本来生活网确定了自己“媒体化电商”的属性，挖掘到媒体人做生鲜电商的跨界价值，形成了一套媒体化的产品包装手法：关注农产品、原产地和代言人，对新发现的、有特色的农产品进行全新的“定位＋包装”，依靠社会化传播、口碑营销等推广方式，打造爆款，塑造经典。通过这一手法，本来生活网后来利用地区特色进行了四大美莓、安岳柠檬、高州妃子笑等产品的包装宣传，并利用明星效应连续推出柳桃、潘苹果、俞三男大闸蟹、李玉双大米等经典产品，都取得了不错的社会反响。

截至2019年6月，本来生活网拥有员工3000名，商品总数量15000多款，优质会员3600万，全球买手近200位；生鲜配送覆盖全国100多个城市，常温配送300多个城市，线下本来鲜开店超过300家。自2012年上线以来，本来生活网共获得了四轮融资，融资总额超过3亿美元，所融资金主要用于加强供应链、提升物流速度、拓展区域。

本来生活网在发展早期利用团队的媒体基因，借助媒体资源进行了多个经典产品的创新营销，让平台迅速走红。特别是褚橙营销案例中，其采用的明星效应提升产品附加值、传统媒体引发社会化媒体扩散、个性化包装制造内容、寻找“80后”代言者作为意见领袖等的营销方式，都是值得各界创业者学习和借鉴的。但不能否认的是，“重营销”也是把双刃剑，过度依赖媒体营销塑造外在形象，而忽略供应链、冷链物流等生鲜电商的内功，会使得本来生活网出现先天强势、后劲不足的局面，这是媒体出身的本来生活彻底转型电商需要越过去的坎。

爱鲜蜂：一小时闪电送的社区小蜜蜂

在喧嚣忙碌的都市深夜里，轻轻点开手机，下单一份美味鸭脖，一小时内闪电送达，这样的服务能否满足你既宅又馋的需求呢？这样一个痛点被卖了两年鸭脖的海归精英张嬴看上了。

爱鲜蜂创始人兼CEO张嬴，1977年出生于湖北宜昌。2004年毕业于美国得克萨斯A&M大学，获MBA学位（主攻供应链方向），随后多年在IBM任职高级咨询总监。2009年，张嬴回国后通过微信卖鸭脖打响了O2O第一枪。2014年，张嬴抓住O2O市场痛点和资本洪流，趁着世界杯的热潮推出了号称“一小时闪送”的爱鲜蜂。

爱鲜蜂主打“掌上便利店”的轻模式，商品来源于加盟爱鲜蜂的个体小卖部（夫妻店）或上游供应商。用户可通过手机App和微信端下单，爱鲜蜂基于LBS技术将订单分配给距离用户最近的小卖部店主，并利用社区闲置资源进行社区最后一公里、一小时闪送的众包微物流配送。爱鲜蜂通过收取每单5元配送费（订单满30元免配送费）的方式和店主分享利润。

简单地说，爱鲜蜂搭建了一个沟通消费者、小卖部和供应商的平台，其商业模式如下图所示。爱鲜蜂一头连接上游供应链企业，包括中粮生鲜、鲜食客、哈哈镜鸭脖、万得妙乳品等知名品牌，同时由爱鲜蜂负责自营品牌、合作品牌的采购选品、建仓、冷链物流等。另一头连接的是社区加盟便利店，便利店既是商品前置仓，也是为用户提供最后一公里物流配送的关键节点。

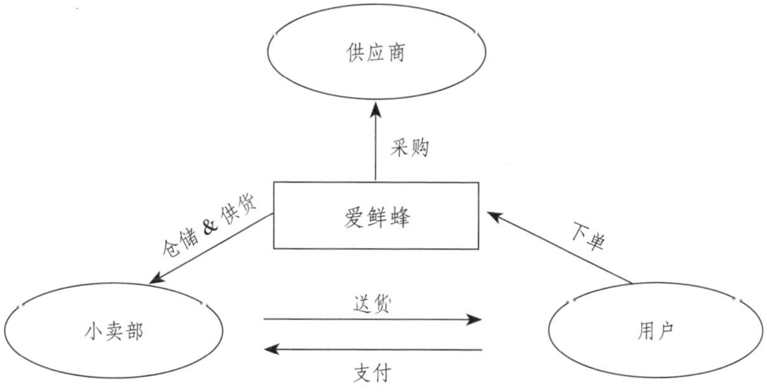

图23 爱鲜蜂的商业模式

因此，爱鲜蜂通过“中国式创新”的商业模式巧妙地解决了小卖部、供应商和消费者三方面的需求：

表 23–2 爱鲜蜂商业模式巧妙解决三方需求

	优势	痛点	解决方法
小卖部	深入社区、覆盖广泛、离消费者最近。	受到电商、连锁便利店的挤压，生存空间收缩。	通过爱鲜蜂平台利用闲暇时间赚配送收入，并搭售部分店内商品，增加店铺流水。
供应商	产品优质丰富、消费者需求和忠诚度高。	远离消费者、进入线下卖场的成本较高。	入驻爱鲜蜂平台增加销售渠道，降低销售成本。
消费者	年轻女性白领为主，消费潜力大，客单价高。	人群分散，即时性需求突发，配送要求高。	通过爱鲜蜂 App 或微信端即可下单，一小时内闪速送达。

在这种模式下，作为 O2O 关键一环的“小卖部”显得尤为重要。爱鲜蜂的“鲜蜂侠”（送货员）基本是各住宅区及办公区周边的小卖部店主，爱鲜蜂会给每家小卖部配备冷柜、保温箱、统一标识的工作服装等。每天晚上有专门的工作人员到各小卖部进行当日结算和技能培训，从而保证物流和服务的质量。这是一个典型的利用闲置资源（小卖部店主），组建最后一公里配送能力的案例。这种轻模式也方便爱鲜蜂腾出更多的资源用于市场推广和品牌宣传。

2015 年以来，O2O 行业迅速由热转冷，变化之快超出大家预期。在爱鲜蜂团队看来，面对外部环境的不断变化，最好的办法就是“拒绝等待、主动出击”。为此，爱鲜蜂推出“蜂暴计划”，进行了丰富的场景化营销。如在北京拥堵的环路上，经常能看到车身带有可爱的小蜜蜂形象和醒目的品牌标语“1 小时速达掌上便利店”的公交车驶过，加上新鲜水果、美味零食遍布车身，被称作“京城最可口”的公交车。同时通过“活力下午茶”“深夜食堂”“鲜蜂年终奖”等一系列有趣的情景化营销在用户心中迅速树立起产品丰富、快速送达的企业形象，形成了良好的用户口碑。

大规模的广告投放和品牌推广离不开资本的支持，爱鲜蜂先后完成了六轮融资，融资总额超过 1.3 亿美元。

尤其是 2016 年底，爱鲜蜂获得了美团的战略投资，从另一方面证明了资本市场对其模式的认可。一小时急送，的确能直接解决用户“突发性需求”的痛点。社区自然有用户，用户自然有需求，故社区是很有潜力的一块市场。不论是爱鲜蜂还是其他类型的电商，想在社区 O2O 领域中胜出，关键仍旧是整合好线下资源，做好“软着陆”的准备。

◆◆◆创业启示◆◆◆

根据“商业模式三要素模型”，本来生活网和爱鲜蜂的商业模式可归纳如下：

表 23–3　本来生活、爱鲜蜂商业模式分析

商业模式三要素	本来生活网	爱鲜蜂
价值战略	本来生活网向上游整合农户、种植农场、养殖基地等生鲜生产端，通过自建仓储基地及合作冷链物流配送系统，向下游便利店、餐饮店及家庭用户等提供生鲜产品。	爱鲜蜂主打“掌上便利店”的轻模式，通过社区便利店合作供货、众包微物流配送方式，为消费者提供社区最后一公里、一小时闪送的生鲜商品消费服务。
市场策略	本来生活网充分利用团队的媒体基因，关注农产品、原产地和代言人，对新发现的、有特色的农产品进行全新的“定位 + 包装”，依靠社会化传播、口碑营销等推广方式，打造爆款，塑造经典。	爱鲜蜂推出“蜂暴计划”，进行了丰富的场景化营销，在用户心中迅速树立起产品丰富、快速送达的企业形象，形成了良好的用户口碑。
赢利模式	本来生活网的 2016 年订单销售额达 60 亿元，并获得上亿美元的风险投资。但由于在供应链物流、市场推广等方面的巨额投入，尚未实现全面盈利。	爱鲜蜂盈利主要源于销售自家商品，给予合作社区店一定返点。在一年内完成从天使轮到 C 轮的巨额融资，资本较为充裕。

业内普遍认为，生鲜市场规模近万亿元，而如今的电商渗透率只有 2%~3%，远低于 3C、服装、化妆品等品类高达 30%~50% 的渗透率，因此生鲜市场被称为电商行业最后一片蓝海。各大电商以及传统巨头在这一领域也是动作频频：百度战略入股我买网；阿里巴巴巨额投资易果网；腾讯千万美元投资每日优鲜；京东出资 7000 万美元领投天天果园；华润万家上线 e 万家；亚马逊上线生鲜馆，吸引美味七七、21cake、都乐中国、獐子岛等知名品牌入驻……就连此前声称“除了生鲜类，我们什么都卖！”的苏宁也上线“苏鲜生”，欲从生鲜电商中分得一杯羹。巨头强势入局，让普通创业者几乎玩不起这场游戏，生鲜电商也不可避免地进入烧钱角逐模式。

一边是屡创新高的融资纪录，一边是市场渗透率不足 2%、实现盈利者只有区区 1% 的行业窘境，以及一大批生鲜电商的困境和陨落。2016 年以来，美味七七轰然倒塌，多点商城大面积裁员，天天果园和本来生活对 O2O 业务“割肉式”全面调整，青年菜君的“资本跳票”事件，果食帮动情又无奈的退场感言，壹桌网对公司转型的模糊回应……加之资本寒冬的威力逐渐显现，不少生鲜电商都遭遇融资艰难、进度受阻的窘境。

生鲜行业内存在着诸多难以解决的问题，比如非标准化、冷链运输、仓储加工、高耗损率、用户培养成本高以及最后一公里配送等。要解决这些问题，需要商业模式的不断创新和风险资本的持续投入。但是，就算幸运者们拿到了融资，花出去的钱能不能收回来、什么时候收回来等也是资本家向创业者不断追问的现实性难题。同时创业者必须时刻面对来自内部的四层挑战：

表 23–4　生鲜行业创业者面对的内部四层挑战

类别	内容
技术型	仓储营运、冷链物流、包装、损耗、非标准化等。
知识型	对农产品的了解（种植、储存、品控），对电商运营逻辑的了解。
管理型	如何用制度和流程管理生鲜电商的复杂运营；如何管理上游供应商和下游员工（传统电商的 KPI 和 BSC 的失灵等）。
文化型	创新如何不被复杂的流程和制度所遏制，如何面对变化的市场环境和消费者的苛刻要求。

据《2020 中国农产品电商发展报告》，2019 年我国生鲜电商在艰难中前行，一方面是以每日优鲜、盒马等为代表的四大生鲜电商模式（前置仓模式、门店模式、起源地发货模式、“前置仓 + 门店”混合模式）势头强劲；另一方面是一批生鲜电商亏损倒闭。2019 年，关店、倒闭或发展受阻的农产品电商企业有小象生鲜、顺丰优选、鲜生友请、爱鲜蜂（7 月曾发出停运通知）、迷你生鲜、妙生活、吉及鲜、我厨、易果生鲜、呆萝卜等。其主要的问题有：扩张过快，同质化严重；生鲜保鲜难，产业链长损耗大；物流配送跟不上市场需求；资本盲目性，资金链断裂快……当然，生鲜电商仍有比较大的发展空间（至少是万亿级别的市场），但也会面临上述问题，创业者应在深思熟虑后再入局。

没办法，但不要忘记，Facebook 在过去一直都不是一家没有争议的公司。这不是我们第一次经历起伏跌宕。

——360创始人周鸿祎

第24站

零距离服务模式

零距离服务模式，是指在O2O的基础上进一步抛弃线下固定服务场所，为用户提供上门服务的商业模式。这里的“零距离”不仅意味着在服务行动上走近用户，更意味着在服务意识上拉近与用户的距离。

零距离服务模式往往离不开具备专项技能的服务员和汇聚服务需求的线上平台，二者的主流合作模式有两种：一种是签约制，即平台雇用大量服务员，根据服务员技艺水平设定基本工资，平台可在交易结束后进行佣金抽成，提供上门清洁服务的“云家政”即采取这种模式；另一种是入驻制，服务员付费进驻平台，但可根据市场需求灵活定价，多劳多得，如提供上门按摩服务的“功夫熊”即施行这种模式。

在零距离服务模式中，服务员因为没有店面运营和中间环节的成本，为用户提供上门服务的价格甚至比传统线下门店还要低。如“云家政”上门保洁每小时30元，2小时起订；“河狸家”美甲套餐68元起，化妆88元起；“e洗袋”按袋洗衣99元，上门取送；“好厨师”烧四菜一汤收费79元，不包括食材费用……对用户来说，这些贴心的上门服务无疑具有很高的性价比，促进了“宅生活”风气和“懒人经济”的发展。

深受“宅文化”影响的“80后”“90后”对“懒人经济”背后的商机无疑最敏感，各个细分领域都涌现了一批年轻的创业者和优秀的上门服务平台。他们主打“手机App+微信公众号”的产品模式，打通了地理定位、在线营销、移动支付、评价反馈、分享互动等各个环节，将“懒人生意”做到日常生活衣食住行的方方面面。

下面将介绍两个零距离服务品牌：主打上门美甲的河狸家和主打厨师上门的爱厨师。

◆◆◆ 创业故事 ◆◆◆

河狸家：上门美甲解放手艺人

河狸家创始人孟醒（人称“雕爷”）的创业经历非常丰富，在互联网圈可谓无人不知。雕爷最早工作于清华紫光，之后曾创办IT公司、美容连锁品牌等，但都不幸破产。失意的他蛰居天涯，竟凭借一手好文章成了天涯的风云人物。正是这段“卧薪尝胆”式的经历，让雕爷不断积蓄资源和能量，在重新创业时打出了漂亮的连环拳，从估值已达10亿的阿芙精油，到爆红的雕爷牛腩、薛蟠烤串，再到今天名震江湖的河狸家。

河狸家于2014年3月正式上线，其商业模式概括起来就是：河狸家为手艺人提供C2C服务交易平台，手艺人为顾客提供O2O上门服务。河狸家一端连接的是美甲师、美容师等手艺人，通过解放更多的手艺人，帮助他们实现财务和时间自由；另一端连接的是消费者，只需手指点一点，许多专业的手艺人就会汇集到你的身边。

在雕爷看来，“手艺人”的定义早已突破了过往诸如陶工、铁匠、织女等能工巧匠的范畴，只要你娴于一技，具备了一定的服务意识，就可成为一位独立的手艺人。因此，除了在“上门美甲”业务上单点突破之外，河狸家还横向切入整个美容领域，包括上门美容美发、手足护理、化妆造型、健身塑形、口语交流等让生活“美起来”的项目，希望打造“一站式美业全平台”。

后来，河狸家根据市场需求推出了“预约到店模式”，与北京、上海等地的上千家高端美发沙龙合作，邀请数千位专业美发师入驻河狸家。用户在平台上指定美发师和服务时间的时候，可根据自身喜好更加灵活地选择“手艺人上门”或“顾客到店”服务模式。在新模式下，美发师可利用空闲时间灵活接单，线下店可获得更多的业务量，他们和河狸家一起实现订单分成、收益共享。在保证服务质量上，河狸家要求所有合作伙伴在大众点评上获得3星以上的评价，入驻的美发师需要接受河狸家的培训和试手。

处在互联网风口的河狸家在很多方面做了大胆创新，为O2O行业发展树立了标杆。一是服务标准化。所有在河狸家平台上注册的手艺人，均通过适当培训和严格考核，并根据服务能力评定不同层级的“匠星”，保证了上门服务的专业水准。二是上门无忧化。每一位手艺人都有“同城担保人”的背书，平台也会为每位客户提供安心保障险，最大限度地减少客户对陌生人上门的顾忌。三是个人品牌化。河狸家平台的手艺人不再只是默默无闻的店里打工仔，他们除了获得数倍于传统手艺人的收入，更成了“自有品牌”的终生守护者，他们更注重服务的素质，更在乎客户的每一单评价。在河狸家，既有一两颗星的“高性价比”手艺人，也有明星聘用的五星级美容美甲师，用户甚至可以享受几个手艺人同时呵护的“女王级”服务。

在商业扩张上，雕爷认为河狸家应该“能跑多快就跑多快，先把盘子做大再说”，毕竟做平台能活下去还是小概率事件。因此河狸家采取了快速融资、烧钱扩张的模式，较同行更早更快地完成了资本积累。经过精心的产品打磨和市场运作，河狸家上线运营仅一年半就交出了令同行瞠目结舌的成绩单：精准女性用户达250万，入驻手艺人突破8000人，日均订单近2万单，客单价超过150元。

自2014年上线以来，河狸家在3年内完成了五轮融资，融资总额近10亿人民币。2020年8月，河狸家与阿里巴巴“联姻”，阿里成为河狸家第一大股东。

Uber解决了“车的共享”，Airbnb解决了“房的共享”，而河狸家的梦想是解决“人的共享”：让所有具备专业技能的手艺人，都可以被他人共享，让“服务”这件事不再被禁锢在“店”里，而是随时随地移动起来！

好厨师：让私人厨师走进千家万户

年夜饭、全家宴、节日餐是家家户户团聚庆祝的重头戏，除了全家动员一齐做饭，如今你还多了个不错的选择：请个厨师上门烧一顿大餐！这不仅能让家人省事省心，还能尝到酒店大厨的手艺，在同事朋友中无疑是一件“倍儿有面子”的事。好厨师便是让你请大厨上门的便捷通道。

好厨师创始人徐志岩虽然被同事称为“老徐”，却是个地地道道的“90后”。他在家政O2O平台“e家洁”担任副总裁时，徐志岩发现了新的创业商机——在请人打扫卫生的需求得到满足之后，很多用户还有请阿姨到家做饭的愿望，但是清洁阿姨的做饭水平普遍不高，家政平台一般无法支持这块业务。于是徐志岩迅速集聚资源，开始在“私厨上门”服务领域攻城略地。

好厨师是一个互联网私厨平台。用户可以根据自身喜好选择厨师类型、上门服务时间、做菜数量以及是否代买食材等，在平台提交订单并进行电话确认后，便会有大厨在预定时间内身穿专业服装、携带全套厨具上门为用户烧菜做饭。厨师在上门之前一般还会打电话询问用户的饮食习惯和口味禁忌等问题，力求为用户提供贴心满意的服务。

徐志岩将在e家洁积累的很多O2O经验灵活运用在这次创业中，而他借鉴e家洁的第一点就是要把线下做“重”。好厨师签约了上千位优秀厨师作为自己的全职员工，并在所覆盖城市的每个区域分设一个线下服务点。平台的厨师每天来到这个地方等待接单，成功接单后厨师就会从这里穿上好厨师定制版的帽子围裙等，携带专业厨具和供应商提供的菜品，前往附近的用户家中服务。为了保障服务的安全性，好厨师平台和平安保险合作，推出全国首家私厨保障险，为厨师的人身安全、客户的财产安全和食品的质量安全保驾护航。

好厨师平台为什么要给厨师们提供一个定点停留的场所呢？这源于徐志岩对厨师这类手艺人资源的重视。他认为，在O2O上门服务领域，能给用户留下品牌印象的，不是互联网端的App，而是提供服务的手艺人。因此，在服务礼仪、用户沟通技巧等方面对这些手艺人进行高标准的培训指导就显得尤为重要。好厨师线下服务点正是把零散的厨师聚在一起，通过定期培训形成厨师“标准化”服务意识，这有利于打造良好的品牌形象和助力企业规模化扩张，避免厨师质量把控不好、用户频繁抱怨等负面事件的发生。

厨师们又为什么愿意离开餐厅饭店的高薪岗位而加盟好厨师平台呢？徐志岩在对厨师餐饮行业进行数月考察后发现，传统餐饮业的厨师工作量大而枯燥，每天要站立近10个小时，做超过200道相同的菜，收入提到七八千可能就到了瓶颈。“时间不自由，工作雷同而无趣，缺少成就感，经常背黑锅……”有厨师这样评价自己在餐厅的工作。而在好厨师平台上，厨师们工作更加灵活自由，每天接三单、做20道菜的收入就能维持在八千元左右，还能建立厨师个人品牌进行差异化收费，这些都为厨师的个性化职业发展提供了更多想象空间。

在收费盈利方式上，好厨师平台针对用户的用餐需求开发了多种厨师服务，如四菜一汤99元、八菜一汤229元，并通过会员制刺激用户高频消费。好厨师并不打算向厨师抽取佣金，目前最直接的盈利点在于生鲜食材代买和配送。通过和食材源头供应商合作，平台可获得20%左右的食材毛利率，而厨师则成了送货上门的天然免费物流。此后，好厨师还通过厨师上门这个入口拓展了更多的盈利点，如产品推销、厨艺课程等。

截至2015年底，好厨师已签约1200多名全职或兼职厨师，开通北上杭深四个大城市，提供川、湘、鲁、粤、东北、沪菜六大菜系，日订单数维持在1000单以上，重大节日甚至可能突破10000单。同时也聚集了一批高频消费的忠实会员，每月食材代买交易额超过400万元。

好厨师靠着前期有说服力的数据以及未来广阔的前景，还是赢得了投资者的青睐。上线仅一年，好厨师就完成了三轮融资，融资金额超过1亿人民币。2018年12月，好厨师母体上海乐快信息技术有限公司注销。真是“其兴也勃焉，其亡也忽焉”！而始终没能找到比较合理有效的盈利模式则注定了好厨师走不远。

在互联网环境下，越来越多的年轻人愿意接受花钱买服务的“懒人生活”方式，而好厨师平台将私人厨师从传统的炉边灶台请到互联网的大舞台，会吸引更多有经济实力的年轻人尝试这种高品质消费。送厨上门模式如果在品质和安全方面具有持续保障，将大有发展空间，也将推动传统餐饮企业的变革和提升。

◆◆◆ 创业启示 ◆◆◆

根据“商业模式三要素模型”，河狸家和好厨师的商业模式可归纳如下：

表 24 河狸家、好厨师商业模式分析

商业模式三要素	河狸家	好厨师
价值战略	河狸家为手艺人提供 C2C 服务交易平台，手艺人为顾客提供 O2O 上门服务，服务内容由美甲延伸到美业全产业链。	好厨师是一个互联网私厨平台，用户足不出户，即可品尝到酒店大厨的手艺。
市场策略	河狸家打出“解放天下手艺人”的口号，帮助手艺人“品牌化”和实现自我价值的同时，也为客户创造美好与感动。河狸家也通过明星分享、电视节目选拔等方式，提高品牌影响力。	好厨师通过私厨上门服务为用户营造了一种“御宅生活”的优越感，通过专业化培训、系统化保障等吸引大量有经济实力的年轻人尝试这种高品质消费。
赢利模式	河狸家的营收主要有三方面：广告收入、佣金提成和产品销售。并凭借亮眼的市场数据和雕爷的名人效应获得快速大额融资。	好厨师并不打算向厨师抽取佣金，而将盈利点放在生鲜食材代买和配送、产品推销、厨艺课程等方面。

“懒人经济”升级的背后是百姓生活需求、消费习惯的变化，同时也催生了零距离上门服务等新商业模式。有观点认为，正如过去十年互联网颠覆了传统零售业，未来十年移动互联网也将颠覆传统服务业。家政服务是 O2O 上门服务中最先热闹起来的细分领域，继而雕爷的“河狸家”炒爆了上门美甲，随后上门按摩的按摩师、上门美容的白鹭美、上门修车的易快修、上门做饭的阿姨帮等也随即流行起来。相比家政、美业、按摩、洗车等已经具有一定线下基础的上门服务行业，厨师上门等新兴服务仍处在初期的探索阶段。越来越多的零距离上门服务模式正在被创业者们运用到各行各业中。在这股浪潮中，有激情创业的梦想，有挑战传统的力量，也有对野蛮生长的隐忧。

采用零距离服务模式的平台，可以有效地整合闲散资源、降低服务成本和减弱地域限制，让用户和从业者都从中获益。对用户而言，早期的大量补贴降低了他们的尝鲜成本，提高了“宅生活”品质；而对于从业者来说，他们可以通过平台获取更多的客源和收入，不再被美发店、餐厅等传统雇主所束缚，工作获得解放的同时还能塑造个人品牌美誉度。

但不能忽略的是，在这场零距离服务模式的变革中，“让陌生人进出家门”是消费者的最大心理障碍。这种新模式在带来方便、高效的同时，也伴随着一定的不确定因素和不安全感。一项由媒体发起的O2O上门服务问卷调查结果显示，超过七成的受访者认为“让陌生人到家里不安全”。其次，与O2O服务产业快速扩张、订单量持续增长形成鲜明对比的，是服务意识的淡薄和服务质量的参差不齐。因此，零距离服务模式的主要制约因素是上门服务的安全保障和服务品质的提升，功夫重在线下而非线上。

“烧钱多、盈利少”是包括上门服务在内的各类O2O平台的普遍痛点。和打车软件曾经轰轰烈烈的“价格战”相似，在资本的支持下，O2O“新秀”们或多或少都经历过任性的“烧钱”阶段。形形色色的1元秒杀、社交网络漫天飞的优惠券代码、注册首单免费甚至倒贴价……各种噱头只是为了以最快的速度做到行业龙头的位置。尽管“低价换流量”被视为是电商培育消费习惯、占领市场份额最直接、最有效的手段，但如何在快速扩张的同时，探索出成熟有效的盈利模式，才是保证平台长远健康发展的根本。

发明是不够的，尼古拉·特斯拉发现电力，但是他却纠结于是否将它公开给人们使用。你不得不将三件事整合：发明+创新+商业化。

——谷歌创始人拉里•佩奇

第25站

共享经济模式

共享经济对我们来说已不陌生，平时上下班约个滴滴顺风车；晚上在各类私厨 App 上寻觅美食；假期开着 PP 租车的私家车来场自驾游，通过 Airbnb 住在当地人家里……共享经济已经逐渐成为都市人日常生活的一部分，并在慢慢酝酿着颠覆和革命的力量。

共享经济就是指拥有闲置资源的一方让渡资源使用权给另一方，资源让渡者获取有偿回报，资源使用者利用闲置资源创造价值。在这种模式下，资源的所有权被使用权代替，“价值交换模式”被“价值共享模式”代替。共享经济的兴盛离不开以移动互联网为基础的第三方平台，这个第三方可以是商业机构、公益组织甚至地方政府。

出行、住宿、美食、服装、就医、学习等与我们日常生活息息相关的领域都可以诞生共享经济。按分享对象划分，共享经济主要包括以下类别：

表 25–1　共享经济主要类别一览

共享经济类型	分享对象	举例
产品分享	汽车、设备、玩具、服装等实体商品	Uber、滴滴出行、易科学（科研仪器）
空间分享	住房、办公室、停车位、土地等	Airbnb、Wework、Landshare、小猪短租
知识技能分享	知识、能力、经验、智慧等	Coursera、MOOC、猪八戒网、知乎、名医主刀
劳务分享	家政、物流、洗衣等劳动力资源	河狸家、阿姨来了、京东到家
生产能力分享	能源、工厂、设备、信息基础设施等协作生产方式	Maschinenring、阿里巴巴“淘工厂”、Wi-Fi 万能钥匙

共享经济这个术语最早由美国教授马科斯·费尔逊（Marcus Felson）和琼·斯潘思（Joel. Spaeth）于 1978 年发表论文时提出。虽然早在 40 多年前就被提出，共享经济现象却在最近几年才开始流行起来。2011 年,《时代》周刊将“共享经济”列为“十大改变世界的创意”之一。国家信息中心分享经济研究中心在 2021 年 2 月发布了《中国共享经济发展报告（2021）》，其中的数据非常亮眼：2020 年我国分享经济规模已达 33773 亿元，同比增长约 2.9%。

房屋租赁领域的 Airbnb 和汽车租赁领域的 Uber、Zipcar 等已经成为国外共享经济的标杆企业，而我国在共享经济领域较早涌现的初创企业也毫不逊色，下面将介绍房屋共享和汽车共享领域的两家创业公司——小猪短租和 PP 租车。

◆◆◆ 创业故事 ◆◆◆

小猪短租：有人情味的住宿共享

Copy to China 是国内创业圈的一种流行做法，即当某一种产品或模式在硅谷流行的时候，国内就会有大批的创业公司涌现出来做同类的事情。在共享经济鼻祖 Airbnb 的诸多中国学徒中，小猪短租网无疑是学得最有模有样的一个，但在 CEO 陈驰看来，他们并不是在简单复制产品，而是在复制一种新经济模式。

陈驰在创办小猪短租之前有着丰富的工作履历。毕业于华西医科大学的他曾当过 4 年的妇产科医生，随后投身互联网行业，亲身经历了 3721 网被雅虎收购、奇虎 360 赴美上市、酷讯被美国 TripAdvisor 并购等国内互联网大事件。2011 年 6 月，陈驰加盟赶集网，成为赶集网新业务“蚂蚁短租”的总经理。一年后，陈驰因与赶集网高层存在经营理念上的分歧而出走，联合多年的同事王连涛自立门户创办了和蚂蚁短租类似的平台——小猪短租网。

2012 年 8 月，在花费上百万元成功收购双拼域名“xiaozhu.com”之后，小猪短租网正式上线，开启房屋短租共享模式，为旅游、出差、求学、就医、聚会等短期外出场景提供更具性价比、更有家庭氛围、更有人情味的住宿选择。

小猪短租的商业逻辑很清晰：释放房东闲置资源，匹配房客个性化需求，交易成功后向房东收 10% 的提成。其商业模式架构如下：

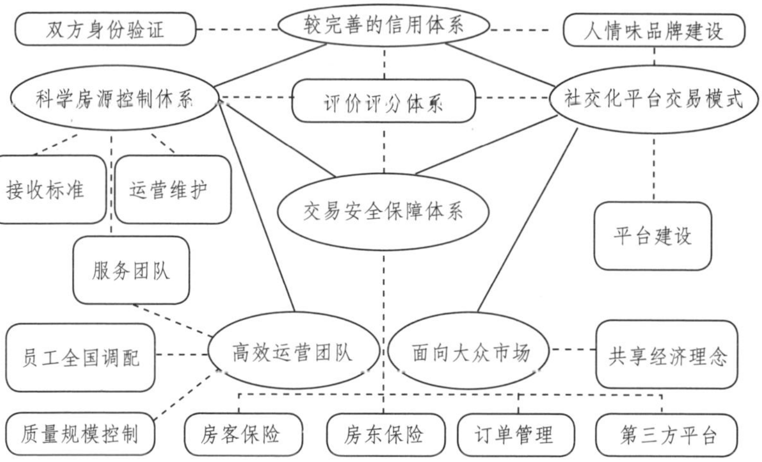

图 25　小猪短租商业模式

小猪短租虽然常常被认为是完全将Airbnb模式C2C化（Copy to China）的初创公司，但经过几年的市场磨炼和本土化创新，小猪短租也逐渐形成了自己的亮点与特色。

首先，小猪短租将自己定位为“有人情味、个性化的住宿方式”，提出了“别住酒店，住我家”的口号。通过浏览全国200多个城市的数万套房源，房客不仅可以享受到高性价比、更具特色的住宿体验，还能从房东那里了解到当地的交通旅游美食信息，亲身体验当地的风土人情，结交更多志同道合的新朋友。除了一般性的假期短租以外，小猪短租更是致力于挖掘“好玩有趣”的短租市场。小猪短租把花园洋房、百年老建筑、名人名宿等打造为人人共享的住所，如前中国女排国手薛明在北京五道口的花店、著名专栏作家王小山在胡同里的四合院、上海有名的Mephisto书店等，都成了小猪短租上耀眼的房源，吸引众多年轻人慕名前去体验，引发了国内“诗意地短租”的潮流。

其次，针对国内信任体系和分享精神的缺失，小猪短租致力于打造全面的保障机制，建立起房东与房客之间的信用体系。不同于Airbnb通过接入Facebook社交系统以及LinkedIn实名系统以保障房东房客信息真实性的做法，小猪短租针对中国国情采取了更接地气的方法。针对房东端，小猪短租会对房源进行实地拍摄走访，实名验证房东信息，并对房东进行必要的服务培训。对于房客端，小猪短租要求房客在预订房间时在线预付20%租金，等入住结束没有投诉时再将租金全额打给房东，从而保证房客身份的真实性和资金的安全性。小猪短租先后针对房客推出了《房客体验保障计划》，针对房东推出《个人房东财产保障暂行方案》，希望通过财产保险、人身安全保障方案、身份识别技术等机制建立相互信赖的共享经济生态。

2016年6月，小猪短租改名为“小猪”，推出了“居住自由主义”，并表示将加快挺进海外市场的进程。改名暗示了小猪渴望“去短租化”，迈向更多领域同步发展，搭建更大分享经济生态圈的野心。当时小猪短租已有超过8万套房源，遍布全国250多个城市。

数据显示，中国在线短租市场规模在2012年仅为1.4亿元，而到2015年已突破100亿元，3年时间市场规模增长超过50倍，凸显了共享经济对消费市场的强大刺激效果。受Airbnb在国外大获成功的启发，投资界曾一度热衷于进军国内度假租赁行业，一时间涌现了如小猪短租、爱日租、途家、蚂蚁短租、蘑菇公寓、住百家、木鸟短租等大量初创公司。而随着许多平台或被收购，或已沉寂，以途家、木鸟短租、小猪为首的短租市场第一梯队逐渐显现。对未来前景，陈驰表示，“随着社会经济的发展，旅游、商务、医疗、教育等多重因素将促成国内短租市场的快速发展，但未来几年‘小猪’不准备盈利，主要精力会放在培育市场的消费意识上。”

PP 租车：将闲置车辆变成自动提款机

“在美国有 2.5 亿辆私家车，但是这些车平均每天有 22 小时时间是闲置的！”如果你是一位私家车主，听到这样一条消息会不会突然心中一震——我们的私家车居然有 80% 以上的时间是闲置无用的！而据调查显示，北京上海超过 500 万人“有证无车”，700 万车主“有车少开”。在这么几个简单数字的启发下，一种以共享为理念、建立在互信基础上的 P2P 租车模式，开始在世界各地盛行开来。

PP 租车的前身是新加坡 iCars Club 租车社区，当地约千分之二的车主加入了该社区。创始人张丙军（CEO）、王嘉明（CMO）、薛承坤（CTO）等人均为清华大学、新加坡国立大学的高才生，团队曾在新加坡获得了当地政府及 VC 机构提供的 300 万新币的天使投资。2013 年 10 月，张丙军等人带着“私家车共享”理念进军北京，推出 P2P 的私家车共享平台“PP 租车”。北上广深等大城市里高昂的养车成本、资源紧俏的停车位和层出不穷的限行限购政策，为 PP 租车提供了广阔的发展空间。

在 PP 租车平台上，有闲置车源的车主可以公示自己的车辆信息，通过出租汽车空闲时段而获得收入；有驾车需求的租客则可以根据位置信息查找附近车辆，物色到款型称心、价格合意的汽车。对于租客来说，他们只需支付比普通租车公司低 30% 的租车费用，并在租用期内自负燃油、通行等费用。而对于车主来说，则可以获得每月数千元的收益，同时还可享受车辆安全保险等额外服务。PP 租车则会在交易过程中根据车主等级向他们收取 5%~30% 不等的服务费，由此形成了“租客—平台方—车主”三方共赢的共享经济模式。

PP 租车在技术和制度上做了较多创新尝试，希望能在私家车共享市场上提供更加有效安全的服务。

首先在技术上，PP 租车会为每位车主免费配备一台自主开发的车载智能盒，方便车主追踪车辆位置和去向。如果租客将车开离车主限定范围，设备将自动向双方发出提醒。同时，该设备还支持“无钥匙取车”（类似 GetaRound 应用），方便车主和租客的纯线上交易，避免车主因为上班或出差而无法线下当面交付钥匙的情况。

其次在制度上，PP租车创立了四层机制以保障车主和租客的安全。（1）会员机制：PP租车的车主和租客都为平台注册会员，经过与公安信息系统联网的身份证和驾照“双实名认证”。（2）评价机制：PP租车引导用户根据实际租车体验来进行双向评价，监督车主信息虚假、租客不爱惜车辆等行为。（3）安全机制：PP租车上的每一辆私家车都会经过安全检查，并配备了车载智能盒与行车记录仪，确保私家车能安全驾驶。（4）保险机制：PP租车已联合中国人保、华安保险等公司，设立“1亿安心保障金”，为车主提供高达150万的车辆损失险和第三者责任险，力图将车辆丢失、意外事故等风险降到最低。

PP租车还与去哪儿网、如家、汽车之家、高德地图、多听FM等平台开展合作业务，旨在为租客和车主提供更全方位的租车及关联服务。截至2016年6月，PP租车的业务已经遍布全国16个大中城市，拥有超过100万车主和200万租客。

巨大的市场蛋糕也催生了不少竞争对手，在PP租车进入中国后的半年多时间里，友友租车、宝驾租车、凹凸共享租车等创业团队也相继进入P2P租车市场，同台竞技的还有神州租车、瑞卡租车、一嗨租车等传统B2C租车公司。2017年，为进行战略品牌升级，PP租车正式更名为START共享有车生活平台。2019年3月4日，瓜子二手车确认收购PP租车。

创业启示

根据“商业模式三要素模型”，小猪短租和PP租车的商业模式可归纳如下：

表25–2 小猪短租、PP租车商业模式分析

商业模式三要素	小猪短租	PP租车
价值战略	小猪短租是一个房屋短租共享平台，为各种短期外出场景提供更具性价比、更有家庭氛围、更有人情味的住宿选择。	PP租车通过在线匹配有闲置车源的车主和和驾车需求的租客，完成私家车的P2P共享。
市场策略	小猪短租致力于提供有人情味的住宿体验，通过主题营销、事件营销等方式挖掘短租市场的创意玩法，倡导“居住自由主义”。	PP租车建立四层机制以全面保障车主和租客的安全，并与多家行业关联企业合作开展更全方位的租车及衍生服务。

续表

商业模式三要素	小猪短租	PP 租车
赢利模式	小猪短租在交易结束后向房东收取 10% 的租金提成，无须承担房屋租赁和装修成本。	PP 租车在交易结束后，根据车主等级向他们收取 5%~30% 不等的服务费，成本主要来自技术研发和市场推广，无须承担车辆购置和养护成本。

纵使我们的祖先很早就知道“合作共赢”的道理，但共享经济关注的是闲置资源领域，需要丰富的物质资源、高效的信息传递、开放的市场环境等因素的综合支撑，因此在物质生活尚未丰富的年代很难实现共享经济。而当下正是一个思想开放、信息透明化、物质较为充裕的互联网时代，人们潜在的接触与交流机会增多，共享的需求正在被不断挖掘出来。因此，共享经济模式具有多方面积极价值。

价值之一：共享经济能有效盘活社会上的闲置资源。闲置，在某种程度上被视为一种浪费，因为资源被闲置的时候，它的机会成本就是它可能被投入使用所带来的收益。例如房间闲置，机会成本是它租出去能收到的租金；上班时，闲置的小区车位如果能开放给有需要的人，就能获得一笔收入。着眼于闲置资源的共享经济，几乎不需要资源提供方额外的投入，而只是把暂时不用的资源让渡给有支付意愿的需求方，因此能够有效地刺激供给、带动消费。

价值之二：共享经济将变革劳动力市场。共享经济改变了企业的传统雇佣模式和劳动力的全职就业模式，为具有创新欲望的个人和团队提供了一种全新的工作模式。共享经济之下，人们可以同时作为生产者和消费者，自由选择自己感兴趣和擅长的任务、工作时间和收益。目前来看，大多数参与共享经济的人都拥有自己的本职工作，共享经济为他们带来了额外的收入。

价值之三：共享经济逐渐改变消费模式。共享经济实现了消费模式从“一次性消费”转变为“多次再利用”，将给大生产、大消费的传统模式带来冲击。在共享经济模式下，“商品所有权”不再是最重要的价值指标，消费者通过互联网共享或者交换商品的使用权，实现更加便利、快捷和实惠的商品共享，提高了商品的使用效率，避免了过度消费。

价值之四：共享经济完善了社会信用制度。共享经济把利益相关方紧紧联系在一起，形成了一张巨大的社会网络。每个人为了在这个看似陌生的“熟人社会”中生存，必须比以往更加重视个人的社会形象和名誉信用；公司为了避免信用缺失带来的损失，也会更加在意交易过程中的安全保障。这有助于形成信誉良好的社会发展环境，也反过来促进了共享经济的发展。

当下是一个强调科技创新的时代，而共享经济却是科技对人文的回归，或者说是两者完美的结合。一方面，共享经济在移动互联、算法匹配、交易安全等方面需要强大的科学技术支持；另一方面，共享经济又沟通了社会上的陌生人，让人与人之间的关系更紧密。总之，共享经济将深深影响着我们的观念和生活。

我做企业，是想让企业长期地发展，让一批人得到有尊严的生活。顺丰的一线收派员才是“最可爱的人”。

——顺丰创始人王卫

第26站

物联网模式

当你发现，你买的新车预装了 GPS 导航系统，你的快递可以在电商和物流平台上被实时跟踪，你的手环可以告诉家人和朋友关于你的健康状况，你用语音命令可以控制电视开关和音乐播放……这一切似乎都在暗示，物联网已经悄然走进你的生活。

物联网（Internet of Things，IoT），即“物物相连的互联网”，是指通过全球定位系统、射频识别、红外感应、激光扫码等信息传感技术，把任意物品与互联网连接起来，进行数据交换和信息通信，以实现智能化识别、定位、跟踪、监控和管理的一种网络模式。就像 O2O 着力解决最后 1 公里的问题，物联网希望解决的是最后 100 米的问题，物联网是互联网技术与服务的一种延伸，被称为继计算机、因特网、移动通信网之后，世界信息产业的第四次浪潮。

物联网其实并非什么高深莫测的新生事物，将物联网的架构层层剥开，就会出现很多我们耳熟能详的技术。物联网的架构分为感知层、网络层和应用层，每个层面都有对应的职责和主要技术。

表 26—1　物联网网络模式

物联网架构	功能	涉及技术	负责主体
感知层	识别物体、采集信息	全球定位、电子传感器、射频感应等技术	芯片生产商和终端制造商
网络层	信息处理和传输	互联网、云计算、自动化等技术	网络运营商
应用层	信息筛选和应用	人工智能、大数据、嵌入式等技术	系统集成商和平台提供商

业内专家认为，物联网一方面可以节约人力成本，提高经济效益；另一方面可以为全球经济复苏提供技术动力。家庭物联网（智能家居）、工业物联网（智慧工厂）、城市物联网（智慧城市）等已经成为各国经济全力抢占的制高点。美国“工业互联网”、德国“工业 4.0”、中国“制造 2025”等国家战略都在巨资投入物联网技术的探索和应用。

在企业层面上，谷歌并购家庭智能温控品牌 Nest，苹果买下耳机与音乐串流服务品牌 Beats，三星收购智能家居初创公司 Smart Things，软银斥资 243 亿英镑收购 ARM 打造物联网龙头，小米把 20 多家物联网公司纳入米家军，华为推出最新物联网操作系统 LiteOS……科技巨头积极布局物联网市场的背后，就是希望研发各自的核心智能产品和服务，建立一个新的生态系统，衍生创新的商业形态。

在这样一个全球关注的科技创新领域，作为一位普通创业者的我们有着怎样的商业机遇呢？下面两个关于智能售货机和智能无人机的创业故事，或许可以给我们一些启发。

◆◆◆创业故事◆◆◆

友宝：跑在互联网上的智能售货机

公元1世纪，希腊人希罗制造出自动出售圣水的装置，这是世界上最早的自动售货机。时间进入21世纪，在移动互联网和物联网催生出创业热潮的时代，王滨把目光锁定在了智能售货机上，想把这种传统机器玩出新花样。

王滨是个很懂赚钱的创业老兵。2000年王滨在深圳创办网兴科技，主营SP业务，3年之后以1.25亿美元卖给新浪，成功收获创业第一桶金。此后王滨开始以投资人身份活跃于互联网圈子，他投资的淘米网和友宝都有着不俗的市场表现。让人感到意外的是，多年不担任具体职务的王滨在2010年开始出任友宝公司CEO，并心甘情愿地担任起“首席销售经理”和“首席售货机设计研发师”的工作，看来他是看到了“智能售货机”大有可为。

友宝是中国最大的智能售货机运营商。它一方面自主研发“友宝智能售货机”，为用户提供方便快捷的线下购物渠道；另一方面依托“友宝便利店”客户端提供独特的O2O购物体验。用户只需通过友宝App在线下单和快捷支付，就能前往就近的友宝智能售货机，通过扫描二维码或输入取货编号而领取心仪的商品，免去了排长队和准备零钱的苦恼。

相比于传统贩卖机，友宝智能售货机具有多方面的亮点。首先友宝在传统售货机的基础上加装了通信模块，实现了7×24小时联网，可以远程实时监控销售数据和库存信息，让补货管理更为及时准确。其次友宝为每台智能售货机安装了交互式触摸屏，可以和用户进行游戏互动、智力问答等活动，提供游戏、电子书和音乐的付费下载服务，还能成为企业品牌宣传的前沿阵地。在友宝智能售货机里，你不仅能买到饮料和零食等传统食品，甚至还能抢到香喷喷的热盒饭、天然的进口奶粉、各式的情趣用品等令人脑洞大开的商品。

除了做智能售货机的生意，友宝还尝试了电商O2O。友宝开发了手机客户端，吸引了快书包、一号店等第三方电商入驻，并有意将其打造成种类齐全的“掌上超市”。用户可以随时在友宝客户端下单购买各类生活商品，完成移动支付后收到一个取货码。与此同时，友宝的物流员会用最快的速度将商品投递在离用户最近的售货机中，用户凭取货码即可前往附近售货机拿货，完成一次半自助式的O2O电商购物之旅。创始人王滨说："未来友宝的盈利中，只有20%来自贩卖机零售，30%来自广告，而剩下的50%则全部来自电子商务。"

友宝通过自营和特许加盟的模式，在国内建立起了强大的智能售货机覆盖网络。截至2015年7月，已有超过4万台友宝自动售货机分布在全国近60个城市，集中在机场、地铁、商超、写字楼、大企业、大学生宿舍楼等人流量密集的地方，市场占有率近6成，日交易量约500万笔。

2015年7月，凯雷投资集团对友宝进行战略投资，包括5.3亿元人民币的委托贷款和全球行业资源及管理能力。这笔资金将被用于进一步扩大友宝自动售货机在全国的网络覆盖，拓展数字营销广告业务，以及开发更多增值服务。

2016年2月，友宝正式挂牌新三板，股票代码836053，估值达30亿美元，成为自动售卖机行业上市第一股。同年6月，友宝登上中国最具投资价值公司百强榜，和滴滴打车、陆金所等一起驰骋在"互联网+"时代的创新风暴中。2019年3月，友宝退市；8月，友宝完成16亿人民币融资（蚂蚁金服领投，春华资本跟投），全面开启"平台服务商"模式。

亿航无人机：让人类像鸟儿一样自由飞翔

近年来，在物联网、智能硬件的版图上，愈来愈频繁地出现无人机的身影，它不再是政府手中的侦察机、航模圈里的高级玩具，而是成为大众身边的智能工具。创业者或多或少都听过几个家喻户晓的无人机牌子，比如国外的3DRobotics、Zano、Carbon Flyer、Bebop等，国内的大疆、极飞、派诺特、零度智控等。而我们接下来要介绍的，是无人机市场又一新锐——亿航。

亿航的创始团队来自清华、北大、杜克等国际知名院校。CEO胡华智18岁即毕业于清华大学快班计算机专业，是一位骨灰级航模爱好者，曾自主研发了通讯图传硬件与手机导航操控系统，为北京奥运会、上海世博会、广州亚运会等重大项目提供指挥调动系统解决方案。也正是因为在亚运会上一举成名，亿航团队南迁来到广州，开始在航模飞行器领域攻坚克难。

亿航现有的产品包括消费级无人机和自动驾驶飞行器，价格在2000~8000元不等，在各大电商平台有售。亿航的旗舰产品是可用手机App操控的消费级无人机——Ghost智能空中机器人。不同于使用"大砖头"遥控器的传统四轴飞行器，

Ghost 无人机完全可由智能手机和 EHANG Play App 控制，用户轻轻一触，即可实现多种智能操控模式，完成起飞前进、空中悬停、定点巡航、返航降落等复杂的飞行动作，轻松享受自由飞行的乐趣。用户还可以在 Ghost 无人机上附加小型摄影机、照相机等设备，实现多视角的空中航拍。据亿航公司官方透露，这款产品已被应用到遥感观测、搜索救援、森林防火、农药喷洒、影视航拍、户外婚礼等工业及商业领域，公司已与广州军区、中国联通、红十字会等机构达成合作意向，为他们提供专业的无人机飞行服务。

面对国内风起云涌的无人机创业热潮，亿航主打“零门槛、大众化和社交化”的差异化概念。除了硬件核心技术，亿航在操控模式、使用方法等方面做了很多的创新，这些创新点都集中体现在一代代新推出的飞行器上。首先，Ghost 无人机开发了傻瓜化操作模式，让用户扔掉了复杂的遥控器，抛掉脑海中难以处理的方向感，纯手机操控，简单易上手。自动跟随、无 GPS 信号室内悬停、自动环绕航拍等傻瓜式功能更是消除了入门级用户心中的疑虑，激发了更多初级爱好者的飞行梦想。其次，Ghost 无人机还有一个堪称是“黑科技”的功能，那就是“阿凡达模式”——这个功能可以让手机完全取代无人机的操纵杆，用户只要将手机想象为无人机的“替身”，通过调整手机的空间方位就可以精确控制飞机向四面八方移动，让飞行更加随心所欲。

作为一款硬件类产品，亿航打开市场的绝佳途径莫过于各大产品众筹平台。2014 年 7 月，亿航先是在国内著名的智能硬件首发和众筹平台“点名时间”上成功为 Ghost 1.0 无人机筹得 37 万元的启动经费，加上在淘宝众筹上的尝试，首批 200 台无人机很快销售一空。在随后的 11 月，亿航又在美国 Indiegogo 网站上发起 Ghost 无人机海外众筹项目，获得 300 多位科技爱好者的支持，众筹金额达 86 万美元，打破了中国科技创新产品在海外众筹的最高纪录。产品众筹作为产品（或服务）上市前的一种宣传融资手段，除了获得宝贵的启动资金，更是可以了解市场的真实需求和吸引忠实的种子客户。因此，依托实体产品起家的创业者不妨多多尝试这些新型的商业模式。

亿航要做的还不仅是硬件产品销售。亿航在设计遥控 App 时，有意预留了 API 接口，开发者可以自行设计 App 界面，实现私人定制。同时亿航与高德地图达成战略合作，未来将借助高德地图在全球定位、地图导航、位置云服务等方面的专业优势，逐步建立起基于亿航无人机的第三方开发平台、社交酷玩平台、视频分享平台、空中无人机网络平台等。

参与亿航两轮风险投资的纪源资本（GGV）管理合伙人李宏玮表示，纪源资本押注亿航看重的不仅是其团队的产品技术能力，更看好它致力于通过产品创新来实现无人机大众化、商业化的方向。他认为，“无人机行业既可以面向普通消费者，又能面向专业商用市场，未来将会成为物联网 IoT 的重要分支。而 IoT 一直以来都是 GGV 的投资重点方向，GGV 在 2014 年整体投资的 1/3 都向这一领域倾斜。”资本的投向也预示着无人机和物联网领域的巨大创业前景。

◆◆◆创业启示◆◆◆

根据“商业模式三要素模型”，友宝和亿航的商业模式可归纳如下：

表 26–2　友宝、亿航商业模式分析

商业模式三要素	友宝	亿航
价值战略	友宝是一家智能售货机运营商，通过自主研发“友宝智能售货机”和“友宝便利店”客户端，为用户提供方便快捷的线下自助购物渠道。	亿航研发和生产可由手机 App 操控的消费级无人机，主打傻瓜化操作，为大众提供低门槛的无人机飞行体验。
市场策略	友宝通过自营和特许加盟的模式，在国内建立起了强大的智能售货机覆盖网络，主要分布于人流量密集区域，市场占有率近六成。	亿航尝试登录点名时间、淘宝众筹、Indiegogo 等产品众筹平台，获得宝贵启动资金的同时，了解到市场的真实需求和吸引忠实的种子客户。
赢利模式	友宝的盈利主要来自商品零售、视频广告和电子商务，但也需要承受设备、人力的巨额投入，商业模式较重。	亿航的盈利主要来自无人机销售、编队飞行演出和技术输出等。其先进技术和发展方向获得资本方的认可，获得多轮巨额融资，估值突破 10 亿美元。

据《2019—2020 中国物联网发展年度报告》，2019 年我国物联网产业规模突破 1.5 万亿元。这样一个新兴爆发的万亿级市场，离不开行业各方主体的参与和共建。

主体之一：设备制造商。物联网设备制造商能够生产传感器、射频卡、芯片等物联网核心部件，其优势是：（1）处于市场的前端，对用户需求把握比较到位；（2）研发制造出有形的高科技产品，用户容易接受，也愿意为之付费；（3）能将技术快速转化成产品，实现技术的商业价值。

主体之二：系统集成商。物联网系统集成是一个需要多厂商参与、面向多种应用场景的协议体系，需要解决各类设备和系统之间的兼容问题，综合考虑技术层面的接口协议、系统平台、应用软件和运作层面的建筑环境、施工配合、组织管理和人员配备等一系列问题。因此，系统集成商可以汇聚多方资源，在产业链中具有整合上下游的优势。

主体之三：网络运营商。网络运营商直接面向大众用户，掌握庞大的用户数据，拥有的行业资源多，业务推广能力与产业链整合能力强，因此也具有很强的获益能力。目前各大通信运营商都已着手发展物联网业务，加快了 5G、无线网络等通信基础设施的建设。

主体之四：平台供应商。随着物联网的快速发展，能够汇聚多方信息、服务的物联网平台应运而生。物联网平台能为设备制造商提供终端监控和故障监测服务，为系统集成商提供灵活的代计费和售后服务，为中小应用开发者提供便捷、低廉的开发工具等。

同时，物联网硬件产品的高技术含量也衍生出了丰富的商业盈利模式。

表 26–3　物联网硬件产品商业盈利模式

盈利模式	定义	举例
硬件收费 软件服务免费	打造有竞争力的核心产品，通过配套软件强化硬件功能和用户黏性。	小米手环 App 提供数据可视化和监测分析服务。
捆绑搭售	以某个硬件为核心，持续出售周边组合套组。	Wemo 感测套组，以一个控制器为核心，搭配其他产品销售。
第三方付费	正所谓“羊毛出在狗身上，猪来买单”，找到有需求的第三方，巧妙地转移支付成本。	移动硬件品牌 Fitbit 与保险公司合作，为保险客户免费提供硬件产品，而保险公司为了获得客户数据愿意为产品买单。
用量或效果收费	根据硬件的使用程度（次数 / 时间）或效果收费。	保险公司 Metromile 的硬件设备可提供车况监测、超速警示等服务，费用则按实际里程数计算。
一次性升级服务收费	销售硬件产品后，基本服务免费，升级服务一次性收费。	iPad 触控笔的 App 能免费下载，但需付费升级功能。
周期性订阅收费	可低价销售硬件产品，但升级服务时收取月费或年费。	大众汽车为车主提供具有车辆监测功能的 Car-Net，并收取 17.99 美金月费，或 199 美金年费。

续表

盈利模式	定义	举例
逐次使用计费	硬件产品低价甚至免费，但在使用过程中会收取交易费用。	移动支付公司 Square 提供店家免费的移动刷卡工具，但每刷一笔金额，就会收 2.75% 的手续费。
增值服务收费	将硬件产品接入后台系统，为客户提供运行监测、数据分析等增值服务而收费。	GE 公司的飞机引擎租赁业务部，通过传感器和互联网收集并分析大量数据，收取航空公司的引擎监测费用。
衍生服务收费	从核心产品衍生出新业务。	Lego-Mindstorm 的核心产品为动力积木组件和程序，由此衍生出了创意教学、教材出版等业务。

总之，物联网行业的智能硬件公司不要单想着靠产品赚钱，要思考产品之外的多元盈利方式，才有可能打造完整的商业模式；服务型公司则要思考“如何将物联网新生产品纳入自己的服务范围”，才能创造新的应用场景，与时俱进地服务市场消费者。

任何时候做任何事，定最好的计划，尽最大的努力，做最坏的准备。

——汽车之家创始人李想

创客之路27站

第27站

自媒体网红模式

在互联网时代，各种不同的声音来自四面八方，“主流媒体”的声音逐渐变弱，人们不再满足或受限于一个“统一的声音”，每一个人都在独立地获取信息、判断对错。在这个过程中，具有“独立之思索”精神的自媒体开始兴起，从知名博主到微博大V，再到微信公众账号，互联网老兵及媒体新人纷纷加入其中，探索潜藏的商业价值。本书的最后一章就让我们来关注身边的自媒体。

自媒体（We Media），又称“公民媒体”或“个人媒体”，是指私人化、平民化、普泛化、自主化的传播者，他们以现代化、电子化的传播手段，向不特定的大多数或者特定的少数群体传递自产内容和精加工信息，一般依托于博客、微博、微信、百度贴吧、论坛/BBS等网络社区。

自媒体的概念，最早由美国新闻学会于2003年提及并给出严谨的定义：We Media是普通大众经由数字科技强化、与全球知识体系相连之后，一种开始理解普通大众如何提供与分享他们自身的事实与新闻的途径。下定义总让人感到晦涩难读，而通过和传统媒体的对比，我们或许更能理解自媒体的内涵。

表27–1　传统媒体与自媒体的区别

	传统媒体	自媒体
主体	官方传媒机构	普通个人
传播内容	线性叙事为主的完整信息	碎片化、零散性的信息
传播模式	中心化 单向线性传播	去中心化 多元分散性传播
重点强调	正确、客观、权威	个性、人格魅力
依托平台	电视、报纸、广播、杂志	QQ空间、新浪微博、微信公众平台、百家号、大鱼号等
典型例子	澎湃新闻、青年文摘	罗辑思维、李子柒

传统媒体将信息内容的传播者与受众区分得很清楚，它们是自上而下、点对面的传播方式。而自媒体打破了这种“中心化”的格局，不再有传播者和受众的明确界限，每个人都是内容的传播者，每个人也都能产生和接受内容。套用圈内一句时髦的话——人人都是自媒体。

因此，自媒体应具有独立精神，独立展现个人趣味、见识主张、审美态度等，不受限于任何组织，没有官方头衔。自媒体人罗振宇将其定位为“U盘化生存”方式——自带信息，不装系统，随时插拔，自由协作。而要想获得独立思索的空间，就需要建立自给自足、相对完善的盈利体系。自媒体的盈利渠道主要包括广告收入、会员收费、增值服务收益等，以及在此基础上衍生出的细分盈利方式。

而本章之所以要同时提及网红，是因为网红已经不再局限于露脸卖萌秀才艺的美女主播，而是被通俗化为网民关注而迅速走红的任意个体。因此在本质上，网红和自媒体都依赖于粉丝经济，都强调依托个人魅力而唤起粉丝的关注和认同，也往往都面临着生存周期短、商业价值难变现等问题。甚至在互联网直播大行其道的趋势下，自媒体人有时也不得不尝试追赶潮流、扛起网红大旗。

下面就让我们来围观著名的自媒体罗辑思维和其投资的网红“Papi 酱”，而篇尾的创业启示虽然更多谈及自媒体，对网红创业也多有参考借鉴意义。

◆◆◆创业故事◆◆◆

罗辑思维：死磕自己，愉悦大家

身为一个文科生，有时候必须用道听途说的消息来讲理工科的事儿。

一个人如果站在北极点上，他是找不着北的，因为他往哪看都是南！

这是订阅罗辑思维公众号的用户每天清早六点接收到的妙语连珠。不知道从什么时候开始，人们开始崇拜这种半调侃半启迪的语气，喜欢这些坐而论道但又接地气儿的内容，但这仅仅是罗辑思维赢得万千宠爱的原因之一。

罗辑思维创始人兼主讲人罗振宇（自称“罗胖”）出生于 1973 年，博士毕业于中国传媒大学，曾担任央视《商务电视》《经济与法》《对话》等节目制片人。作为幕后人员的罗振宇深深感受到，无论自己多么辛苦努力，都只能生活在主持人的光环之下。进入移动互联网时代之后，他开始意识到“每个人都可走到观众面前，创造属于自己的价值”。于是在 2012 年底，罗振宇与另一位独立媒体人申音合作推出知识型脱口秀罗辑思维，开始在万千观众面前坐而论道、谈笑风生。

罗辑思维是一个知识型自媒体品牌，强调“死磕自己，愉悦大家”，以“大家身边的读书人”身份自居，以分享读书心得的方式，帮助观众在聆听知识中寻找独立的见解，在把玩知识中获取思维的乐趣，凝聚爱智求真、积极上进、自由阳光、人格健全的年轻人。罗振宇自称这是一场互联网社群试验，其内容策划经历了自产自销、开放投稿、知识拆迁队、内容众包等演变，开发了包括脱口秀、公众号、微信群、会员体系、微商城等在内的多种互动形式。罗辑思维自 2012 年 12 月 21 日正式上线优酷频道以来，常年保持每周五更新的频率，累计播放量近 4 亿人次，汇聚 600 多万粉丝数。数量众多、高质量、高信任度的粉丝群体为罗辑思维开展丰富多样的商业尝试奠定了基础。

在许多自媒体还在苦心经营内容、尚未站稳脚跟的时候，罗辑思维就形成了自己独有的商业模式：以罗振宇个人为中心，在互联网上聚集粉丝社群，一方面通过输送优质内容聚集用户，另一方面通过社群营销增加用户黏性。在搭建优秀的内容平台并获得业界良好口碑之后，罗辑思维开始从多方面挖掘自身的盈利潜能。

（1）内容营收：罗辑思维自主开发了内容输出平台“得到”App，邀请各行各业的知名专家生产优质的知识型音频内容，提供给用户付费收听；同时平台还将优质内容投放到蜻蜓FM、优酷频道等平台，获得用户打赏、广告分成等收益。

（2）电子商务：罗辑思维开发了自己的微商城，向用户推荐精心挑选的图书、课程等知识型产品。值得一提的是，罗辑思维推荐的书多已绝版，因此常常需要和原书作者合作推出定制版，虽然书籍价格要比亚马逊等网站贵得多，但依旧销售火爆。同时微商城还经营其他富有韵味的商品，如茶叶、配饰、艺术品等，甚至通过事件营销卖过柳桃和月饼，因为较好地拿捏住用户心理而受到市场的普遍欢迎。

（3）会员制度：罗辑思维在2013年先后公开招募了两期会员，总人数达3万多人。通过收取亲情会员200元、铁杆会员1200元的会费，罗辑思维实现近千万元的收入。

（4）知识出版：罗辑思维将每期的脱口秀节目整编出书，方便粉丝对每期精彩知识进行反复研读，到目前为止已推出《罗辑思维I》和《罗辑思维II》两本合辑。

（5）培训授课：随着罗辑思维品牌知名度的提高，罗振宇团队的商业思维和商业运营模式都成为企业家们关注的焦点，被邀请到各地授课也成为他们一项重要经济收入。

“内容＋社群＋电商＋服务”的丰富盈利模式，让资本非常看好罗辑思维的变现能力和未来前景。2015年10月，罗辑思维获得数亿人民币的B轮融资，估值达13.2亿人民币。在2016年12月、2017年9月完成C轮、D轮融资后，罗辑思维开始筹备上市，要做知识付费第一股，只是现在仍未实现。

但罗辑思维形形色色的社群营销也带来了一些争议，网络上不乏对其内容的质疑和厌倦，以及对商业化运作的不信任。对于此类问题，罗辑思维一直没有作出太多回应。或许正如罗振宇在2021“时间的朋友”跨年演讲中所说：面对复杂，保持欢喜。

Papi 酱：集美貌与才华于一身的新生代网红

要说 2016 年伊始谁最红，非“集美貌与才华于一身”的 Papi 酱莫属。这个外表颜值颇高、个性风趣幽默的姑娘，正在全网掀起一股强劲的“Papi 酱风潮”。

Papi 酱原名姜逸磊，1987 年出生于上海。2013 年，她还和许多考研党一样卖力读书，考上了中央戏剧学院导演系的研究生，希望走上文艺女青年路线，其间也参与了《小城故事》等电影的拍摄制作。2015 年 10 月，还是学生的 Papi 酱开始在微博、秒拍、小咖秀等平台上传原创短视频，利用变音器发布无厘头恶搞视频而迅速走红。

Papi 酱保持每周一段短视频的持续输出，视频风格犀利大胆、幽默风趣，主要围绕男女关系、市井生活等话题展开，紧紧抓住社会热点和槽点，深得粉丝的喜爱和追捧。这种“内涵派”的网红路线也获得了广大年轻一代的共鸣，网友对其的评价是：崇尚真实、摒弃虚伪、吐槽一切装逼行为、倡导个体自由。

Papi 酱的大火，也是站上了一个新的时代风口，这个风口可概括为“网红 + 短视频 + 内容分发平台”。2013 年开始，众多互联网公司，尤其是拥有分发渠道的内容平台开始积极布局短视频生产工具，如 Vine（Twitter）、Instagram（Facebook）、小影、秒拍、美拍、小咖秀等，使得 UGC 的视频生产方式得到大力普及，视频制作的门槛大大降低，为大量像 Papi 酱这样的非专业视频制作者提供了良好机会。而点赞、秀场、付费、电商等丰富的盈利模式也使得视频生产变得有利可图，吸引更多民间高手加入。

Papi 酱做短视频之初就确立了多平台分发的思路，实现优酷、爱奇艺、腾讯视频、A 站、B 站、秒拍等各分发平台的全覆盖，让散布在互联网各个角落的年轻观众可以方便访问和传播她的节目，这点甚至让她的投资人、目前尚局限于优酷视频的罗辑思维也自愧不如。与此同时，大屏移动设备和高速通信网络的普及，也让年轻人的娱乐方式由游戏聊天向视频直播分流，大量宅男宅女、年轻一代用碎片时间观看和传播手机视频，也让 Papi 酱 4 分钟左右的短视频广受青睐。

截至 2016 年 6 月，Papi 酱的视频总播放量超过 3 亿人次，每集平均播放量达 750 万。其中，点击最高的视频《有些人一谈恋爱就招人讨厌》，全网播放量达 2093 万次。2016 年 7 月，Papi 酱在斗鱼、花椒、美拍、一直播、百度、优酷等八大平台上的直播首秀也吸引了 7400 多万人次观看，获得了 1.13 亿个赞，强大吸睛能力可见一斑。截至 2016 年 6 月，Papi 酱全网运营数据如下。

表 27—2 Papi 酱全网运营数据一览

平台	粉丝数（人）	视频播放量（万次）
微博	770 万	无
微信	250 万	11295（腾讯视频）
优酷	70 万	6072
B 站	90 万	2440
爱奇艺	10 万	9591
总数	1200 万	29500

在吸引庞大粉丝群关注之后，Papi 酱也在开始探寻商业化路径。网红素来以广告和电商两大方式变现，Papi 酱也曾在各视频平台上开通打赏功能和在淘宝上开店售卖 Papi 同款寡妇公会 T 恤，都收到了不错的效果。而更夺人眼球的无疑是罗辑思维全程策划的 Papi 酱贴片广告拍卖活动。这场拍卖活动由阿里负责线上运营，优酷土豆进行视频直播，吸引了汇源、融 360 等多家企业参与竞标，100 张 8000 元的门票足可见外界观众的期待之高。21.7 万起拍，前后耗时仅 6 分钟，最终化妆品电商“丽人丽妆”以 2200 万元的天价拿下本次标王，被罗振宇称为是历史上单支视频广告最高的价格。

能否保持视频内容的创造性、持久性和体系化是影响 Papi 酱未来走向的关键。投资人往往担心网红红也快，黑也快，走上神坛快，跌落神坛更快。个人创作能力难以持续，又难以引导出深度专业的 PGC（用户生产内容），长期生存和变现能力很弱，是很多自媒体和网红的通病。而 Papi 酱背后最大的危机则在于，公司完全靠她的个人品牌价值来支撑。一旦她个人的身体状态或创作能力出现问题，整个公司运作可能就此陷入僵局。此前，Papi 酱因内容低俗遭广电总局“封杀”的传闻，就在粉丝圈内引起了不小的震荡。Papi 酱团队后来推出的 Papitube 平台，就是希望用个人影响力聚集更多的内容创业者，“批量”生产 Papi 酱，走向 PGC 的公司化运作之路。

正所谓“爆红诚可贵，持续价更高。”无数网红达人对其面临的风口充满期待，也深囿于其现象级的困境，到底该如何避免“火一把就死”，尽可能延长生命力？是每一位网红在风光火爆之后需要冷静思索的。

◆◆◆ 创业启示 ◆◆◆

根据“商业模式三要素模型”，罗辑思维和Papi酱的商业模式可归纳如下：

表 27–3 罗辑思维、Papi 酱商业模式分析

商业模式三要素	罗辑思维	Papi 酱
价值战略	罗辑思维是一个知识型自媒体，通过音视频的媒介分享读书心得，向广大粉丝道古论今、传道解惑。	Papi 酱通过原创犀利大胆、幽默风趣的变音短视频，紧紧抓住社会热点和槽点，获得大量粉丝的喜爱和追捧，走出了一条“内涵派”的网红路线。
市场策略	罗辑思维以罗振宇个人为中心，在互联网上聚集粉丝社群，一方面通过输送优质内容聚集用户，另一方面通过社群营销增加用户黏性。	Papi 酱赶上了“网红 + 短视频 + 内容分发平台”的互联网风口，通过高质量短视频连续输出、分发平台全覆盖，迅速获得大量关注和点击。
赢利模式	罗辑思维从多方面挖掘了自身的盈利潜能，包括内容营收、电子商务、会员制度、知识出版、培训授课等。	Papi 酱选择“用名气换资源和资本”的路线，成名之后迅速融资，并通过广告、电商等方式多维度变现。

自媒体的内容产品是其立足之本。自媒体人应该根据自身兴趣特长，找到市场中的坐标，为用户提供质量优、价值高的内容，并把握内容品质与生产频率的关系、情怀与市场的关系，在追求经济效益的同时保证作品水准。同时自媒体人应规避内容生产和实际经营混搭所引发的一些伦理问题，具体说来，自媒体创业者应具备如下方面的能力。

能力之一：出色的内容生产能力。自媒体人的肚子里多少得有点墨水，不要求会背四书五经，饱读万卷诗书，但至少开口落笔时能显示真材实料。但凡成功的自媒体或网红，都有一定的文字功底，如罗辑思维的罗振宇系媒体编辑出身，脱口秀主持人吴晓波原为财经作家等。这些自媒体人善于用语言和文字抓住读者心灵，产生共鸣。

能力之二：多元的网络推广方式。自媒体的网络推广不再受限于报纸杂志、电视广播等传统渠道，而是依托社交化的传播媒介，借助社群、微博、头条号、百度百家等内容分发渠道，形成庞大的辐射范围和推广网络，让各个角落的互联网用户知晓自媒体和作品。因此，成功的自媒体，除了写得一手好文章外，丰富的推广手段也是一个必杀技。

能力之三：持续的内容原创实力。互联网时代，信息趋于碎片化、快速迭代，或许前一刻，你的作品资讯还刷爆了朋友圈，但是没准下一刻，其他重磅资讯就把你的信息淹没。因此，保持高质量文章的持续输出是自媒体人的基本要求。在固定的时间和场合，推送有价值的原创内容，是自媒体日常运作的基本功。

能力之四：高超的粉丝经营技巧。不同于明星大腕，自媒体人或网红在与粉丝互动时，更多时候扮演的可能是一个朋友、一位同学的亲和角色。他们是专业导师、意见领袖，他们的一言一行也在左右着粉丝的思想和行动。一篇感人励志的文章，换来一万个有梦想的哈姆雷特；一段原创批判的短视频，则会获得满屏的弹幕点赞。从这点上来讲，自媒体网红倒与阿里淘女郎的作用有些许类似——他们都在经营一批粉丝、引领一种潮流。

当然，除了成为一名独立出色的自媒体人之外，创业者还可以建立一个自媒体聚合平台，集中传播展示自媒体的优质内容，为自媒体带去可观的粉丝和流量，并产生双方互利的广告效益，为自媒体发展和繁荣奠定基础，从而形成良性的自媒体生态循环。

每一个人都应该活在趋势中。如果你能秉持一种活在趋势中的态度，那你生命中的每一个点都可能获得惊喜。面对这些创新，我们用一种欢乐的姿态，用一种匍匐的身姿跟在它之后，体察它一点一毫的进步，这本身就是快乐的所在。

——罗辑思维创始人罗振宇

后记

中国式创业

◆◆◆ 创客日历：扒一扒那些年的创业关键词 ◆◆◆

如果说 21 世纪头 10 年我们亲眼目睹了美国互联网泡沫的消退和中国 PC 互联网的崛起，那么 21 世纪的第二个 10 年我们则亲身经历了移动互联网的爆发以及由此带来的创业热潮。短短数年时间，互联网刮起了一阵阵飓风，给我们的生活带来了翻天覆地的变化。而这些年的创业浪潮中都有哪些关键词呢？让我们来一起回顾品味一下。

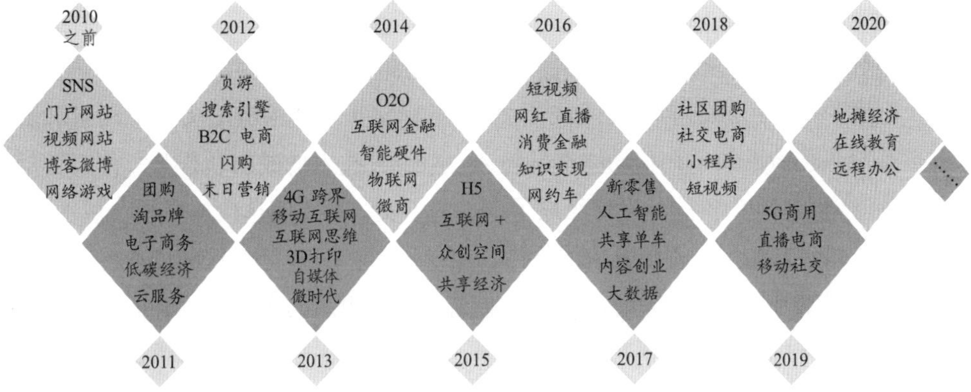

2011 年热闹的千团大战

2010 年，Groupon 团购模式席卷中国，各类“国产”团购网站风生水起，成为中国互联网市场的一朵“奇葩”。2011 年的高峰期，中国团购网站的数量突破 5000 家，成了名副其实的“千团大战”，其中既不乏新浪、腾讯等传统门户列强的占山为王，也有拉手、美团、窝窝团等新生代团购网站的异军突起。一时间“团购”几乎成了各互联网公司的标配功能，涌现了美团的拼单模式、大众点评的广告模式、百度糯米的地图 LBS 模式、窝窝团“网店通”的移动直销模式等众多新型商业模式。随着价格战引发的一系列恶性竞争，以及上市受阻、资本撤离导致的资金链断裂，团购行业在随后两三年迅速由盛转衰，步入了剩者为王、寡头竞争的格局。

2012 年流行的闪购模式

骤热骤冷的团购行业除了留下少数几家幸存者外，也衍生出不少商业模式的“变体”，闪购模式便是其中之一。与聚焦本地生活服务优惠折扣的团购网站相比，闪购平台专做知名品牌商品的限时特卖。这种主打“名牌正品 + 深度折扣 + 限时抢购”的 B2C 模式被称为“线上奥特莱斯”，走的不再是“人人皆卖家”的电商野蛮成长路径，而是通过自建专业的买手团队，依托强大的消费数据和经验，不断推出迎合消费者需求的爆款商品。在这一领域，唯品会、聚美优品、俏物悄语等从垂直细分市场率先发力，而后天猫、当当、京东等平台从多品类闪购迅速拓展，疯狂复制的商业模式让入局企业再次面临生存考验。

2013 年开启移动互联网时代

百度 19 亿美元收购 91 无线成了 2013 年移动互联网领域的头条，阿里和腾讯也毫不示弱地增加了在移动终端的投入。4G/5G 技术的成熟和普及，使得移动设备的激增和对 PC 机的分流已经成了不争的事实，各类信息愈加呈现“短平快”的特点。指尖上的网络不仅开启了手游、电子地图、O2O 等领域的创业盛宴，也让互联网思维开始渗入创业者的血液。借着互联网思维的东风，创客们张开了想象的翅膀，开煎饼摊，张罗花店，送水果，卖牛腩饭……中国消费者仿佛一下子进入了一个全新时代。

2014 年火爆的 O2O

2014 年引爆眼球的各类 O2O 事件在互联网圈子里快速传播和发酵，前有苏宁从线下电器零售商城转型成 O2O 电商平台，后有天猫主推的 O2O 概念引爆了“双十一”购物狂欢节……从团购网、优惠券和电子票的流行，到二维码和移动支付热潮，O2O 一直被冠以“改造传统产业”的历史使命，也成了万千创客奋斗掘金的一片热土。

2015 年的“互联网 +”

通俗地说，“互联网 +”就是“互联网 + 各个传统行业”，但这并不是简单的两者叠加，而是利用信息通信技术以及互联网平台，让互联网与传统行业进行深度融合，创造新的发展生态。伴随着全民互联网、终端移动化、用户年轻化、中产阶级扩大化的社会潮流，2015 年的中国创投圈掀起了“互联网 +”的高潮：滴滴 + 快的、美团 + 大众点评、58+ 赶集等 O2O 巨头合并；百度糯米、口碑、京东到家等大公司的纷纷入局；饿了么、e 袋洗等到家模式快速流行……创客们正用强大的互联网工具改造着我们的工作方法、生活方式、组织模式甚至社会生态。

2016 年的网红直播热潮

随着网红主播们爆红暴富神话的频频上演、明星大咖的高调加入，移动视频直播也已然成为互联网创投圈表现最抢眼的领域之一。据统计，目前各类型网络直播平台已经突破 300 家，高峰期用户规模高达 3 亿，日活跃用户数达 2400 万，市场规模超过百亿元。

2017 年的区块链

在 2017 年，我们见证了第一个区块链系统“比特币”获得了破天荒的超过 13 倍的回报。同年，纽约证券交易所提出了两只比特币 ETF 产品的发行申请，芝加哥期权交易所成了第一家登录比特币期货交易市场的投资机构。一时间，区块链技术在主流世界与普罗大众的日常生活中越来越频繁被提及，甚至一度出现 ICO（首次代币发行）的概念，即初创企业在区块链平台上发行项目独有的加密代币、向投资者出售项目所有权以众筹资金的新型融资途径。随着在资金转账、交易支付、货币安全等企业级商用方面得到越来越广泛的应用，区块链技术的适用性将越来越高，同时散户和投资机构受到区块链技术带来高投资回报的鼓舞，在未来五到十年，可以预见区块链技术将迎来更长足的进步。

2018 年的社交电商

2018 年 7 月，上线仅三年的拼多多在美国“闪电上市”，首日市值即突破 350 亿美元，之后市值更是一路攀升至 2000 亿美元以上。拼多多模式的成功，意味着互联网下半场的流量红利，正在从一二线城市转向三线以下城市和农村地区（俗称“下沉市场”），下沉市场拥有巨大的增量空间，而拼多多、趣头条、抖音、快手等可以说是互联网下沉的代表。互联网巨头们也猛然意识到“下沉市场”这个一直被社会精英所忽略的领域，随后阿里全面重启“聚划算”，京东的“京喜”C位出道，主打性价比和社交属性的各大电商拼团平台再次上演了一场“电商三国杀”。

2019年的5G商用

2019年6月6日，工信部正式发放了5G牌照，标志着我国正式进入5G商用元年，中国也成为继韩国、美国、瑞士、英国后第五个正式商用5G的国家。5G商用带来的移动设备换新潮和巨大终端流量创造了新一波创业机遇，短视频、直播电商、人工智能、万物互联等领域呈现出极强的爆发性，造就了一个个充满想象空间的新市场。

2019年另一个值得关注的现象就是新一轮社交大战。正所谓每一家互联网公司都有一个社交梦，移动互联网时代亦不例外。先有头条张一鸣、快播王欣、锤子罗永浩“默契十足”地同时推出多闪、马桶MT和聊天宝三款移动社交产品，“三英战微信”打响了社交战役的第一枪；后有搜狐旗下的年轻社交圈“狐友”、微博主推的图片社交平台“绿洲”，以及以全新设计回归的人人App……腾讯也不甘示弱，陆续推出卡噗、猫呼、轻聊、回音等多款子产品，覆盖陌生人社交、3D虚拟社交、校园社交等细分应用场景。

2020年的地摊经济

2020年的疫情“黑天鹅”事件，为全球经济增长蒙上了一层阴影，国内各地政府为了刺激消费复苏和缓解就业危机，陆续放开地摊经济和夜间经济，让地摊经济成为最接地气的创业风口。一时间隔离已久的人们纷纷涌出家门，开起烧烤档、摆起旧书摊、卖起小饰品、开起五菱荣光……火热的场面让网友们直呼：“人间烟火要回来了。”互联网大厂们也嗅到了线下流量的巨大商机，纷纷推出货源导购、支付便利、低息贷款、社群营销等面向小微企业、中小店主的扶持政策。“地摊经济”创业门槛低、失败风险低、商品价格低的特质，让它在促进就业、拉动消费、改善民生和方便生活方面具有独特优势。

创业圈和投资界每年都会涌现出成千上万的创业新想法，这不仅有赖于科研技术的超越，更离不开商业模式的创新。如果说前者实现了从0到1的突破，那么后者则造就了从1到N的裂变。

正如雷军曾说“站在风口上，猪都可以飞起来”，创业者如果能恰到好处地抓住客户痛点、把握消费热点、踩准市场节奏，则能攫取一波波创业红利。但经过多年历练沉淀，创业者也应该意识到经得起时间检验的点子才能创造实实在在的金子，而一味追逐热点、跟风噱头，则可能被市场洪流狠狠地拍打回岸边。因此，“中国式创业”不能只是一阵阵此消彼长的“热风”，而更应该形成良性循环的“气候”。

◆ ◆ ◆ 创客地图：找一找各领风骚的创新之城 ◆ ◆ ◆

从各大研究机构发布的各类城市创新力排行榜、创业城市榜单中，我们发现越来越多的创客正在向一些主流的创新之城集聚。这些城市往往拥有丰富的高校及人才优势，建立了良好的政策环境和基础设施，从而形成了独特的创新基因和创客文化，成为创客们的创业沃土。目前中国正逐渐形成五大创客集聚中心：一是以北京、天津为核心的环渤海创业中心；二是以上海、杭州、苏州、南京为核心的长三角创业中心；三是以深圳、广州为核心的珠三角创业中心；四是以武汉为核心的中部创业中心；五是以成都、西安为核心的西南创业中心。各个创新城市都有自己鲜明的特征，下面就让我们简单盘点几个最具代表性的城市，希望创客朋友们能找到自己心中的创业之城。

北京：双创风暴之眼

北京拥有数十所国内最顶尖的高等教育机构，每年为社会输送 20 多万优秀大学生。在北京长盛不衰的互联网基因和高科技创业氛围的感染下，越来越多的年轻人走上了创业之路。全国 1/5 的创业者聚集在北京，高峰期平均每天诞生近 50 家新创企业。北大创业训练营、清华 x-lab 等高校创业社团的兴起带动了一批拥有顶尖技术和杰出能力的青年学生投身创业热潮；创新工场、车库咖啡、联想之星等众多创业孵化器形成了最具活力的创业者聚集区；雷军、李开复、徐小平等知名天使投资人也被年轻的创业者们奉为教父级的创业导师。总之，这里聚集了创新创业所需的“天时地利人和”等各种要素，是名副其实的“双创风暴之眼”。

上海：资本创客盘踞之城

从1843年开埠至今，这个城市的历史还不到两百年，但它却一直是中国最重要的金融中心、商贸中心和交通枢纽。上海多年来居民人均可支配收入位居全国第一，国内外顶尖资本公司，尤其是青睐创业项目的风投机构多在此扎根。拥有全国第三的高校数量也为上海提供了源源不断的创新智力资源和创业主体。除了本土创业者，上海还凭借富有竞争力的人才引进机制吸引了大量海外高端人才。这座曾被称为“冒险家的乐园”的城市，正以优越的生存环境、完善的商业设施，吸引风投、人才、服务等各种创业要素齐聚于此。

深圳：高科技创新之都

作为中国对外经济开放的窗口，深圳让创业者们更容易感受到平等、自由、开放的创新精神，获得了“中国硅谷”的美誉。腾讯、华为、比亚迪等优秀企业为年轻的创业者们树立了标杆，深创投、达晨资本、松禾资本等8000多家的创投机构汇集了全国1/3的VC/PE资本。互联网、通信设备、智能硬件、生物材料等高科技基因也让深圳源源不断地迸发出创新的活力。而150公里开外的广州则以低调务实、不喜张扬的风格，催生出一匹匹诸如微信、酷狗、YY等商业黑马，牢牢占据着创新城市的一席之地。

成都、重庆：西南创业的耀眼双星

深居内陆腹地、非一线城市，让这两座城市在创新创业领域具有相似的成本优势和资源劣势。但地处交通要塞的重庆成都一直保持着经济高增长速度和高度开放水平。西南双子星正以安逸舒适的生活环境、丰富的理工类高校资源、全面配套的科教创新能力，打造出“宜居宜业”的城市形象，诞生了以猪八戒网为代表的独角兽企业。

武汉：大学生创业者的沃土

作为中国重要的工业基地、科教重镇和综合交通枢纽，武汉正用它热火朝天的气候迎接同样热情澎湃的创业者们。“唯楚有才”的武汉拥有82所高等院校和上百万大学生，为创新创业提供了丰富的高等教育人才。这里有北京中关村之后的第二个国家自主创新示范区——武汉光谷，平均每个工作日诞生 9 家企业，平均每天有 10 项专利诞生，催生了斗鱼 TV、卷皮网、良品铺子等优秀初创企业。

这些年，一本被誉为“创业圣经”的《从 0 到 1》广为流传，满怀梦想与激情的创业者们正在努力地去实现“从无到有”的跨越。这些年，同样出名的《创业维艰》也被极度推崇，相比于梦想与激情，创业的辛酸似乎更能引发共鸣。

电影《中国合伙人》，折射出了典型的中国式创业：开始是一个人孤独地跑在路上，寂寞之感无人问津。跑着跑着，呼啦啦一群人挤进来，用上各种手段争先恐后。突然，裁判员也一起跑，一边跑还一边修改规则，运动员一不小心犯规就被取消参赛资格……所以，又要把其他运动员甩掉，又要紧跟在裁判员后面及时跟上规则变化，活下来的中国创业者真的很厉害！有人凝练出适合中国式创业的“六字真言”：稳、准、狠、短、平、快。

“稳”就是创业前通过详尽的市场调查、市场分析，了解所要开发的项目发展空间、周期和相关的信息做一份详细的创业计划书，知道什么时间、什么地方、如何操作、如何赢利、如何管理等，有了这些东西，创业才会有根基，有了发展的规划。

“准”就是懂得在什么时间进入市场最佳、什么时候要全力一击、一击必重、什么时候该放弃市场转营其他项目，不能死守空城血本无归。

“狠”就是在创业过程中，找到最佳时期，比如销售的旺季、大量投入人力物力，为了实现利润的最大化，全力一击，让你的生意火爆起来，不要错失资本原始积累的黄金时间。

“短”字充分说明了资本原始积累的投机性和周期性，要在一段相对短暂的时间内，完成资本的快速增长，靠的就是对市场摸得透彻，也就是前面说的“准”，从出手到收手，其中带来的高利润回报让你在商业谈判中更有话语权。

“平”指的是考虑风险。当你在全力一击、大量备货的时候，你的风险就增大了，一旦货物滞销，你能退货保值或平价转手吗？因此，在“快”“准”“狠”地作出选择时也要看清事情的风险在哪里，如何转嫁这些风险，为自己留有后路。

“快”即先人一步，抢先出手。这是一个快鱼吃慢鱼的时代，竞争如此激烈，以至于你还没等到把产品做得完美再拿出来面世，别人可能早已比你先进入甚至牢牢占领这个市场了。不断试错、快速迭代、大胆淘汰，已经成了创客们的共识。但“快”并不意味着“急”，创客们不仅要有“快刀斩乱麻”的魄力，也要有“十年磨一剑”的耐性。

最后总结一下，《创客之路》全书共29章，以“互联网＋商业模式”为主线，基于商业模式创新三要素模型，全面分析各类主流互联网商业模式创新的成因、特点和应用，系统论述各类商业模式的最新实践经验和最佳创业案例，内容涵盖B2B（企业对企业）、B2C（企业对消费者）、C2C（消费者对消费者）、O2O（线上线下相结合）、SNS（社会化网络）、App（移动应用）、IOT（物联网模式）、Cloud（云计算）等27种创新商业模式。行文中穿插了分享经济、客户体验至上、平台思维、跨界整合、闪购、迭代创新、社会化网络等新兴“互联网+”理念，为读者描绘了一个全面的互联网创业生态。

《创客之路》紧扣“创客•创新•创造”的时代主题，特别强调创始人或合伙人的创客精神对初创企业的灵魂引领作用，精挑细选出个性鲜明的优秀创业案例，在饶有趣味的讲故事过程中，归纳出中国创客们最新的创业实践经验。